吴子 尉缭子 司马法 孙膑兵法全鉴

东篱子◎解译

中国纺织出版社有限公司

国家一级出版社
全国百佳图书出版单位

内容提要

《吴子 尉缭子 司马法 孙膑兵法全鉴》收录了我国春秋战国时代四部著名兵法经典。《尉缭子》是中国古代的一部重要兵书；《吴子》主要论述了战争观问题。该书既反对持众好战，也反对重修德而废弛武备。它认为只有内修文德，外治武备才能使国家强盛；《司马法》流传至今亡佚很多，虽然现仅残存五篇，但依然让人领略到了从殷周到春秋战国时期的一些古代作战原则和方法；《孙膑兵法》是继《孙子兵法》之后"孙子学派"的又一力作。他提出了"战胜而强立"的战争观，主张以"道"制胜，较之以"诡"，"诈"制胜，体现了更为深刻的理性认知。

图书在版编目（CIP）数据

吴子 尉缭子 司马法 孙膑兵法全鉴 / 东篱子解译. -- 北京：中国纺织出版社有限公司，2020.5

ISBN 978-7-5180-7250-7

Ⅰ. ①吴… Ⅱ. ①东… Ⅲ. ①兵法—中国—春秋战国时代 Ⅳ. ①E892.25

中国版本图书馆CIP数据核字（2020）第049554号

责任编辑：段子君　　责任校对：楼旭红　　责任印制：储志伟

中国纺织出版社有限公司出版发行
地址：北京市朝阳区百子湾东里A407号楼　邮政编码：100124
销售电话：010—67004422　传真：010—87155801
http://www.c-textilep.com
中国纺织出版社天猫旗舰店
官方微博http://weibo.com/2119887771
佳兴达印刷（天津）有限公司印刷　各地新华书店经销
2020年5月第1版第1次印刷
开本：710×1000　1/16　印张：20
字数：246千字　定价：48.00元

凡购本书，如有缺页、倒页、脱页，由本社图书营销中心调换

前言

春秋战国时期是中国历史上的大分裂时期。在这一时期，各国战事频繁，混战不休，但学术文化不仅没有受到战争的影响，反而十分发达，形成了儒、墨、道、法、兵等百家争鸣的局面。在当时，有很多著名的兵家人物，其中包括孙武、吴起、孙膑、姜尚、尉缭等。在这里，就为大家介绍这一部综合版本的古代文化遗产中的瑰宝。

根据史料记载，孙膑为齐国人，本名孙伯灵，是战国时著名的军事家。但由于孙膑的同窗庞涓嫉妒他的才能，于是将他骗到魏国并捏造罪名而砍去了他的双足，想让他就此埋没于世。后来，所幸齐国使者出使魏国时，孙膑秘密拜见该使者，最终得以逃到齐国成为军师，辅佐齐国大将田忌两次击败庞涓，奠定了齐国的霸业。后来，孙膑辞去官位，归隐田园，潜心于军事理论的研究，终于写成了流传千古的军事名著《孙膑兵法》。这本兵法堪称是《孙子兵法》之后"孙子学派"的又一力作，也是反映战国时期兵家思想的代表作之一。孙膑提出了"战胜而强立"的战争观，主张以"道"制胜，以"诡""诈"制胜，体现了对战争更为深刻的理性认知。他强调必须遵循战争本身的规律去指挥作战，同时提出如何"富国""强兵"的国防思想，这对当时和后世都有巨大而深远的意义和影响。

《吴子》是一部重要的兵家著作，由战国名将吴起所著，是反映先秦时期中国军事思想的代表作之一。由于历史悠久，部分流失，仅存《图国》《料敌》《治兵》《论将》《应变》《励士》六篇。《吴子》主要论述了战争观问题，他既反对恃众好战，也反对重修德而废弛武备，认为只有内修文德，外治武备才能使国家强盛。他主张兵不在多,"以治为胜";强调料敌用兵,因情击敌;强调"审敌虚实而趋其危";要"避之勿疑",注重"应变"才是用兵制胜之道。可以说,《吴子》的智慧继承和发展了《孙子兵法》的有关思想,不愧为在历史上曾与后者齐名,并称为"孙吴兵法",深受历代兵家所重视。

《尉缭子》是战国晚期论述军事、政治的一部颇具影响的著作,共五卷二十四篇,南宋刻行的《武经七书》本最早,而《汉书·艺文志》杂家收录了《尉缭子》二十九篇。对于它的作者和成书年代,历来就有不同的说法。但无论哪一种说法,都无法否认这本著作的价值。《尉缭子》反对迷信鬼神,主张依靠人的智慧克敌制胜。它对政治、经济和军事关系的认识是相当深刻的,在战略战术上,主张不打无把握之仗,反对消极防御,主张使用权谋,争取主动,明察敌情,善于权变,出其不意而出奇制胜。这些观点即使在当今社会的应用中也仍有极强的参考价值。

《司马法》是先秦时期重要的军事著作,大约成书于战国初期。据《汉书·艺文志》记载,当时《司马法》共一百五十五卷。东汉以后,马融、郑玄、曹操等人的著作中,都曾以《司马法》为重要文献资料而加以征引。《司马法》在讲论古代军政事务和战略战术原则中,教导人从实际出发,从客观存在的天、地等自然条件以及人文方面去思考与决策,并提出了如何处理对立统一的法则,要求人们从发展变化中看问题。虽然《司马法》流传至今已有两千多年,亡佚很多,现仅残存五篇。但就在这残存的五篇中,依然可见从殷周到春秋战国时期的一些作战原则和方法。因此说,《司马法》不愧为我国古代的一部优秀兵书。

为了便于读者们轻松地阅读,本书对这四部典籍分别划分为题解、原文、注释、译文共四大板块进行了译注,力求使原本艰涩难懂的古文变得通俗易懂,以便让您更加便捷地了解原著。对于个别原文残缺过多的部分采取了意译的方式,同时在题解处,也对文章中的核心要点进行了适当解读,以帮助读者更好地领悟战国时期军事家们卓越的军事智慧。

解译者
2019 年 8 月

目录

尉缭子

◎ 天官　第一 / 2

◎ 兵谈　第二 / 5

◎ 制谈　第三 / 10

◎ 战威　第四 / 18

◎ 攻权　第五 / 25

◎ 守权　第六 / 32

◎ 十二陵　第七 / 36

◎ 武议　第八 / 38

◎ 将理　第九 / 47

◎ 原官　第十 / 50

◎ 治本　第十一 / 54

◎ 战权　第十二 / 60

◎ 重刑令　第十三 / 63

◎ 伍制令　第十四 / 65

◎ 分塞令　第十五 / 67

◎ 束伍令　第十六 / 69

◎ 经卒令　第十七 / 71

◎ 勒卒令　第十八 / 73

◎ 将令　第十九 / 77
◎ 踵军令　第二十 / 79
◎ 兵教上　第二十一 / 82
◎ 兵教下　第二十二 / 87
◎ 兵令上　第二十三 / 94
◎ 兵令下　第二十四 / 98

吴子

◎ 图国　第一 / 104
◎ 料敌　第二 / 113
◎ 治兵　第三 / 122
◎ 论将　第四 / 130
◎ 应变　第五 / 137
◎ 励士　第六 / 145

司马法

◎ 仁本 / 152
◎ 天子之义 / 160
◎ 定爵 / 171
◎ 严位 / 182
◎ 用众 / 193

孙膑兵法

◎ 擒庞涓 / 198

◎ 见威王 / 203

◎ 威王问 / 207

◎ 陈忌问垒 / 218

◎ 篡卒 / 222

◎ 月战 / 225

◎ 八阵 / 228

◎ 地葆 / 231

◎ 势备 / 234

◎ 兵情 / 238

◎ 行篡 / 241

◎ 杀士 / 243

◎ 延气 / 245

◎ 官一 / 248

◎ 强兵 / 254

◎ 十阵 / 257

◎ 十问 / 265

◎ 略甲 / 272

◎ 客主人分 / 274

◎ 善者 / 279

◎ 五名五恭 / 282

◎ 兵失 / 285

◎ 将义 / 288

◎ 将德 / 290

◎ 将败 / 292

◎ 将失 / 294

◎ 雄牝城 / 298

◎ 五度九夺 / 301

◎ 积疏 / 303

◎ 奇正 / 305

◎ 参考文献 / 311

尉 繚 子

天官 第一

【题解】

本篇主要论述了不要过于迷信星象、天时和阴阳学说的道理。主张要充分发挥人力的作用,指出与其先去求神问鬼,不如先考察自己的才智如何;所谓的天时,不过是发挥了人的作用罢了。

尉缭子的这些战争胜败的观点在当时历史背景下受到了高度认可。

【原文】

梁惠王①问尉缭子曰:"黄帝刑德②,可以百战百胜,有之乎?"

尉缭子对曰:"刑以伐之,德以守之,非所谓天官③、时日、阴阳、向背也。黄帝者,人事而已矣。何者?今有城,东西攻不能取,南北攻不能取,四方岂无顺时乘之者邪?然不能取者,城高池深,兵器备具④,财谷多积,豪士一谋者也。若城下、池浅、守弱,则取之矣。由是观之,天官时日,不若人事也。按《天官》曰:'背水阵为绝地,向阪阵⑤为废军。'武王伐纣,背济水⑥向山阪而阵,以二万二千五百人,击纣之亿万⑦而灭商,岂纣不得《天官》之陈哉!楚将公子心⑧与齐人战,时有彗星出,柄在齐。柄所在胜,不可击。公子心曰:'彗星何知!以彗斗,固倒而胜焉。'明日与齐战,大破之。黄帝曰:'先神先鬼,先稽⑨我智。'谓之天官,人事而已。"

【注释】

①梁惠王:这里指魏惠王(前400年~前319年)姬姓,魏氏,名罃(yīng)。魏惠王由安邑迁都大梁后,魏国也称为梁国,因此他又称梁惠王。

②刑德:刑罚与教化;刑罚与恩赏。

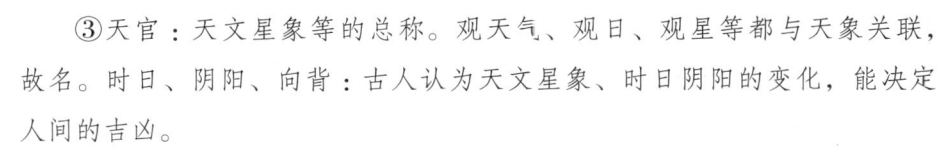

③天官：天文星象等的总称。观天气、观日、观星等都与天象关联，故名。时日、阴阳、向背：古人认为天文星象、时日阴阳的变化，能决定人间的吉凶。

④具：齐全。

⑤阪：山坡。阵：这里指布阵。

⑥济水：源出王屋山，古时直入大海，而今流入黄河。

⑦亿万：形容人数众多。

⑧公子心：楚国的大将，生平不详。

⑨稽：考察。

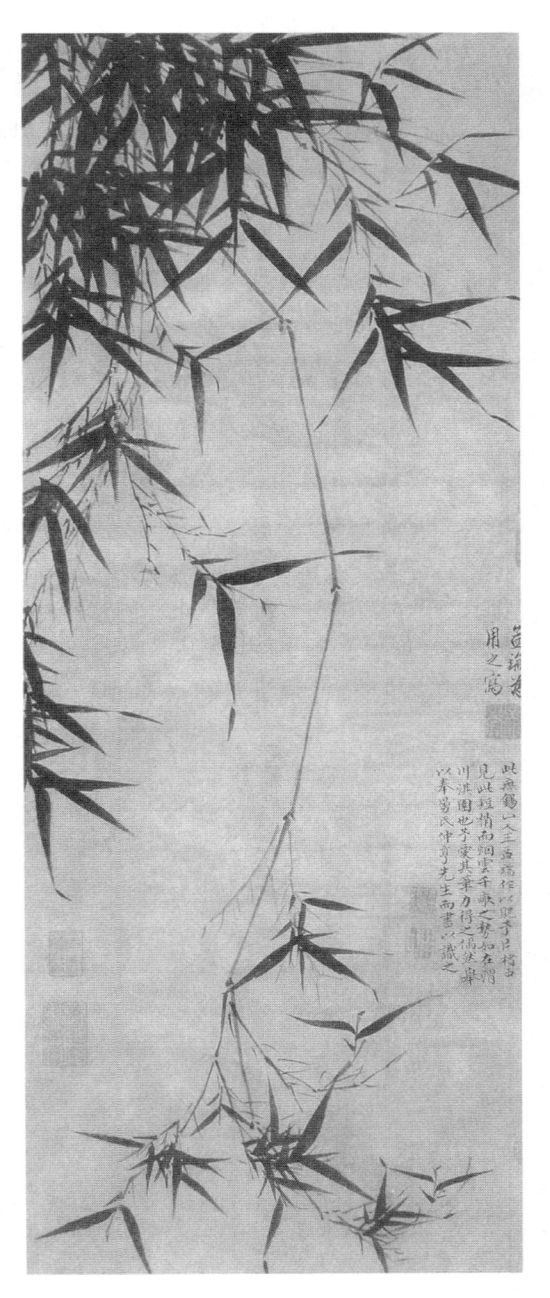

【译文】

魏惠王问尉缭子说："黄帝当初靠刑罚杀戮和施行恩赏，所以才会百战百胜，真有这回事吗？"

尉缭子回答说："刑罚杀戮是用来讨伐国家的，施行恩赏是用来治理国家的，并不是所说的星象、天时、阴阳、向背这些学说。黄帝的成功，凭借的不过是众人的力量罢了。为什么要这样说呢？比如说，现在要攻下一座城池，从东西两侧进攻，无法取得胜利，从南北两侧进攻，也无法取得胜利，难道说这四个方位都没有顺应吉利时辰的天象可以借助吗？然而并非如此，久攻不下的原因是这座城墙太高，护城的城壕太深，而且守城士卒的武器装备齐全，财物和粮食积蓄充足，城中豪杰人士也能同心协力与将领共同谋划保卫城池大计。如果这座城墙低矮、城壕浅、城中的守备力量薄弱，那么这座城池很轻易就被攻取了。由此来看，依靠天官星象和吉时天日，不如依靠人去行事的力量。按照《天官》中所说的：'背靠着水布阵是将自己逼入绝境，向着山坡布阵是把自己的兵马变成了无用之军。'然而武王伐纣之时，背靠着济水，而且向着山坡布阵，却能用二万二千五百人，击败了纣王数十万大军而最终消灭了商朝，如果按照《天官》中的说法，难道取胜的不应该是纣王吗！楚国的大将公子心与齐国交战，当时天上出现了彗星，而彗星的柄正好在齐国出现。如果根据星象的说法，彗星的柄所在的国家是能够取胜的国家，那么楚国就不能攻打齐国了。可是公子心说：'彗星哪里有什么预知事情的能力！用扫帚打人，原本就应该反过来用柄去打才能取胜！'第二天楚国与齐国军队交战，果然大败齐军。正如黄帝所说：'与其先去求神问鬼，不如先去考察自己的才智。'所谓的观测星象决定战事成败，不过是发挥人的才智尽全力去做事罢了。"

兵谈　第二

【题解】

本篇主要论述立国、建军以及用兵的基本原则。文中首先论述了要根据土地的肥沃程度而选择建立都城的地点，以便巩固本国经济条件以及保证人口不流失。其次说明了治理军队的策略，最后用正反例证阐明了君主与将帅都要以国家安危为重，万不可意气用事，以免误国。

在本文中，另外一个重要观点就是"战而有备"，意思就是说，用兵作战之时，要先谋定而后再战，才能增加胜券。

【原文】

量土地肥硗①而立邑，建城称②地，以城称人，以人称粟。三相称，则内可以固守，外可以战胜。战胜于外，备主于内，胜备相应，犹合符节③，无异故也。

治兵者，若秘于地，若邃④于天，生于无，故开之，大不窕⑤，小不恢⑥。明乎禁、舍、开、塞⑦，民流者亲之。地不任者任之。夫土广而任则国富，民众而制则国治。富治者，民不发轫⑧，甲⑨不出暴，而威制天下。

【注释】

①肥硗（qiāo）：土地的肥沃与贫瘠。硗：土地坚硬不肥沃。

②称：适合，符合。

③符节：是中国古代朝廷传达命令、征调兵将以及用于各项事务的一种凭证。用金、铜、玉、角、竹、木、铅等不同原料制成。用时双方各执一半，合之以验真假，如兵符、虎符等。

④邃（suì）：深邃，难以捉摸。

⑤窕（tiǎo）：间隙。这里比喻给敌人留下可乘之机。

⑥恢：本意广大。引据《说文》，"恢，大也"。这里指大意，布置的不周密。

⑦禁：指禁止奸邪的行为。舍：指赦免小的过失。开：指开辟财源。塞：指杜绝浪费。

⑧軔（rèn）：古人驾车行进，需要停车时，拉紧缰绳，驾车的马就停步，车也停住了。车不用时，为防止车轮滚动，要在车轮下垫塞物件加以阻挡。通常较为简便的，常用木头削成楔形，塞在轮下。这块木塞，古人称为軔。民不发軔：这里指不必劳烦百姓。

⑨甲：军队。

【译文】

要先测量土地的肥沃与贫瘠程度，而后才能开始建造城邑，所以说，建造城邑的大小要和所选中的土地面积相符合，城池的大小要和城中所要居住的人数相符合，人口的数量要与城中所储备的粮食相符合。如果以上这三点相互符合，那么于内可以固守城池，于外可以战胜敌军。能够在国都以外的战场上取得胜利，主要在于君主的备战措施，战争的胜利与国内朝廷的备战措施相互呼应，就像是两块传令的符节能够相吻合一样，他们在性质上本来就没有什么不同。

善于治理军队的人，要像大地那样深藏不露，像天空那样深邃难以捉摸，生存在无形之中却蕴藏着庞大的生机与力量，所以开始对战时，在大规模用兵之时，布置上没有间隙就不会给敌人留下任何可乘之机，在小规模用兵之时，也不会大意而布置得不周密。明令禁止那些奸邪的行为、力求严惩但也要赦免一些小的过失，开辟财源而使军需充足，阻塞奢侈之风而杜绝浪费，不忘记安抚流亡的百姓，并且还要亲近他们。对于没有利用起来的土地，就充分地利用起来。像那种拥有广阔的土地而又能充分利用这些土地的君主，那么他的国家就会富足，虽然人口数量不断增多，但是人们都能遵守制度，所以国家的政治就会安定。国家富足而且社会安定的国家，不必劳烦百姓，军队也不用出征，就能凭借自己的声威制服天下了。

【原文】

故曰：兵胜于朝廷。不暴甲而胜者，主胜也；陈而胜者，将胜也。兵起，非可以忿①也，见胜则兴，不见胜则止。患②在百里之内，不起一日之师；患在千里之内，不起一月之师；患在四海之内③，不起一岁④之师。

将者，上不制⑤于天，下不制于地，中不制于人。宽不可激而怒，清不可事⑥以财。夫心狂、目盲、耳聋，以三悖⑦率人者，难矣。

【注释】

①忿：愤怒，不服气；因为不服气而做某事。

②患：祸乱，灾祸。这里指敌方军队。

③四海之内：古时指国内东西南北四个方向的疆域所至，这里指边远地区。

④岁：年。

⑤制：受制于。

⑥清：清正廉洁。事：这里用作贪图之意。

⑦悖（bèi）：惑乱；糊涂。

【译文】

所以说：军事上的胜利，取决于朝廷的政治措施。不用出动军队就能得胜，是国君在政治上所取得的胜利；将士们在战场上获胜，是将领指挥上的胜利。发兵打仗千万不能因为愤怒而意气用事，如果发现有胜利的把握，就出兵；如果发现没有胜利的把握，就坚决停止发兵。敌方军队驻扎在百里之内时，不能只做一天的战斗准备；敌方军队驻扎在千里之内时，不能只做一个月的战斗准备；敌方军队驻扎在边远地界时，不能只做一年的战斗准备。

身为将领，上不能受制于天象，下不能受制于地形，中间不能受别人的牵制而任由摆布。心胸一定要宽广，不能因为受到刺激而发怒，还要保持清正廉洁，不能因为贪图钱财而丧失原则。那种性格轻狂、目光短浅、如同耳聋一样听不进别人建议的也大有人在，如果任用这三种糊涂的人去统帅军队，要想打胜仗，恐怕就很难了。

【原文】

兵之所及，羊肠①亦胜，锯齿②亦胜，缘山③亦胜，入谷亦胜，方④亦胜，园⑤亦胜。重者，如山如林，如江如河；轻者，如炮⑥如燔，如垣压之，如云覆之。令人聚不得以散，散不得以聚，左不得以右，右不得以左。兵如植木，弩如羊角⑦，人人无不腾陵张胆，绝乎疑虑，堂堂决而去。

【注释】

①羊肠：喻指狭窄曲折的小路，很难行走。

②锯齿：犬牙交错的地形。

③缘山：指攀爬又高又险的山。

④方：古时候打仗有时布下的方形阵列。

⑤园：一作"圆"，古时候打仗有时布下的圆形阵列。

⑥炮（páo）：用猛火烤。燔（fán）：焚烧。

⑦羊角：旋风。

【译文】

如果将士能够达到训练有素的境界时，他们在狭窄曲折的小路上能打胜仗，在犬牙交错的地形中也能打胜仗，攀爬到又高又险的山上也能打胜仗，就连进入幽深的山谷也能打胜仗，变换成方形战阵时能获胜，变换成圆形战阵时也能获胜。稳重慢行的时候，要像高山那样沉着冷静，像密林那样铺天盖地，要像江河那样浩浩荡荡不可阻挡；轻兵奇袭的时候，像用猛火烘烤、烈火焚烧那样急剧迅猛，要像城墙倒塌那样具有压顶之势，要像乌云覆盖那样将敌军重重包围。使原本集中在一起的敌人来不及分散，已经分散开的敌人又来不及集中，迫使他们左边的官兵不能援救右边的官兵，右边的官兵无法援救左边的官兵。就算是举起的刀戟像种植的丛林一样耸立，箭弩齐发如同旋风一样凌厉，而我军中所有人没有一个不是腾挪跳跃斗志昂扬、放开胆量无所畏惧的，而且都能断绝疑惑顾虑，阵容强大而果决地杀向前方。

制谈 第三

【题解】

本篇主要论述了军队中制定严明制度的重要性，以及国家政治对战争胜利的保障作用，同时提出了还要注重对贤才的任用。具体指出"凡兵，制必先定"的首要性，以至"天下莫能当其陈矣"。所谓"制"包括编制（卒伍偏列）、纪律（禁舍开塞）、修号令、明赏罚、举贤能等相关事项，以此"使天下非农无所得食，非战无所得爵，使民扬臂争出农战而天下无敌矣"。

对于这些"制"的阐述，可以说是字字珠玑，表述深刻，令人读来具有极强的画面感，并有极大启发。

【原文】

凡兵，制必先定，制先定，则士不乱，士不乱，则刑乃明。金鼓①所指，则百人尽斗；陷行乱陈，则千人尽斗；覆军杀将，则万人齐刃。天下莫能当其陈矣②。

古者，士有什伍③，车有偏列④。鼓鸣旗麾，先登者，未尝非多力国士也；先死者，亦未尝非多力国士也⑤。损敌一人，而损我百人，此资敌而伤甚焉，世将不能禁；征役分军而逃归，或临战自北⑥，则逃伤甚焉，世将不能禁。杀人于百步之外者，弓矢也；杀人于五十步之内者，矛戟也。将已鼓，而士卒相嚣，拗矢折矛抱⑦戟，利后发。战有此数者，内自败也，世将不能禁；士失什伍，车失偏列，奇兵捐⑧将而走，大众亦走，世将不能禁。夫将能禁此四者，则高山陵之，深水绝⑨之，坚阵犯之。不能禁此四者，犹亡舟楫⑩绝江河，不可得也。

【注释】

①金鼓：即四金和六鼓。古代战场上击鼓时表示要进攻，鸣金时就要收兵。

②当：抵挡。陈：通"阵"，阵势、战阵。

③什伍：古代军队的编制方式。五个人为伍，十个人为什。

④偏列：古代战车的编制方式。五辆为一列，二十五辆为一偏。

⑤未尝：不是，没有之意。多加在否定词前面，构成双重否定。国士：这里指为国家立功、受到人们称赞的人。

⑥北：败退，败北。

⑦抱：同"抛"，抛弃，丢弃。

⑧奇兵：古时用兵分正兵、奇兵，这里的奇兵指小股奇袭编队。捐：抛弃。

⑨绝：断，这里用为横渡江河之意。

⑩亡：同"无"，没有。舟楫：船和桨。

【译文】

凡是统率军队，必须要先建立军法制度，先定下制度以后才能约束士兵不混乱，士兵敬畏刑罚而不混乱就能纪律严明。这样一来，听到击鼓鸣金所代表的进退号令响起，那么成百的人都能竭尽全力奋勇杀敌；即便是冲入交战的乱阵之中，成千的人也都能竭尽全力奋勇当先；覆灭敌军擒杀对方主将时，上万人都能齐心协力举起兵刃拼杀。如果能做到这些，就会势不可挡，天下间就没有谁能够阻挡得住这支军队了。

在古代，军队士兵都有"什伍"的编制形式，战车有"偏列"的编制形式。每当战鼓敲响，旌旗升起时，先登上敌军城池的，没有一个不是为国家尽全力的勇士；率先战死的，也没有一个勇士不是为国竭尽全力而献身的。倘若敌军损伤一人，而我军却损伤了一百人，这无疑是在助长敌军的士气而严重地伤害了我们自己，这是平庸的将领所禁止不了的；新征来的士兵偷偷离开军队而私自逃回家乡，或者身临战场自行败退，这样就造成了极其严重的逃溃和伤亡，这是平庸的将领所禁止不了的。百步之外能取人性命的，是弓箭；五十步之内能取人性命的，是长矛和戟。将领已经下达击鼓进军的命令了，可士兵们却互相吵嚷喧嚣不止，有的人甚至把弓箭和矛折断，把戟丢弃在一旁，面对敌人的进攻畏惧不前而只想快速跑到后方保命。如果战斗中出现这些情况，就会内部混乱而自己先溃败了，这是平庸的将领所禁止不了的；士兵擅自脱离"什伍"编队，战车的阵列也一片混乱，奇兵编队抛弃主将而逃跑，大多数的士兵见势也跟着一起逃跑，这也是平庸的将领所禁止不了的。如果有能力的将领能将以上这四种现象禁止，那么，再高的山也能跨越过去，再深的江河也能横渡过去，再坚固的战阵也能冲杀过去而制服敌人。如果不能将以上这四种现象禁止，如果想战胜敌人，那么就像没有船和桨也想横渡江河一样，是不可能成功的。

【原文】

民非乐死而恶生也。号令明，法制审，故能使之前。明赏于前，决罚于后，是以发能中利，动则有功。

令百人一卒①，千人一司马②，万人一将，以少诛众，以弱诛强。试听臣言其术，足使三军之众，诛一人无失刑。父不敢舍③子，子不敢舍父，况国人乎？

一贼仗剑击于市，万人无不避之者，臣谓非一人之独勇，万人皆不肖也。何则？必死与必生，固不侔④也。听臣之术，足使三军之众为一死贼⑤。莫当其前，莫随其后，而能独出独入焉。独出独入者，王霸之兵也。

有提十万之众，而天下莫能当者谁？曰桓公⑥也。有提七万之众，而天下莫当者谁？曰吴起⑦也。有提三万之众，而天下莫当者谁？曰武子⑧也。今天下诸国士，所率无不及二十万之众者，然不能济功名者，不明乎禁、舍、开、塞也。明其制，一人胜之，则十人亦以胜之也；十人胜之，则百千万人亦以胜之也。故曰，便吾器用，养吾武勇，发之如鸟击，如赴千仞之谿⑨。

【注释】

①卒：古代军队的编制方式，一百人为一卒。这里指卒长。

②司马：管理一千人的官。

③舍：庇护。

④侔（móu）：相等，等同。

⑤为一死贼：像个亡命之徒那样奋不顾身。

⑥桓公：这里指齐桓公，春秋五霸之首，前685年～前643年在位，齐国第十五位国君。

⑦吴起：（前440年～前381年），战国初期军事家、政治家、改革家，兵家代表人物。

⑧武子：这里指孙武。孙武（约前545年～约前470年），字长卿，春秋末期齐国乐安（今山东省北部）人。春秋时期著名的军事家、政治家，尊称兵圣或孙子（孙武子），被誉为"百世兵家之师""东方兵学的

鼻祖"。

⑨谿（xī）：同"溪"，山里的河沟，溪流。

【译文】

士兵们并不是乐于赴死而厌恶存活。只因号令严明，军法制度严谨周密，才能驱使士兵们奋勇向前。在开战前先讲明如何奖赏，果决的刑罚放在交战之后，因而出兵就能取胜，行动就能立功。

如今一百人就可以设置一个卒长，一千人就可以由一个司马管理，一万人就可以由一个将军统领，这是以少数管制多数人，以弱微的官位统治强大的人群。如果能听从我的统率策略，足可以驾驭三军将士，全军只杀一人而不失刑威。这样一来，就连父亲都不敢出面庇护儿子，儿子也不敢庇护父亲，更何况是对于其他人呢？

一个残暴的贼寇拿着刀剑在集市上杀人，没有不快速躲避他的，我认为这并不能说这个亡命之徒自己很勇敢，而其他人就都很懦弱不能和他相比。为什么这样说呢？因为抱必死决心的人和尽量求生的人，本来就是不等同的。如果能听从我的策略行事，足可以使三军的士兵们，像一群拿着刀剑的亡命之徒那样，前进时敌人不敢抵抗，后退时敌人不敢追击，而能做到独自出入进退无阻。能够做到独自出入而进退无阻的军队，堪称所向无敌，也就能够成为称王称霸的军队了。

有一位率领十万大军，而天下无敌的人，他是谁呢？是齐桓公啊。有一位率领七万大军，而在天下无敌的人，他是谁呢？是吴起啊。有一位率领三万大军，而在天下无敌的人，他是谁呢？是孙武啊。在当今天下各诸侯国的军队中，所率领的士兵数量没有赶不上二十万之多的，然而这些人之所以没能成就功名，原因就在于没有建立明确的军令，禁止那些奸邪的行为、力求严惩但也要赦免一些小的过失、开辟财源而使军需充足、阻塞奢侈之风而杜绝浪费的奖惩制度。如果明确地建立了这些制度，那么一个人取得胜利，就会带动十个人取得胜利；十个人取得胜利，就会带动一百人、一千人、一万人取得胜利。所以说，要改善我们的武器装备，培养我们士兵的勇猛和勇敢精神，一旦打起仗来，我们的士兵就能像猛禽捕食那样快速凶猛，能像溪流倾泻到千丈深的山谷那样势不可挡。

【原文】

今国被患者，以重宝出聘①，以爱子出质②，以地界出割，得天下助卒，名为十万，其实不过数万尔。其兵来者，无不谓将者曰："无为人下先战。"其实不可得而战也。

量吾境内之民，无伍莫能正③矣。经制十万之众，而王必能使之衣吾衣，食吾食。战不胜，守不固者，非吾民之罪，内自致也。天下诸国助我战，犹良骥骡驸④之驶，彼驽马鬐⑤兴角逐，何能绍吾气哉？

吾用天下之用为用，吾制天下之制为制。修吾号令，明吾刑赏，使天下非农无所得食，非战无所得爵，使民扬臂争出农战而天下无敌矣。故曰，发号出令，信行国内。

民言有可以胜敌者，毋⑥许其空言，必试其能战也。视人之地而有之，分人之民而畜⑦之，必能内有其贤者也。不能内有其贤而欲有天下，必覆军杀将。如此，虽战胜，而国益弱，

得地，而国益贫，由国中之制弊矣。

【注释】

①聘：派遣使者去别国访问。

②质：人质，这里指将某人送去当人质。

③正：同"征"，征调。

④良骥：骏马。騄駬：良马名。

⑤鬐（qí）：马的鬃（zōng）毛。即马颈上的长毛。

⑥毋：不要。

⑦畜：管理，统治。

【译文】

如今，有的国家被侵犯而处在忧患之中时，就选择用贵重珍宝作为贡品派使者送给敌国，或者用自己的儿子作为人质，又或者是割让土地送出，以此来求得天下间其他国家能够派兵援助自己，然而派来的援兵名义上号称十万，其实不过几万人而已。这些援兵出发前，他们的国君没有不对他的将领说的："你们不要在其他人上阵之前先去应战。"这实际上不难看出，他们是不可能为你竭尽全力而奋战的。

现在估量一下我们国内的民众，没有一伍不能征用的。经过编制成十万大军以后，而君王必须让他们穿国家的衣服，吃国家的粮食而为国家效力。如果他们没有打胜仗，也没能守住城池，这不是他们的过错，是由于军队内部没有建立良好制度或者指挥不当所招致的结果。在这种情况下，即使天下间的各诸侯国统统都来援助我们作战，敌军就像一群骏马那样疾速奔驰，他们这样勇猛，而我们的援兵就像劣马那样竖着鬃毛奔跑着与他们较量，这怎么能助长我军的气势呢？

我们要善于利用天下间任何可用的东西为我们所用，要仿效天下间任何好的制度来完善我们国家的制度。修整我们的号令，严明我们的赏罚制度，让天下百姓都知道不耕地种田就不能得到粮食吃，没有战功的人就不能得到爵位，鼓励百姓奋勇争先地务农和参与征战，这样的话，就可以天下无敌了。所以说，发出的号令严明，能使全国民众信服。

如果有人说他有办法战胜敌军，不要轻信他的空话，一定要先考察他是否有打胜仗的能力。看到别国的土地要想兼并它，分割别国的民众而想去统治他们，就必须先在国内有贤臣能够辅佐自己。如果国内没有贤臣辅佐却妄想一统天下，就必定会使将帅败亡而全军覆没。像这样，即使一时侥幸取胜，国家也会因此而更加衰弱，即使获胜夺得了他国土地，国家也会因此而更加贫穷，造成这样的结果，就是因为国内的制度有弊病。

战威　第四

【题解】

战威，既作战的威力，也就是战斗力。

这篇文章主要论述战争胜败的最基本因素，在于充分发挥人为因素的作用，从而构成战斗力的精神因素，进而增强作战威力。具体是：作为军中统帅，处处要以身作则，率先垂范，只有这样才能得到士兵的支持。同时，还要知人善任，爱兵爱民，也只有这样，才能赢得民心，提高士气，从而取得战争的胜利。相反，如果指挥者贪生怕死，畏缩不前，士兵就会士气低落，指挥不灵，从而导致战争的失利。可以说，这是一篇具有现实意义的战略思想。

【原文】

凡兵，有以道胜，有以威胜，有以力胜。讲武料敌①，使敌之气失而师散，虽形全而不为之用，此道胜也；审法制，明赏罚，便器用，使民有必胜之心，此威胜也；破军杀将，乘闉发机②，溃众夺地，成功乃返，此力胜也。王侯如此，所以三胜者毕矣。

夫将之所以战者，民也；民之所以战者，气也。气实则斗，气夺则走。刑未加，兵未接，而所以夺敌者五：一曰庙胜③之论，二曰受命④之论，三曰逾垠⑤之论，四曰深沟高垒⑥之论，五曰举陈加刑⑦之论。此五者，先料敌而后动，是以击虚夺之也。善用兵者，能夺人而不夺于人。夺者，心之机也；令者，一众心也。众不审则数变，数变则令虽出，众不信矣。故令之之法，小过无更，小疑无申。故上无疑令，则众不二⑧听；动无疑事，则众不二志。

【注释】

①讲武：练习；操练。料敌：分析敌情。

②闉（yīn）：本义是古代城门外层的曲城的门，这里指敌军的城池。发机：拨动弩弓的发矢机。

③庙胜：靠朝廷的决策取胜。

④受命：接受命令。此处指任用得力的将领。

⑤逾垠：越过边境。意思为越过国境杀进敌军后方。

⑥深沟高垒：是指深挖壕沟，高筑壁垒，构筑坚固的防御工事。

⑦举陈：陈，通"阵"，即举阵，这里指战场上布阵的阵法。刑：征讨，作战。

⑧不二：没有两样，一致和相同的。

【译文】

凡是战争，有凭借战术取得胜利的，有凭借军队威武的气势取胜的，有凭借军队的实力取胜的。讲求在军事上加强对士兵的操练，具体分析敌情的虚实，设法使敌人士气低落而造成敌军内部分化散乱，这样一来，虽然敌军的阵形完整，却不能发挥作战的作用，这就是凭借战术取得的胜利；审定法制使其严格，力求赏罚分明，熟习武器装备的使用，让每位士兵都有必胜的决心，这就是所说的凭借威武的气势取胜；攻破敌阵，擒杀敌军主将，乘胜追击而登上敌军城楼，拨动弩弓的发矢机便万箭齐发，迅速将敌军击溃，夺取敌国的土地，取得成功之后就返回本国，这就是凭借军队的作战实力取胜。如果君王诸侯都能明白这些道理，也就能完全掌握这三种取得胜利的方法了。

将领能赖以征战沙场的，是士兵；而士兵之所以能在战场上英勇奋战，靠的是士气。士气高涨就会斗志昂扬，士气削弱丧失就会溃败而走。在征讨还未开始，士兵尚未交锋之前，而能率先制敌的策略大致有五个：第一，是靠朝廷英明的决策；第二，是任用得力的将帅之才；第三，是善于运用越过边境而深入敌后袭击的战术；第四，是懂得深挖壕沟，高筑壁垒，构筑坚固的防御工事；第五，是要精通战场布阵和短兵相接的作战战术。以上这五个方面，都要先对敌情加以分析，谋定而后动，这也是利用以实击虚夺取胜利的策略啊。善于用兵的人，能够争先夺取战争的主动权，而不被敌人率先夺去。而能够率先夺取主动权的，主要在于将领的心机智慧；军中的号令，是用来指挥所有将士统一行动的。如果将领对军中的情况不能审察明了，号令就会经常变更，经常变更的号令纵然下达了，大家也都不会相信了。所以说，下达命令后，如果有小的缺点，不必变更，即便有一点疑惑不清，也不必进行重申。因此，将领下达的命令没有可疑惑的，下面的士兵就会一致行动；行动没有疑惑不清的事，大家也就不会三心二意了。

【原文】

未有不信其心，而能得其力者；未有不得其力，而能致其死战者也。故国必有礼信亲爱之义，则可以饥易饱；国必有孝慈廉耻之俗，则可以死易生。古者率民，必先礼信而后爵禄，先廉耻而后刑罚，先亲爱而后律①其身。

故战者②，必本乎率身以励众士，如心之使四肢也。志不励则士不死节③，士不死节则众不战。励士之道，民之生不可不厚也；爵列④之等，死丧之亲，民之所营不可不显也。必也因民所生而制之，因民所营而显之，田禄之实，饮食之亲，乡里相劝，死丧相救，兵役相从，此民之所励也。使什伍如亲戚，卒伯⑤如朋友。止如堵墙，动如风雨，车不结辙⑥，士不旋踵⑦，此本战之道也。

【注释】

①亲爱：亲近友爱。律：约束。

②战者：此指带兵的将领。

③死节：为保全节操而死。此指为国殉难。

④爵列：即爵位。

⑤卒伯：古时军队的编制单位，百人为一卒，也称伯。这里指友邻编队之间的关系。

⑥车不结辙：这里指战车只前进不后退。

⑦旋踵（zhǒng）：旋转脚后跟。意指后退。

【译文】

从来没有不得到士兵衷心信任，还能使士兵为他们尽心效力的人；从来没有得不到士兵的尽心效力，还能使士兵为他们拼死作战的人。所以说，一个国家必须要有崇礼守信相互亲近友爱的风气，有了这种风气，那么饥荒之年就会很容易度过，民众的温饱也就变得不是那么艰难；一个国家必须要有孝顺慈爱廉洁知耻的习俗，有了这种习俗，那么民众就会看淡生死，才能不怕死亡而去捍卫国家。古代的君王统率民众时，一定会率先以崇礼守信去教化他们，然后再赏赐爵位和俸禄去鼓励他们；先教育他们懂得什么行为是廉耻，然后再以刑罚督促他们；先亲近友爱他们，然后再用法律约束他们。

所以，指挥战斗的将领必须要率先身体力行，用自己的行为去激励士兵，就像用自身的大脑指挥四肢一样。如果将领不用自己的行为去激励士兵，就没有身先士卒为国效死的勇士，没有身先士卒为国效死的勇士，其他的士兵也不会拼死作战。因此，激励士兵要有方法，对于士兵日常的衣食住行，不能不够优厚；对于爵位的等级分化，对死难家属的抚恤，士兵所希望获得的东西不能不满足。一定要根据士兵的生活起居需要而去提供相应的需求，根据士兵的功绩给予相应的表彰奖励，让他们在田地俸禄方面得到实惠，起居饮食方面得到照顾，邻里之间互相鼓励，生死关头互相救助，在军队之中能够相互依从，这些都是让士兵受到激励的方法。使那些同什同伍的人就像亲人一样互相关心，编队与编队之间也能像朋友一样互相帮助。军队驻守时就像铜墙铁壁一样坚固，行动起来就像风雨来袭一样迅猛无比，战车不会随意后退，士兵不会转身向后相互跟随着逃跑，这就是作战获胜的基本原则。

【原文】

地所以养民也，城所以守地也，战所以守城也，故务①耕者民不饥，务守者地不危，务战者城不围②。三者，先王之本务也，本务者兵最急。故先王专务于兵有五焉：委积③不多，则士不行；赏禄不厚，则民不劝④；武士不选，则众不强；备用不便，则力不壮；刑赏不中，则众不畏。务此五者，静能守其所固，动能成其所欲。

【注释】

①务：事务。

②围：被围困。

③委积：储备的粮草和财物等。

④劝：本义是勉励、说服，讲明事理使人听从。这里指受到激励。

【译文】

土地是用来养活人民的，城池是用来守卫土地的，作战是为了守卫城池，所以，着重从事农业耕种，就不会发生饥荒，着重致力于城池的防守，国家的领土就不会受到侵犯，着重致力于加强作战技能，城池就不会被敌军包围。这三点，是古代帝王立国的基本事务，在这些基本事务中，军事方面是最紧要的。所以，古代的国君专心致力于军事方面时主要注重这五点：粮草和军用物资储备不充足时，军队就不出兵；给予的赏赐和俸禄不优厚，那么士兵就不会受到激励；不选出勇武的士兵带头冲锋陷阵，军威就不会强盛振奋；武器装备不够精良充实，战斗力就不会强大；奖赏与刑罚做不到公正严明，士兵就不会畏服于命令。能够着重致力于这五点的治理，那么静止防守之时就能固守城池，行动征讨之时就能获得自己所想要的胜利结果。

【原文】

夫以居攻出，则居欲重，阵欲坚，发欲毕，斗欲齐。

王国富民，霸国富士，仅存之国富大夫，亡国富仓府，是谓上满下漏，患无所救。

故曰，举贤任能①，不时日而事利；明法审令，不卜筮②而事吉；贵功养劳③，不祷祠④而得福。又曰：天时不如地利，地利不如人和。圣人所贵，人事而已。

夫勤劳之师，将必先己，暑不张盖，寒不重衣，险必下步，军井成而后饮，军食熟而后饭，军垒成而后舍，劳佚⑤必以身同之。如此，师虽久而不老不弊⑥。

【注释】

①举贤任能：举荐贤才，任用能人。举：推荐，选拔。

②卜筮（shì）：卜筮是古代民间占问吉凶的两种方法，是古代巫术的一种。根据烤过的龟甲上的裂纹，来预测吉凶，叫卜。用蓍草占卦，叫筮。

③贵功：指重视有军功的人。养劳：优待劳苦的人。

④祷祠：在祠庙祝祷乞求神灵福佑，泛指祭祀。

⑤佚：通"逸"。休息；享受。

⑥弊：衰落，疲惫。

【译文】

如果是以防守对抗进攻时，则防御装备必须要稳定严密，阵地要坚不可摧，发起反攻时要集中全部的力量，要齐心合力地进行战斗。

君王贤德的国家，注重使百姓的生活变得富裕；称霸天下的国家，注重士兵的生活变得富足；勉强生存的国家，只注重贵族大夫们的生活变得富裕；濒临灭亡的国家，只注重国君的国库给养富足。这就是人们常说的上层人的生活富足有余，而下面的百姓却穷困不堪，像这样只满足上层而忽略下层，那么所隐伏的祸患是没有办法挽救了。

所以说，举荐贤才，任用能人很重要，贤能的人做事不用选择良辰吉日也能做好；申明法令制度，谨慎发布命令，这样做事不用占卜吉凶也会吉顺；注重赏赐有军功的人，优待劳苦的人，那么不用到祠庙祝祷乞求神灵福佑也能得到福报。换句话说：作战时具备有利的时令气候不如占据有利的地形，占据有利的地形不如依靠上下一致人心团结。圣人所重视的，不过是人的行事能力罢了。

勤于建立功劳的军队中，将领必须要舍己生死而身先士卒，天气炎热的时候不张开伞盖遮阳，天气寒冷的时候不添加衣服，遇到崎岖的险路时要先下马探路，在行军路上挖掘水井，要等士兵们都喝完水之后自己再喝，军营里的饭菜做熟以后，要等士兵们都吃完才能去吃，军营筑成后，要等士兵们都住下后自己才休息，身为将领，必须要与士兵们同甘共苦。这样的话，军队即使持久作战，但依然能保持高昂的士气，不会衰竭也不会疲惫。

攻权　第五

【题解】

攻权，就是攻城的谋略。本篇主要论述攻城的原则，谈到了如何处理好将士之间的关系，以及作为军中统帅要身先士卒，这样才能鼓舞军中士气。

对于具体攻城的谋略，首先提出了"兵以静胜，国以专胜"，将士要集中力量，坚定信心；其次是军队必须有严格的纪律，将帅一定要对士兵施以仁爱和在军中建立威信，使军队行动能够齐心协力；还有就是必须确有把握，才能攻战；最后具体地谈到攻城的行动，应该迅速集中兵力，趁其不备，阻断交通使其城邑孤立无援，而后乘虚攻克制胜。

【原文】

兵以静胜，国以专胜。力分者弱，心疑者背。夫力弱，故进退不豪，纵敌不擒。将吏士卒，动静一身。心既疑背，则计决而不动，动决而不禁。异口虚言，将无修容①，卒无常试②，发攻必衄③。是谓疾陵之兵④，无足与斗。

将帅者，心⑤也；群下者，支节⑥也。其心动以诚，则支节必力；其心动以疑，则支节必背⑦。夫将不心制，卒不节动，虽胜，幸胜也，非攻权⑧也。

【注释】

①修容：这里指将领的威严风度。

②试：指训练和演习。

③衄（nǜ）：衄的本意是鼻子出血，这里引申为战争中的失败。

④疾陵之兵：暴烈颓废的军队。

25

⑤心：古代人以心为思维器官，故后沿用为脑的代称。

⑥支节：同"肢节"，这里指四肢。

⑦背：违背，背弃；向相反的方向。

⑧攻权：进攻的谋略。

【译文】

军队需要沉着冷静，方能取胜；国家需要团结统一，才能致胜。兵力过于分散的时候，进攻的力量就会减弱；军心疑惑纷纷动摇时，士气就会涣散背离。当那进攻的力量减弱时，无论是进攻还是撤退都没有豪气，即使有好的战机也不敢贸然发兵，导致放跑敌人。殊不知，进攻时，将领和士兵之间要一动一静互相配合，要像身体各个器官之间的协调性一样。如果将领的决心已经犹豫不决甚至与初衷相违背，那么即使确定了作战计策士卒也不会立即行动，即使按计策发动进攻，也控制不住交战的场面。如果军中将士之间意见不同，而且空话连篇，将领丧失威严，士兵不再进行常规训练而惰怠懒散，这种状态下，交战必定会流血失败。这就是所说的暴烈颓废的军队，是没有充沛的军力能与敌人交战的。

将帅，就像是一个人的头脑思想；士兵，就像是一个人的四肢。如果他的头脑思想启动坚定，那么四肢的动作就会孔武有力；如果他的头脑思想启动犹豫不决，那么他的四肢必然也会背弃初衷而不协调。如果将领不能拥有坚定的思想来控制四肢，那么士兵就不能像四肢那样按照将领的指挥行动，这样的军队，即使是打了胜仗，也只是侥幸而已，并不符合真正的进攻的谋略。

【原文】

夫民无两畏①也。畏我侮②敌，畏敌侮我。见侮者败，立威者胜。凡将能其道者，吏畏其将也；吏畏其将者，民畏其吏也；民畏其吏者，敌畏其民也。是故知胜败之道者，必先知畏侮之权③。夫不爱说④其心者，不我用也；不严畏其心者，不我举⑤也。爱⑥在下顺，威在上立。爱故不二，威故不犯。故善将者爱与威而已。

【注释】

①畏：畏惧。

②侮：轻视，轻慢，蔑视。

③权：衡量，比较，权衡。

④说：同"悦"，悦服。

⑤举：言行，举动。此处可借用为指挥。

⑥爱：仁爱。

【译文】

士兵是不会既畏惧敌人又畏惧自己将领的。如果畏惧自己的将领，就会蔑视敌人，如果畏惧敌人，就会轻视自己的将领。如果出现将领被士兵轻视的情况，那么作战就会失败；如果将领在士兵之中建立威信，那么作战就能胜利。凡是能懂得这个道理的将领，都会使官吏畏惧自己；军中的官吏畏惧他的将领，士兵就会畏惧军中的官吏；士兵畏惧军中的官吏，那么敌军就会畏惧我军的士兵了。所以，懂得胜败之道的将领，必须首先要懂得权衡畏惧和轻视二者的利害关系。如果将领不能亲近礼待士兵而使他们心里悦服，士兵就不会为将领所用；如果士兵不能敬畏其将领的威信，就会不听从将领的言行指挥。对士兵的仁爱在于能让他们服从；将领的威信要从上面树立。能够施行仁爱，所以士兵就不会产生二心；将领在军中有了威信，所以士兵就不会违抗命令。所以善于统率军队的将领，就在于对士兵施以仁爱和在军中建立威信而已。

【原文】

战不必胜，不可以言战。攻不必拔①，不可以言攻。不然，虽刑赏不足信也。信在期前，事在未兆。故众已聚不虚散，兵出不徒归②。求敌若求亡③子，击敌若救溺人。

分险者无胜心，挑战④者无全气，斗战者无胜兵。

凡挟义而战者，贵从我起；争私结怨，应不得已。怨结虽起，待之贵后。故争必当待之，息必当备之。

【注释】

①拔：攻取。

②徒归：空手而归，无功而返之意。徒：空。

③若：像，好似。求：寻找；搜寻。亡：丢失；出走。

④挑战：激使敌方出战。

【译文】

征战没有必胜的把握时，不要轻言征战而冒然发兵。攻打城池没有一定能攻取下来的把握时，不要轻易言说攻城。否则的话，即使用严罚和重赏都不足以使他们信服。要想使他们信服就要在作战之前树立威信，事情的发展变化要在没有发生之前就有预见。因此，已经集结好的士兵，就不能无缘无故随便解散，军队一旦出动，就不能无功而返。搜寻敌军要像寻找自己丢失的孩子一样仔细，击杀敌军，要像抢救落水的人一样奋不顾身地迅速行动。

部队分兵守险就不会有战斗的决心，将领轻率挑战士气就不会饱满，鲁莽作战不讲究谋略就不会取胜。

凡是依仗正义而去作战的军队，最好是采取我方主动出击；因为争夺私利而结下仇怨的战争，应当是在不得已时再反击。既然因为结下仇怨而发起战争不可避免，那么接下来可贵之处就在于能够后发制人。所以说，作战一定要等待选择大好时机，战争结束之后也应当要防备敌人。

【原文】

兵有胜于朝廷，有胜于原野，有胜于市井①。斗则得，服则失，幸以不败，此不意彼惊惧而曲胜②之也。曲胜，言非全也，非全胜者，无权名。故明主战攻之日，合鼓合角③，节以兵刃，不求胜而胜也。兵有去备撤威而胜者，以其有法故也，有器用之早定也，其应敌也周，其总率也极。故五人而伍，十人而什，百人而卒，千人而率，万人而将，已周已极，其朝死则朝代④，暮死则暮代，权敌审将而后举兵。

【注释】

①市井：街市，古代城邑里集中买卖货物的场所。这里指城邑，城池。

②曲胜：指小胜，局部的胜利。

③合鼓：与鼓声相应合。合角：与号角声相应合。因为古时听鼓角之声以进军。

④代：代替。

【译文】

发兵征战，有的是靠朝廷的决策取胜，有的是靠野外有利地形取胜的，有的是靠强攻城池取胜的。总而言之，要敢于战斗才能取得胜利，一味地屈服退让只会导致失败，即使侥幸没有失败，这也可能

是因为敌军意外地发生惊慌而偶然获得的小胜利罢了。偶然的小胜利不能算是真正的全局胜利，不能获得真正全局胜利的将领，就不会享有真正的权谋威名。所以英明的统帅在战事上决定进攻的那一天，定会整齐号令而使鼓角之声相互应合，省减兵器而且严明士兵的战斗纪律，这样的话，不用去强求胜利而胜利也会自己到来。而有的人用兵，善于利用表面上放松戒备减弱军威，以此来引诱敌军上当的策略而取得胜利，这是一种机智制敌手段的缘故，而且有事先就准备好的武器装备，其中应对敌人的作战策略制定得也很周密，士卒的统帅也很高明。按照军队的编制方法，将五人编为一伍并设一个伍长，十人编为一什并设一个什长，一百人编为一卒并设一个卒长，千人编为一率并设一个统率，每一万人设一个将军，这样的编制方法，已经很周密很高明了。然后，军中有早晨战死的长官，就要在早晨及时选拔能人代替，有晚上战死的，也要及时在晚上选拔能人代替。战争前要先掌握好敌军的虚实，同时认真考察任用贤能的将领，然后才能发兵进攻。

【原文】

故凡集兵，千里者旬日，百里者一日，必集敌境。卒聚将至，深入其地，错绝其道，栖其大城大邑，使之登城逼危。男女数重，各逼地形而攻要塞。据一城邑而数道绝，从而攻之。敌将帅不能信，吏卒不能和，刑有所不从者，则我败之矣。敌救未至，而一城已降。

津梁未发①，要塞②未修，城险③未设，渠答④未张，则虽有城无守矣。远堡未入，戍客未归，则虽有人无人矣。六畜⑤未聚，五谷未收，财用未敛，则虽有资无资矣。夫城邑空虚而资尽者，我因其空虚而攻之，法曰："独出独入⑥，敌不接刃而致⑦之。"此之谓也。

【注释】

①发：这里通"伐"，摧毁。

②要塞：险隘的关口。

③城险：城防。指城池险要处的防御设施。

④渠答：一种守城御敌的战具。

⑤六畜：这里泛指家畜。

⑥独出独入：独自外出和进入。这里形容如入无人之境。

⑦致：获得，夺得。

【译文】

所以说，凡是集结军队，远隔千里的，十天之内就要到达，相距百里的，一天之内就要到达，而且还必须集结到敌人的边境附近。等到士兵集结完毕，将领都已经到齐后，就要立即深入敌军的腹地，切断敌人的交通要道，在敌军的大城池和重要封邑下安营扎寨，形成包围之势，从而使敌军登上城池感觉到处于被逼迫的危险境地。同时，将所占领地内的男女召集起来并按人数多少重新组合，然后遣使他们分头逼近并抢占险要地形，进攻敌人险要的关隘。占据重要关隘就能将所有敌军困在一座城池之中，切断敌军数条撤退的道路，最后再发起猛攻。这样一来，敌军的将领将会丧失威信，军中的官吏和士兵就会发生分歧而互不协力，即使将领使用严厉的刑罚，也不能迫使士兵们服从，那么，我们就可以乘势打败敌人了。就这样，恐怕还未等到敌军的援兵到达，而他们整座城的人都已经投降了。

如果敌人的渡口桥梁没有被拆毁，险要的关隘没有修建完成，城池险要处没有构筑防御设施，也没有铺设守城御敌的障碍物，这样的状况下，即使有一座坚城也是无法守住的。边境的关口没有吏卒驻守，守卫边境的军队也没有及时回城救援防守，这样的状况下，那么即使有士兵驻守也是形同虚设了。各种供给食用的畜禽没有集中起来，粮食也没有收集充足，该征敛的钱财也没有敛收齐备，这样的状况下，那么即使有无数资财也和没有资财没什么区别了。对于这种城中粮草不足又钱财耗尽的城池，我军应该趁他们城中空虚的时候一举攻取。兵法中说："能够自由独自出入，如同进入了无人之境，那么敌军还来不及交锋就已经被制服了。"说的就是这种情况。

守权　第六

【题解】

守，这里指守城。权，指的是谋略，而守权，就是守城的谋略。

本篇论述了守城的三个原则：一是守城要守住城郊外围要塞，所谓"进不郭圉退不亭障以御战，非善者也"。第二条守城的方法是"守者，不失其险也"。要求城壕要深，城墙要厚，人力必须充实，粮草一定要充足，而且还要弩矢坚强，矛戟相称。第三条提出了"有必救之兵者，则有必守之城，无必救之兵者，则无必守之城"等，以此说明守城坚决反对单纯防御。

【原文】

凡守者，进不郭圉①退不亭障②以御战，非善者也。豪杰雄俊，坚甲利兵，劲弩强矢，尽在郭中。乃收窖廪③毁拆而入保。令客气十百倍，而主之气不半焉，敌攻者伤之甚也。然而世将弗④能知。

夫守者，不失险者也。守法：城一丈，十人守之，工食⑤不与焉。出者不守，守者不出。一而当十，十而当百，百而当千，千而当万。故为城郭者，非妄费于民聚土壤也，诚为守也。千丈之城，则万人之守。池深而广，城坚而厚，士民备，薪食给，弩坚矢强，矛戟称之，此守之法也。

【注释】

①郭：本义在城的外围加筑的一道城墙。内城叫城，外城叫郭。圉（yǔ）：边境，边沿。

②障：险要地方设置的小堡垒。

③窖：地窖。廪（lǐn）：米仓。

④弗：不。

⑤工食：军队中的工匠和掌管伙食的人。

【译文】

凡是防守的军队，进不在周围筑就城郭，退不设立岗亭和堡垒来抵御敌人，是不妥善的。应该把各路英雄豪杰、智者才俊，身穿坚硬铠甲的精锐军队，上好的强弓劲弩，统统都部署在城郭之中。再把粮食财物都放在地窖和隐蔽的米仓之中，折毁城外一切可以被敌人利用的东西，然后退入城中坚守。让敌军花费十倍百倍的力气来攻城，而我们只需用一半的力气来防守，这样，敌军攻城时就一定会伤亡惨重了。但是，现在很多将领却不懂这个道理。

守城的关键是，绝对不能放弃险要的地形。守城的方法是：城墙每一丈之内，就需要十个人坚守它，但军队中的工匠和掌管伙食的人可以不参与防守。出城应战的军队不参与防守，防守的军队不参与城外进攻。守城的士兵都要拿出以一当十，以十当百，以百当千，以千当万的士气。所以，建筑的城池以及外城墙，不是胡乱耗费民力堆起泥土做样子的，而是要真正发挥防御作用的。通常是一千丈长的城池，那么就需要一万人来防

守，同时，城外的城壕一定要既深又宽，城墙也要既坚固又厚实，城中人力装备充足，粮草供应富足，弓弩和箭矢要求既结实又强劲，矛和戟也都相应的锋利无比。具备这些，就是掌握了守城的有效方法。

【原文】

攻者不下十余万之众，其①有必救之军者，则有必守之城。无必救之军者，则无必守之城。若彼城坚而救诚②，则愚夫愚妇，无不蔽城尽资血者。期年③之城，守余于攻者，救余于守者。若彼城坚而救不诚，则愚夫愚妇，无不守陴④而泣下，此人之常情也，遂发其窖廪救抚，则亦不能止矣。必鼓其豪杰雄俊，坚甲利兵，劲弩强矢并于前，幺麽毁瘠⑤者并于后。

十万之军，顿于城下。救必开之，守必出之。出据要塞，但⑥救其后，无绝其粮道，中外相应。此救而不之诚，则倒敌⑦而待之者也。后其壮，前其老，彼敌无前，守不得而止矣，此守权之谓也。

【注释】

①其：连词，相当于"如果""假使"。

②诚：果真，确实。愚夫愚妇：旧时指平民百姓。

③期年：一年。

④陴（pí）：主城墙上从属的土墙，也称女墙。

⑤幺麽：这里指小孩。毁瘠：这里指老人。

⑥但：不过，可是。

⑦倒敌：迷惑敌人。

【译文】

当进攻的敌军兵力有十万余人之多时，如果我方有一定会前来救援的军队，那么就一定能守得住城池。如果没有可靠的援军，那么很可能就守不住城池了。如果这座城池很坚固，而且援军又确实能前来救援，那么城中的平民百姓，没有一个不奋力掩护城池，甚至竭尽资财、出力流血的。如果这座城池想坚守一年，那么守军的力量要足以抵抗进攻的敌人，而且援军的力量足以支援守城的军队。如果那城池很坚固，却没有可靠的援军，那么城中的平民百姓，恐怕没有一个不躲在城墙旁边悲伤哭泣的，这是人之常情啊，即使马上给他们发放财物和粮食救济安抚，恐怕也无法消除他们心中的悲观情绪。所以，必须要鼓励那些英雄豪杰、智者才俊集结起来，让他们穿上坚硬的铠甲，率领着精锐的军队，使用强弓劲弩在前方共同拼死战斗，让儿童和老人在后方合力支援，只有这样，才有希望坚守成功。

如果敌方的十万大军在城下驻扎，我方援军一定要想方设法打开敌军的重围，这时，城中守军一定要马上趁机冲出城门，占领重要的地形。不过，援军也可以将敌军的后方打开一条通路，但不要断绝敌军的粮道，并与城中的守军互相策应。这种救援方式会让敌军以为援军不真诚而使他们不清楚我军的真实意图，这样就可以迷惑敌人以致于打乱敌军的部署，而我们就可以静待进攻的时机。这时，敌军为了对付我方援军，会把精锐部队调到后方去攻打我方援军，而将老弱病残放在前方围城，这样的话，敌军的老弱病残无法战胜前方我军城中的精锐部队，那么城中的守军就不再固守，而是得以出城全力发起进攻而最终以胜利止息这场战争。这就是守城时权变制胜的谋略。

十二陵① 第七

【题解】

陵，在本篇中除了注释中的意思之外，还可以引申为高贵的品格，即将帅应有的修养。所以说，文中主要论述的是将帅的修养要素，而且是分别从正反两面提出了十二种经验和十二种教训，可以说，每一条都能作为将帅在实践中应该注重的自勉和警示。同时也论述了身为将帅应该如何治军处事的问题。

【原文】

威在于不变。惠在于因时。机在于应事。战在于治气。攻在意表②。守在于外饰③。无过在于度数④。无困在于豫备。慎在于畏小。智在于治大。除害在于敢断。得众在于下人。

悔在于任疑。孽在于屠戮。偏在于多私。不详在于恶闻己过。不度在于竭民财。不明在于受间。不实在于轻发。固陋⑤在于离贤。祸在于好利。害在于亲小人。亡⑥在于无所守。危在于无号令。

【注释】

①陵：本义为丘陵、高出的地方，此指办事的要点。"十二陵"的中心意思是提示将帅治军处事要做到前十二项，避免后十二项。

②意表：谓意料之外；令人感到意外。

③外饰：粉饰外表；伪装。

④度数：这里指处理事情的分寸。

⑤固陋：指固塞鄙陋；见识浅薄；目光短浅。

⑥亡：这里指战败。

【译文】

身为将领，建立威信在于不随便改变已经决定的事。施与人恩惠在于恰合时宜。机智有谋略，在于能灵活地应对任何事情。胜战，在于严治且能鼓舞全军士气。进攻敌人时，在于能够出其不意。防守时，在于会伪装、懂得隐蔽自己真实的力量。不犯原则上的错误，在于能掌握处理事情的分寸。不能遭到困厄的侵袭，在于事前就已经做好了准备。行事慎重，在于能够警惕细微小事。明智，在于懂得如何治理谋划全局。铲除祸害，在于能够果断勇敢。尽得人心，在于知道礼贤下士。

作为一个将领，时常感到后悔，在于自身的性格犹疑优柔寡断。身有罪孽，在于喜好残暴的杀戮。为人偏袒不公正，在于私心过重。处事不能详尽完美，在于疾恶良言相劝而掩饰自己的过错。用度不足，在于他已耗尽民财。不明事理，在于受到不轨之人离间。进攻时一无所获，在于不知审慎而轻举妄动。固执鄙陋，在于疏远了贤能之人。遭受祸患，在于贪图利禄。遭受损害，在于亲近了奸佞小人。丢失了城池，在于没有注重守备。陷入危境，在于没有严明的号令。

武议① 第八

【题解】

本篇主要论述战争的目的和性质，战争与经济的关系以及将帅在战争中所起的作用。

这些都属于如何治军的问题。具体在文中指出了国家经济与军事的关系，同时说明了军事对经济的依赖性，最后谈到将领在战争中应该身系国家安危，必须上下团结一致、做到举贤荐能，才能灵活自如地指挥战斗，从而应付各种战事变化，取得最后的胜利。

【原文】

凡兵不攻无过之城，不杀无罪之人。夫杀人之父兄，利②人之财货，臣妾③人之子女，此皆盗也。故兵者，所诛暴乱禁不义也。兵之所加者，农不离其田业，贾不离其肆宅④，士大夫不离其官府，由其武议在于一人⑤。故兵不血刃⑥，而天下亲焉。

万乘农战⑦，千乘救守，百乘事养⑧。农战不外索权，救守不外索助，事养不外索资。夫出不足战，入不足守者，治之以市。市者，所以给战守也。万乘无千乘之助，必有百乘之市。

【注释】

①武议：指军事上的谋略与决策。

②利：占有。

③臣妾：名词作动词，这里指奴役他人。

④肆宅：这里指商人的店铺。

⑤一人：古时帝王自称"孤""朕"或"予一人"，这里指国君。

⑥兵不血刃：兵：武器。刃：刀剑等的锋利部分。兵器上没有沾上血，形容未经战斗就轻易取得了胜利。

⑦万乘：万乘之国，泛指大国。农战：指古代实行的兵农合一的制度，平时是从事生产的农民，打仗时就是士兵。

⑧事养：奉养。

【译文】

凡是发兵攻伐，都不要去攻打没有过错的国家，不要杀害无辜的百姓。杀害别人的父母和兄弟，抢夺占有别人的财物，奴役他人的妻妾子女，这些都是强盗的行为啊。本来发兵所平息的暴乱，就是为了制止不正义的行为。发兵攻伐他国时，军队所到之处，能让原来城邑之中的百姓不离开自己的田地，商人不离开自己的店铺，身为官吏的人不离开自己的职守以及府邸，这其中的缘由就在于国君军事上的英明谋略与决策。所以，出兵之时无需拼杀流血就能轻而易举取得胜利，而且还能得到天下人的拥护。

拥有万辆战车的大国，要实行兵农合一的政策，确保兵力和粮食都能够供给充足。拥有千辆战车的中等国家，则需要加强守备力量以保证能自守自救。而只有百辆战车的小国，就要做到物资奉养自给自足，而且还要和大国搞好关系。实行兵农合一的政策后，就不需

要仰仗别国的权势保卫国家。加强守备能够自救后，也不需要向别国摇尾乞怜以求援助。平时要和大国搞好关系，能够做到自给自足，也就不用向别国乞求钱财。如果在兵力上进不能战胜敌人，退不能稳固防守时，就应该着重治理和发展集市交易。集市交易的收入可以用来供应作战和防守之用。有万辆战车的大国虽然不需要中等国家的援助，但必须要像拥有百辆战车的小国那样发展集市贸易，以增加收入。

【原文】

凡诛者所以明武也。杀一人而三军震①者杀之，赏一人而万人喜者赏之。杀之贵大，赏之贵小。当杀而虽贵重必杀之，是刑上究也；赏及牛童马圉②者，是赏下流也。夫能刑上究、赏下流，此将之武也。故人主重将。

夫将提鼓挥枹③，临难决战，接兵角刃，鼓之而当，则赏功立名；鼓之而不当，则身死国亡。是存亡安危在于枹端，奈何无重将也！夫提鼓挥枹，接兵角刃，君以武事成功者，臣以为非难也。

【注释】

①震：震动，振奋之意。

②牛童马圉（yǔ）：放牛的小孩和养马的仆人。

③枹（fú）：同"桴"，意为鼓槌。

【译文】

但凡杀人的情况，都是为了严明军纪重整军威的。如果杀一个人能使三军士气振奋，那就杀了他，如果赏赐一个人能使万人高兴，那就赏赐他。杀人，贵在敢于杀掉地位高的有罪之人，赏赐有功劳的，贵在不遗漏地位低下的人。触犯刑律应该诛杀的，不论他是多么位高权重，都必须要杀掉他，这就是刑罚必须遵循的"刑上究"原则；赏赐有功之人的时候，能遍及放牛的孩子和养马的仆人也一同赏赐，这就是赏赐时不能忽视的"赏下流"原则。能够做到"刑上究""赏下流"，就体现了一个将领的威严所在。所以，国君应该重用这样的将领，尊从将帅的职权。

将帅站在战鼓前，手中拿起鼓槌挥动着击鼓进军，像这样在危难关头指挥决战，当两军短兵相接的时候，如果击鼓指挥得当，就能得到主公的封赏建立功名；如果击鼓指挥不当，不仅自己会战死，国家也会面临灭亡。所以，一个国家的存亡安危，就在于将领的临场指挥的能力，如此又怎么能不重视将领在战争中的作用呢！任用的将领善于击鼓指挥军队，擅长两军短兵相接而决一死战，如果国君想要依靠战争成就功名霸业，我认为，这也并非难事。

【原文】

古人曰："无蒙冲①而攻，无渠答②而守。是为无善之军。"视无见，听无闻，由国无市也。夫市也者，百货之官也。市贱卖贵，以限士人。食粟一斗，马食菽③三斗。人有饥色，马有瘠④形。何也？市有所出，而官无主也。夫提天下之节制，而无百货之官，无谓其能战也。

【注释】

①蒙冲：这里指战车。

②渠答：铁蒺藜。守城御敌的战具。

③菽（shū）：豆类的总称。

④瘠：瘦弱。

【译文】

古人说："没有战车就发起进攻，没有铁蒺藜而用来进行防守，这是装备不完善的军队。"一个军队装备不完善，将士们营养不良而看不清物体，听不到声音，造成这种现象，是因为国家没有去管理集市贸易而军需用品供给不足的缘故。所谓的集市贸易，就是对城中的各种货物进行管理。集市上的物品一般都采用低贱时买进，高价卖出的方法，所以要限制有人随意抬高价钱。每个人每天不过吃一斗粮食，每匹马不过吃三斗豆料。可为什么还是会出现人饿得面黄饥瘦，马饿得瘦弱不堪的状况呢？就是因为集市上虽然有贸易往来，但是却无人管理。要知道，只注重统领国家军队要有约束禁令，而没有设置管理集市上各种商品贸易的官员，这样的国家是谈不上能够打胜仗的。

【原文】

起兵直使甲胄生虮虱①者，必为吾所效用也。鸷鸟②逐雀，有袭人之怀，入人之室者，非出生，后有惮也。

太公望③年七十，屠牛朝歌④，卖食盟津⑤。过七十余而主不听，人人谓之狂夫也。及遇文王，则提三万之众，一战而天下定，非武议，安得此合也。故曰良马有策，远道可致；贤士有合，大道可明。

武王伐纣，师渡盟津，右旄左钺⑥，死士三百，战士三万。纣之陈亿万，飞廉、恶来⑦，身先戟斧，陈开百里。武王不罢士民，兵不血刃，而克商诛纣。无祥异⑧也，人事修不修然也。今世将考孤虚⑨，占咸池，合龟兆⑩。视吉凶，观星辰风云之变，欲以成胜立功，臣以为难。

【注释】

①甲胄：盔甲衣胄。虮（jǐ）：即虱子的卵，呈白色。

②鸷（zhì）鸟：凶猛的大鸟。

③太公望：即吕尚，姜姓，又称"姜太公"。

④朝歌：地名，是中国商王朝的国都，故城在今河南淇县北。

⑤盟津：即孟津，在今河南孟县南。相传周武王攻打商纣王时，曾与诸侯会盟于此，因此又叫盟津。

⑥旄（máo）：古代旗杆头上用旄牛尾作的装饰，一般指有这种装饰的

旗。钺（yuè）：一种古代的兵器，具备强大的杀伤力，青铜或铁制成，形状像板斧。

⑦飞廉：商纣王的大将。恶来：飞廉的儿子，纣王的大臣。

⑧祥异：古代指预示吉祥或怪异的天象。

⑨孤虚：古代方术用语。即计日时，以十天干顺次与十二地支相配为一旬，所余的两地支称之为"孤"，与孤相对者为"虚"。古时常用以推算吉凶祸福及事之成败。

⑩龟兆：占卜时龟甲受炙灼所呈现的坼裂之纹，殷商时期，人们灼龟甲以占卜吉凶。

【译文】

发兵讨伐，直到士兵身穿的盔甲里生了虱子，但他们依然拥有长期作战的士气，究其原因，一定是因为军纪严明，他们才会如此为国家效力。就像凶猛的大鸟追逐小雀一样，有时候小雀因为慌乱撞到人的怀里，有时候飞进别人的屋中，这并不是出自它们本意，它们只是惧怕后面凶猛的大鸟追上来而已。

姜太公七十岁时，还在朝歌以宰牛为业，在盟津以卖食品谋生。年过七十有余，还是没有得到明君任用，在渭水之滨坚持直钩垂钓之时，许多人都说他是个狂人。直到他遇到周文王，才被重用，于是，他率领三万大军，只靠一场战争，就平定了天下。如果他没有高深的军事策略，又怎么能得到与文王的遇合而受到重用呢？所以常言说：好马有人鞭策，再远的路程也能到达；贤能的人能得到赏识，国家道路就可以政治清平了。

武王开始伐纣，统率军队渡过盟津之时，他右手拿着旄牛尾做的旗，左手拿着斧钺，带领三百个舍生忘死的勇猛之人身先士卒，仅有三万大军在后方支援。而此时纣王的战阵里，有十多万大军，其中大将飞廉、恶来手握长戟和利斧站在最前面，士兵摆开阵势，可以绵延数百里。但是周武王既没有使士兵疲劳，也没有与之进行激烈的战斗，就灭了商朝，除掉了商纣王。这与天象是否吉祥或怪异没有任何关系，而是统领百姓时善与不善的缘故。现在的一些将领，只知道通过计日时、求神问卜、占卜星象、

43

观察天气的变化来战胜敌人而建立功勋，我认为，这是很难做到取胜的。

【原文】

夫将者，上不制于天，下不制于地，中不制于人。故兵者，凶器也；争者，逆德也；将者，死官也。故不得已而用之。无天于上，无地于下，无主于后，无敌于前。一人之兵，如狼如虎，如风如雨，如雷如霆，震震冥冥，天下皆惊。

胜兵似水。夫水至柔弱者也，然所触丘陵必为之崩，无异也，性专而触诚也。今以莫邪之利，犀兕之坚①，三军之众，有所奇正②，则天下莫当其战矣。故曰，举贤用能，不时日而事利；明法审令，不卜筮而获吉；贵功养劳，不祷祠而得福。又曰，天时不如地利，地利不如人和。古之圣人，谨人事而已。

吴起与秦战，舍不平陇亩③，朴樕④盖之，以蔽霜露。如此何也？不自高人故也。乞人之死不索尊，竭人之力不责礼。故古者甲胄之士不拜，示人无已烦也。夫烦人而欲乞其死、竭其力，自古至今未尝闻矣。

将受命之日忘其家，张军宿野忘其亲，援枹而鼓忘其身。吴起临战，左右进剑。起曰："将专主旗鼓尔，临难决疑，挥兵指刃，此将事也。一剑之任，非将事也。"三军成行，一舍而后成三舍⑤，三舍之余，如决川源。望敌在前，因其所长而用之。敌白者垩⑥之，赤者赭⑦之。

吴起与秦战，未合，一夫不胜其勇，前获双首而还，吴起立斩之。军吏谏曰："此材士也，不可斩！"起曰："材士则是也，非吾令也，斩之！"

【注释】

①犀兕（sì）：犀牛，雄的称犀，雌的称兕，其皮坚实，可做铠甲。

②奇正：古代用兵的方法，如堂堂之阵为正，奇袭伏击为奇；正面作战为正，侧翼迂回为奇等。作战时奇正互相配合，也可以互相转换。

③陇亩：田地。

④朴樕（sù）：灌木，树枝。

⑤舍：古时行军以三十里为一舍。

⑥垩（è）：白颜色。

⑦赭（zhě）：红色、红褐色。

【译文】

身为将领，应该上不受天时的牵制，下不受地理条件的牵制，中不受他人的牵制。所以说用兵，是一件很凶险的事；战争，是一件与道德相违背的事；将领，是一个出生入死的官职。所以，不到万不得已时，不要轻易发起战争。一旦开战，将领所统领的军队，就要上不受天时的牵制，下不受地理条件的牵制，后不顾忌国君，前不顾忌敌人。打起仗来，要像虎狼那样凶猛，像暴风雨那样迅疾，像雷霆那样暴烈，像雷电那样的突然，声势如此浩大，而且变化莫测，让天下人都感到震惊。

打胜仗的军队，就像流水一样。水于表面上看是世界上最柔弱的东西，然而，被它冲击过的山陵，时间久了一定会崩塌，这没有别的原因，就是因为它的本性专一而又不断冲刷的结果。如今倘若使用莫邪剑那样锋利的武器，用上犀牛皮做的坚实的铠甲，拥有众多勇武的三军将士，再加上"奇正"战术的灵活运用，那么天下间就没有任何力量可以与之抗衡了。所以说，能够

选拔贤才任用能人，不需要选择吉日，事情也能办好；颁行法律能够审明号令，不用占卜也能得到吉祥；能够重重奖赏和奉养有功劳的人，不需要祈祷也能收获福报。也可以这样说：天时有利不如地理条件有利，地理条件有利不如人心一致，团结和睦。古代的圣人，不过是谨慎地重视人为力量的作用罢了。

当年吴起与秦军作战，安营扎寨时，吴起就在不平整的田地里睡觉，只用树枝搭在身体上以遮蔽霜露。他为何这样做呢？这是因为他不想让自己显得高人一等而已。想让别人舍生忘死地为你卖命时，就不能让人家对你谨小慎微毕恭毕敬，想让别人为你竭尽全力效力时，就不能讲究那些繁文缛节。所以，古时候穿铠甲的士兵不用行跪拜之礼，这表示不需要讲究那些令人感到烦琐的礼节。如果你既想让别人每天对你行一些繁琐的礼节，又想让人家为你竭尽全力地忘死效忠，从古到今，好像还没有听说过有这样的事呢。

身为一个将领，在他被任命那天起，就要忘掉自己的家庭，行军露宿时要忘掉自己的亲人，临阵击鼓指挥时要忘掉自己的安危。曾经在一次开战前，吴起身边的侍卫递给他一把宝剑。吴起说："将领的职责就是发号施令，在危难的情况下，做出正确决断，指挥军队作战，这才是将领应该做的事，而直接拿着长剑跟敌人厮杀，这不是将领应该做的事。"统率三军出征后，第一天，走了三十里，连续行走三天，一共走了九十多里，军队的气势就像决堤的洪水一样势不可挡。抬眼望去，敌人就在前方。在与敌军交战时，应该根据敌人的特点去与他对战。如果敌军用白色的标志，我方也用白色的标志，敌人用红色的标志，我方就用红色的标志。

想当年，吴起与秦国交战，两军还尚未开始交锋，一个士兵为了显示自己的勇敢，不等将领下令就擅自冲上前去斩杀了两个敌人，然后提着他们的脑袋回营，吴起知道这件事后立马下令将此人斩杀。军中的官吏劝谏吴起说："这是一个很有能力的士兵，不能杀掉他！"吴起说："他的确是一个很有能力的人，但是他违背了我的命令，所以，必须杀了他，以正军纪！"

将理　第九

【题解】

理，指治狱之事。理官，相当于当今社会的法官。古代兵刑合一，将领要兼管听讼断狱。所以本篇主要论述了将领审理案件时如何做到公正的问题。

本文在篇首提出了："凡将，理官也。"然后又指出了执法时必须公正廉明，不管是对王公贵族，还是对下层百姓，都要一视同仁，坚决反对徇私舞弊；杜绝刑讯逼供，一定要洞察真情，不能依据只言片语就去断案；不要株连无辜，而殃及国家威严。只有这样，才能被尊奉为人师。

【原文】

凡将，理官①也，万物之主也，不私于一人。夫能无私于一人，故万物至而制之，万物至而命之。君子不救囚于五步之外，虽钩矢射之，弗追也。故善审囚之情，不待箠楚②，而囚之情可毕矣。笞③人之背，灼④人之胁，束人之指，而讯囚之情，虽国士有不胜其酷而自诬矣⑤。

【注释】

①理官：指判决案件的法官。理，指治狱之事。古代兵刑合一，故将领可以又兼任法官。

②箠（chuí）楚：这里指杖刑。

③笞（chī）：中国古代用竹板或荆条拷打犯人脊背或臀腿的刑罚方式。

④灼：用火烫。

⑤酷：残酷，严酷。自诬：自我污蔑，此指屈打成招。

【译文】

凡是将领，都是判决案件的法官，也是军中一切事务的主宰者，所以不能偏袒任何一个人。正因为能做到不偏袒任何一个人，所以无论是什么案件发生，都能做到公正地去裁决它，无论是什么问题，都能正确地发号施令处置它。正直贤德的执法官不会远离五步之外去审问，定会近距离察言观色以便审明案情秉公处理，即使囚犯曾经与自己有过类似于管仲谢中齐桓公那样的仇怨，也不会去追究。所以，懂得如何审查案件的人，不等对犯人施用杖刑，就已经把囚犯的案情审查清楚而直接结案了。目前还有一些刑罚，诸如：用竹板或荆条拷打犯人的后背，用烙铁去烫犯人的腰肋，又或者捆夹犯人的手指等，然而，如果使用这些酷刑来讯问案情，恐怕即便是国家的勇士，也会因经受不住这些酷刑而被屈打成招的。

【原文】

今世谚云："千金不死，百金不刑。"试听臣之言，行臣之术，虽有尧舜之智，不能关一言；虽有万金，不能用一铢①。今夫决狱，小圄②不下十数，中圄不下百数，大圄不下千数。十人联百人之事，百人联千人之事，千人联万人之事。所联之者，亲戚③兄弟也，其次婚姻也，其次知识故人也。是农无不离田业，贾无不离肆宅④，士大夫无不离官府。如此，关联良民，皆囚之情也。兵法曰："十万之师出，日费千金。"今良民十万而联于囚圄，上不能省⑤，臣以为危也。

【注释】

①铢：古代重量单位，一两的二十四分之一。

②圄（yǔ）：监狱。

③亲戚：这里指父母。

④肆宅：意思是指店铺、商铺。

⑤省：检查，审察。

【译文】

当今世上流传着这样一句谚语："家中有千金，可以让你免除死罪，家中有百金，可以让你免受刑罚。"如果君王您能听从我的劝告，施行我的方法，那么，即使他们拥有尧舜一样的智慧，也不能贯通一句请求通融的言辞；即使他们家中有万金的财富，也无法拿出"一铢钱财"来行贿。如今那些已判决的案件，因为小案子被关进监狱的不下十几人，因为中等案子被关进监狱的不下几百人，因为重大案件被关进监狱的不下几千人。而且往往是十人的案子能牵连百人，原本百人的案子却能牵连千人，千人的案子甚至牵连万人。在受到牵连的这些人中，首先是父母和兄弟，其次是姻亲，再然后就是相知的熟识之人和故交挚友。这些被牵连的人中是农民的，往往不得不离开自己的土地耕业，是商人的，不得不离开自己的商铺，而身为士大夫的，也不得不离开自己的官府。像这样一来，大量的无辜百姓受到牵连而被囚禁，这就是当前监狱中囚犯们的真实情况。兵法上说："十万人的军队出征，每天要花费千金钱财。"而如今有十万之众的良民百姓却因监狱中的囚犯而受到牵连，君王您如果对此还不能明察省思，我认为，这是很危险的一件事啊！

原官 第十

【题解】

本篇主要论述了有关官制以及如何治理国家的问题。

首先论述了设置官位要分配职责，各司其事是保证国家机器正常运转的根本措施。其次阐明了君臣职权及其如何正确施政的方法。文中特别指出："审开塞，守一道，为治之要也。"这才是符合社会发展规律的。然后作者别出心裁地幻想出一个"官无事治，上无庆赏，民无狱讼，国无商贾"的社会，反衬出其不可存在性。

【原文】

官者，事之所主，为治之本也。制者，职分四民①，治之分也。

贵爵富禄必称，尊卑之体②也。好善罚恶，正比法③，会计民之具也。均地分，节赋敛，取与之度也。程④工人，备器用，匠工之功也。分地塞要，殄⑤怪禁淫之事也。守法稽断⑥，臣下之节也。明法稽验，主上之操也。明主守，等轻重，臣主之权也。明赏赉⑦，严诛责，止奸之术也。

审开塞，守一道，为政之要也。下达上通，至聪之听也。

【注释】

①四民：这里指古代的四种职业，分别是士、农、工、商。

②体：体制；事物的格局、规矩。

③正：整顿。比法：统计人口、财物，以作征收赋税的法令。

④程：表示限度；期限；定额。

⑤殄（tiǎn）：杜绝、消灭。

⑥稽断：检查事物处理情况。

⑦赉（lài）：赐予，赏赐。

[译文]

所谓官，就是城邑之中各项事务的主管者，是治国的根本。设立官员的制度，依据职守范围让他们分别去管理士、农、工、商，这些是按照治理国家的需要而进行划分的。

授予他们高贵的爵位和丰厚的俸禄，就必须要求与他们本人的功劳相匹配，这是显示尊卑差别所必须遵循的规矩。奖励行善事的好人以及惩罚奸邪之人，不懈于整顿法令，这是正确统计百姓的财富和收成好坏的依据。均分土地，有节制地去征敛赋税，确保征收赋税和施与百姓的恩惠适度。限定做工之人日常生产的任务，就要准备好各种器具以备不时之需，这样才能提高效率，这是管理匠人的官员应具备的职责。将土地分配给不同的人管理，同时加强守备交通要塞，防守上如有空虚就要尽快填补，这是杜绝和消灭各种暴乱事件所必须恪守的。遵照法令处理好各种事务，这是身为臣子所要遵守的节操。严明法令并时刻检验政令的执行情况，这是身为国君必须要亲自操控的。

明确属下官员主管的职权操守,区分轻重不同的等级,这是国君和臣子治理国家时必须要掌握的关键。赏赐有功之人时,要采取公开赐予,以示公正,对于惩罚恶人坏事,一定要严厉责罚,重者诛杀,这是禁止邪恶行为最有效的方法。

如此审明政策法令的利弊,打开阻塞的治理道路,严格遵守统一的政治原则,这是处理国家政事的要领。下民的意见能够传达到朝廷,国君的政令能够通达于下,这是能够达到明察事实真相的关键所在,也是国家能够政治清平的保障。

【原文】

知国有无之数,用其仂①也。知彼弱者,强之体②也。知彼动者,静之决也。官分文武,惟王之二术③也。

俎豆同制④,天子之会也。游说间谍⑤无自入,正议之术也。诸侯有谨⑥天子之礼,君臣继世,承王之命也。更号易常,违王明德,故礼得以伐也。

官无事治,上无庆赏,民无狱讼,国无商贾,成王至正也!明举上达,在王垂听也。

【注释】

①仂（lè）：余数，剩余。

②体：本性，本质；体制。

③术：特指君主控制和使用臣下的策略、手段。

④俎豆同制：指祭祀用的礼器要统一规格。俎（zǔ）豆：古代祭祀用的器具，俎是祭祀时盛牛羊的礼器，豆是古代食器，有盖，用来盛食物。后引申为祭祀和崇奉之意。

⑤游说（shuì）：泛指多方陈述自己的建议、主张，希望被采纳实施的活动。间谍：密探。被派遣或收买来从事刺探机密、情报或进行破坏活动的人。

⑥谨：恭敬，谨守。

【译文】

了解国家财政收支盈亏的情况，将剩余的钱用在急需的地方，这是平衡国家资财的基础。了解国家存在的那些薄弱之处，并想办法去弥补它，这是强盛国家的本质所在。能察觉到国家可能发生的动乱，能够防患于未然，这是安定国家的决定因素。国家分别设置了文官和武官，让他们分管政治和军事，因为只有政治和军事才是王者治理天下的两个重要手段。

祭祀用的礼器要统一规格，这是天子与诸侯会合仪式上的要求。不让到处游说邪恶思想的人和刺探机密的奸细擅自进入我国，这是端正国内言论的重要手段。各国诸侯都能持有恭敬有礼的态度对待天子，使国君和臣子之间的纲常世代相传，这是遵行天子之命的前提。如果谁随意更换国号，改变国家常规制度，违背天子廉明的德政，那么按照礼法就可以讨伐他。

所谓的国家安定，就是要做到官员没有什么棘手的事情需要处理，无需国君奖赏而百姓们也能自觉地从事农耕生产，民众之中没有罪案诉讼之事发生，国内没有违法牟利的商人，如果能做到这些，就是掌握了治理国家成就王道的最好方法了啊！我将这些道理禀告给主公您，也希望主公您能听取我的建议。

治本　第十一

【题解】

治本，就是治国的根本。

本篇主要论述了君主如何才能治理好国家的问题，其中把发展耕织和"使民无私"作为在物质上和精神上两个治国的根本问题，认为治国的办法是精神感召，要对人民广施恩惠，其次是因势利导，再次是不误农时，不要过分地掠夺，不竭尽民财。这样人民才能拥护君主，实现国泰民安。

【原文】

凡治人者何？曰：非五谷无以充腹，非丝麻无以盖形。故充腹有粒，盖形有缕①。夫在耘耨②，妻在机杼③，民无二事，即有储蓄。夫无雕文刻镂之事，女无绣饰纂组④之作。木器液，金器腥。圣人饮于土，食于土，故埏埴⑤以为器，天下无费。

今也，金木之性不寒，而衣绣饰；马牛之性食草饮水，而给菽粟。是治失其本，而宜设之制也。春夏夫出于南亩，秋冬女练于布帛，则民不困。今短褐⑥不蔽形，糟糠不充腹，失其治也。古者土无肥硗⑦，人无勤惰，古人何得，而今人何失邪？耕者不终亩，织有日断机，而奈何饥寒！盖古治之行，今治之止也。

【注释】

①缕（lǚ）：这里指衣服。

②耘耨（yún nòu）：种田。

③机杼（zhù）：本义是织布机，这里指纺织。

④纂（zuǎn）组：编织，多指精美的织物。

⑤埏埴（shān zhí）：是指用水和粘土，揉成可制作器皿的泥坯。
⑥短褐：短小粗糙的衣服。
⑦硗（qiāo）：指土地坚硬不肥沃。

【译文】

　　一般治理百姓要用什么办法呢？我会这样回答：如果没有五谷杂粮，百姓们就不能填饱肚子，如果没有丝麻织成衣物，百姓们就会没有可以遮盖身体的衣物。所以，吃饱肚子要靠粮食，遮盖身体要靠衣服。男人耕地种田，女子在家纺线织布，百姓专心从事耕种纺织而没有其他干扰，那么国家就会有充足的粮食物品储备。提倡男人不要去从事奢侈工艺品的雕刻制作，女子不要去绣制装饰过于精美的织物。木制的食器容易漏水，金属的食器有腥膻气味。圣人饮用的水来源于土地，食用的粮食生长于土地，所以他们就用陶土制作饮食用具，这样，既可以杜绝浪费，又不会因为加重征敛税收而使天下百姓增加负担。

　　可现在的情况恰恰与之相反，金和木的本性是不怕寒冷的，如今却要披上锦绣作为装饰；马和牛的本性是吃草喝水，如今却要让它们吃豆料和粮食。这种做法完全违反了它们的本性，所以应该采取适当的措施加以限制。春天和夏天能让男人安心地在田里耕种，秋天和冬天能让女子安心地在家织布染帛，

这样一来，百姓们就不会面临贫困了。可现在的百姓们各个穿着短小粗糙的衣服，衣不蔽体，吃着粗糙劣质的粮食，食不果腹，这说明国家丧失了有效的治理方法。古时候土地肥沃与贫瘠的程度和现在没什么两样，古代人和现世的人勤劳与懒惰的程度也没什么两样，那么为什么古人能够得以丰衣足食，而现在的人却缺吃少穿呢？这是由于如今男人经常被官府征去服役，所以没有时间耕地种田，女子要应付各种各样的农事，也很难有时间专心纺织，这样的话，百姓们又怎能不饱受寒冷和饥饿的折磨呢！究其原因，就是古时候的耕织制度能得到有效的施行，而现在，这些好的制度早已被废止了。

【原文】

夫谓治者，使民无私也。民无私则天下为一家，而无私耕私织，共寒其寒，共饥其饥。故如有子十人，不加一饭；有子一人，不损一饭，焉有喧呼酖酒①以败善类乎？民相轻佻②，则欲心兴，争夺之患起矣。横生一夫③，则民私饭有储食，私用有储财，民一犯禁，而拘以刑治，乌在其为人上也。

善政执其制，使民无私。为下不敢私，则无为非者矣。反本缘理，出乎一道。则欲心去，争夺止，囹圄④空，野充粟多，安民怀远⑤，外无天下之难，内无暴乱之事，治之至也。

【注释】

①酖（zhèn）酒：酖，此处通"鸩"，指毒酒。酖酒，这里指酗酒闹事。

②轻佻（tiāo）：举止不稳重，不严肃。

③横生：意外地发生；恣意萌生。一夫：这里指暴虐的君王。

④囹圄（líng yǔ）：监狱，牢房。

⑤怀远：安抚边远地区的老百姓，让他们归附。

【译文】

所谓的国家能被治理好，就是教育百姓们没有私心。百姓们没有私心，那么天下间所有的人都会成为一家人，而每个人都不再只顾自家耕地私自织布，受寒时大家一同忍受寒冷，挨饿时大家共同抵抗饥饿，共度难关。因此，即使你家中有十个子女，也不会为多增加的一份饭而苦恼；即使你家只有一个子女，也不会为减少一份饭而减少一份社会责任，这样的话，人们哪里还会吵吵嚷嚷、酗酒闹事，以致于败坏良好共处的社会风气呢？如果百姓们相互轻视不尊重，私欲就会产生，私心也会随之膨胀，这时候，争权夺利的祸患就会随之兴盛而起了。如果此时恣意萌生一位暴虐自私的国君，倒行逆施，那么百姓们只好效仿他吃自己储存的粮食，把钱财储存起来独自享用，而一旦百姓为了私利违反了禁令，国君就拘捕他们加以治罪，那么这还算什么万人之上的好国君呢？

善于治理国家的君王，政治清明，而且能够坚持执行国家的制度，教导百姓没有私心。身为臣下的没有私心就不敢自私自利，那么也就没有为非作歹的坏人了。人们自觉回归到善良的本性，共同追求治国的根本原理，共同遵循无私的准则。那么，内心里膨胀的私欲就会消失，彼此之间私利的争夺就会停止，监狱里自然也就没有了囚犯，劳动的人就会遍布田野，生产的粮食就会不断增多，百姓们就会安居乐业，就连边远地区的人民也都能受到君王的关怀，而且国家于外没有敌人来侵犯，于内也没有暴虐祸乱发生，这样就可以称得上是将国家治理到最好的境地了。

【原文】

苍苍之天,莫知其极。帝王之君①,谁为法则?往世不可及,来世不可待,求己者也。所谓天子者四焉:一曰神明②,二曰垂光③,三曰洪叙④,四曰无敌,此天子之事也。野物不为牺牲⑤,杂学不为通儒⑥。

今说者曰:"百里之海,不能饮一夫;三尺之泉,足以止三军渴。"臣谓:欲生于无度,邪生于无禁。太上神化,其次因物,其下在于无夺民时,无损民财。夫禁必以武⑦而成,赏必以文⑧而成。

【注释】

①帝王之君:这里指上古时代中国传说中的五位部落首领,主要有三种说法,一说指黄帝、颛顼(zhuān xū)、帝喾(kù)、尧、舜。第二种说法指大皞(hào,伏羲)、炎帝、黄帝、少皞(少昊)、颛顼。第三种说法指少昊(皞)、颛顼、高辛(帝喾)、尧、舜。

②神明:目光远大,聪明过人。

③垂光:指恩泽广施天下。

④洪叙:洪大的功业伟绩。叙:评议等级次第,叙功。

⑤牺牲:本义是古代祭祀时杀的牲畜。这里泛指祭品。

⑥通儒:指博学有见识、懂得变通的儒者。

⑦武:这里指用武力和刑罚制裁。

⑧文:这里指用思想教导。

【译文】

苍茫的天空,没有人知道它的边际。古代五位英明的帝王,又该遵行谁的治国法则呢?过去的时代不会再回来了,对于未来也不能只是徒劳地等待,一切都要靠自己去创造罢了。纵观历史,能够称为天子的,都要具备以下四个条件:其一就是要目光远大,智慧过人;其二是就要将恩泽广施天下;其三是要有洪大的功业伟绩;其四就是英明勇武能够天下无敌,这都是天子必须要做到的大事。不把野生的动物当作祭品,不把杂七杂八的读书人当成博学知变通的儒者。

如今有人说:"百里宽的海水,不够一个贪得无厌之人饮用;三尺宽的泉水，却能让三军之众止渴。"依我看，人的贪欲是由于没有节制而产生的，邪恶是由于没有禁令遏止而产生的。所以，要解决这些问题，首先要从精神上感化他们，然后采用因势利导，再有就是不能耽误农夫耕地种田的时令，不去掠夺百姓的财物。要想彻底禁止人们做坏事，就必须使用强制的武力和严厉的刑罚制裁才能成功；鼓励人们做好事，必须从思想上教导他们才能奏效。

战权　第十二

【题解】

本篇主要论述了作战时如何取胜的问题。文中指出，兵少可用权谋，兵多可用力胜。主张先发制人，虚实并用，真假齐攻。也就是说，用兵最重要的是掌握用兵的主动权，当决定要进攻而又不再怀疑时就出击，当确有把握战胜敌人时就进攻。只有拥有进攻的主动权才能取得战争的胜利。如果总处于被动地位，军队的士气便会丧失，失败也就是必然的了。最后指出：军事行动要严守秘密，作战行动要有节制，战场纪律要严格整肃，朝廷决策要高明，将帅选拔要慎重，攻敌要迅速而突然，这样才可能"不战而屈人之兵"。

【原文】

兵法曰："千人而成权①，万人而成武。权先加人者，敌不力交。武先加人者，敌无威接。"故兵贵先，胜于此，则胜彼矣；弗胜于此，则弗胜彼矣。

凡我往则彼来，彼来则我往，相为胜败，此战之理然也。夫精诚②在乎神明，战权在乎道之所极。有者无之，无者有之，安③所信之？

先王之所传闻者，任正去诈④，存其慈顺⑤，决无留刑。故知道者，必先图不知止之败，恶在乎必往有功。轻进而求战，敌复图止我往，而敌制胜矣。故兵法曰："求而从之，见而加之，主人不敢当而陵之，必丧其权。"

【注释】

①权：谋略，计谋；权谋。

②精诚：原意至诚，此指能精细巧妙地掌握战争规律。

③安：表示疑问，相当于"岂""怎么"。

④诈：虚伪奸诈；欺骗，利用手段诓骗。

⑤存：保全，留存，保护。慈顺：仁慈恭顺。

【译文】

兵法上说："有一千人就可以取胜的在于权谋，有一万人就可以取胜的在于拥有威武的气势。先用军事力量压制敌军，敌军就会因受到我们的压制而无法使出全力作战。先用威武的气势压制住敌军，敌军就会因受到我们的压制而无法应接而败退。"所以，兵贵神速而先发制人，能够掌握战争的优先的主动权，那么就能战胜他们了；如果不能掌握战争的主动权，那么就不能战胜对方。

一般情况下，我们进攻敌人，敌人必然要反击，而敌人来进攻我们，我们也必然会去反击，相互之间，一方取胜，另一方定会失败，这就是战争的必然道理。能否精细巧妙地指挥战斗，在于能够明察敌我双方的情况，作战的权谋在于能够深知用兵之道，将交战的灵活应变性发挥到极致。本来有实力伪装成没有实力，没有实力伪装成有实力，这样的话，敌军又怎么能摸清我们的真实情况呢？

先前的帝王之所以能被传颂至今，在于他们能任用贤能正直的人，除掉虚伪奸诈的人，保全那些仁慈恭顺的人，坚决不留存作奸犯科的人并予以严惩。所以，懂得战争规律的人，一定要深知轻率出击而不知停止必然失败的危险，冒进怎么可能取得战争的胜利呢？如果轻率的出击，力求决战，敌军就可以重新找机会阻止我军的进攻，这样的话，战争的主动权就掌握在了敌军手里，虽然是我方先行进攻，但一定是敌军取胜。所以，兵法上说："如果敌人向我们挑战，我们不假思索地就去交战，或者只要看见敌人就去进攻，又或者是我军的力量根本不能阻挡住敌人的进攻，却轻率地去交战，如果出现这些情形，一定会丧失作战的主动权。"

【原文】

凡①夺者无气，恐者不可守，败者无人，兵无道也。意往而不疑则从之,夺敌而无前则加之,明视而高居则威②之,兵道极矣。

其言无谨,偷③矣;其陵犯无节,破矣;水溃雷击,三军乱矣。必安其危,去其患,以智决之。高之以廊庙④之论,重之以受命之论,锐之以逾垠⑤之论,则敌国可不战而服。

【注释】

①凡:凡是,但凡。

②威:威慑,指表现出来使人敬畏的气魄。

③偷:原意是窃取,这里指泄露军事机密。

④廊庙:指殿下屋和太庙,后指代朝廷。

⑤逾垠:亦作"踰垠"。越境之意。

【译文】

但凡军队一直处在被动地位的情况下,就会丧失士气,丧失士气后会变得恐惧,心生恐惧就无法坚守阵地,而战争失败往往是因为指挥无方,造成军心涣散,士兵四处流离,这些状况就是不懂用兵之道的表现。如果士气昂扬勇往直前就要毫不犹豫地顺从士气一举进攻,如果进攻时发现敌营里军心动摇不敢前进,就趁机猛烈攻打他们,察明审视战场各种情形,并将营寨安在居高临下的有利位置,这样就可以利用强大的气势压倒敌人,如果能做到这些,就是对用兵之道精通到极点了。

平时讲话如果不注重小心谨慎,就会泄露军机;作战时入侵之势没有节制,就会失败;如果进攻时像洪水溃散,或者像炸雷轰击一样暴躁而不受约束,就会造成三军的阵形混乱不堪。这种情况下一定要稳住阵脚,才能转危为安,消除其中的祸患,还要依靠智谋作出正确的决策。所以,战争中,朝廷的战略决策定论要高明,选择将领委以重任一定要慎重,以锐不可当之势跨越两国的边境后,还要以迅雷不及掩耳之势杀进敌军后方,那么,无需久战,敌国就会很快屈服于我们而投降了。

重刑令 第十三

【题解】

本篇主要论述以重刑来维护战场纪律的问题，以及将领在军营中发挥着极其重要的作用。

文中作者主张对战败、投降、临阵脱逃等行为处以重刑，以达到"刑重则内畏，内畏则外坚"的目的。反映了当时的统治阶级只能靠酷刑来驱使人民从事战争。

【原文】

将自千人以上，有战而北①，守而降，离地逃众，命②曰国贼。身戮③家残，去其籍④，发其坟墓，暴其骨于市，男女公于官⑤。

自百人以上，有战而北，守而降，离地逃众，命曰军贼。身死家残，男女公于官。使民内畏重刑，则外轻敌。故先王明制度于前，重威刑于后。刑重则内畏，内畏则外坚矣。

【注释】

①北：败北，打败仗。

②命：宣布。

③戮：斩，杀。

④籍：名册。

⑤公于官：充当官府的奴隶。

【译文】

统领千人以上的将领，在战场上显露怯懦而打了败仗，或者守城时向敌军投降，又或者擅自离开阵营抛下士兵而逃跑，这种人，应该称之为

"国贼"。对于这种人，要处以死刑，并抄没他的家产，取消他的官籍，挖掘他的祖坟，将尸骨暴露在街市上示众，而且还要把他全家的男男女女都送去官府充当奴隶。

统领一百人以上的将领，在战场上显露怯懦而打了败仗，或者守城时向敌军投降，又或者擅自离开阵营抛下士兵逃跑，这种人，应该称之为"军贼"。对于这种人，也要处以死刑，同时还要抄没他的家产，将他全家的男男女女都送去官府充当奴隶。这样，就会使全军的将士对内都惧怕这种严厉的刑罚，而对外就会轻视敌人变得更加勇猛。所以，古代的君王制定国家制度时，会首先严明法令，然后对触犯法令之人施以重刑。有了这些重刑的约束，三军将士就会内心畏惧刑罚，内心畏惧刑罚，那么于外抗敌就会更加坚不可摧了。

伍制令　第十四

【题解】

本篇主要论述了军队中如何制定严格的规章制度的问题。

文中阐述了在当时军队内部以"伍"为基础的联保制度，是当时统治阶级控制军队的另一种手段。通过"什伍相结，上下相联"的制度，可以确保"无有不得之奸，无有不揭之罪"，但只有纪律严明，才能使军队在战争中取胜，才能使国家长治久安。

【原文】

军中之制，五人为伍，伍相保①也；十人为什，什相保也；百人为闾②，闾相保也。伍有干③令犯禁者，揭之，免于罪；知而弗揭，全伍有诛。什有干令犯禁者，揭之，免于罪；知而弗揭，全什有诛。属有干令犯禁者，揭之，免于罪；知而弗揭，全属有诛。闾有干令犯禁者，揭之，免于罪；知而弗揭，全闾有诛。

吏自什长以上，至左右将④，上下皆相保也。有干令犯禁者，揭之，免于罪；知而弗揭者，皆与同罪。

夫什伍相结，上下相联，无有不得之奸，无有不揭之罪，父不得以私其子，兄不得以私其弟，而况国人⑤？聚舍同食，乌⑥能以干令相私者哉？

【注释】

①相保：这里指互相担保，一人有罪，互保的人也受到牵连。也称联保。

②闾：原为古代户口里甲编制的单位，二十家为闾。这里指军队编制的单位，一百人为闾。

③干：违犯。

④左右将：指副将。

⑤国人：这里指没有亲属关系的人。

⑥乌：疑问词，"怎么"。

【译文】

军队中的制度是，五个人编为一伍，伍内的人互相担保；十个人编为一什，什内的人互相担保；一百个人编为一闾，闾内的人互相担保。一伍之中如果有人违犯法令禁律，同伍之中有人揭发他，全伍人都可以免罪；如果知情而不揭发，那么全伍的人都要受到惩罚。同什之中如果有人违犯法令禁律，其他人揭发了，全什之人都可以免罪；如果知情而不揭发，那么全什的人都要受到惩罚。同属之中如果有人违犯法令禁律，其他人揭发了，全属之人都可以免罪；如果知情而不揭发，全属的人都要受到惩罚。闾中如果有人违犯法令禁律，同闾中人揭发了他，全闾之人都可以免罪；如果知情而不揭发，那么全闾的人都要受到惩罚。

军中的官吏，从什长以上到军中的左右副将，上下级之间都实行互相担保的制度。官吏之中如果有人违犯法令禁律，其他人揭发了他，就可以免罪；如果知情而不揭发，都会与违法者一同治罪。

像这样的编制可以使"什伍"之间环环相扣，上下之间实行互相联保的状态，那么就不会有捉不到的奸细，也没有揭发不出来的罪行。即使是父亲也不敢徇私包庇儿子，哥哥也不敢徇私包庇弟弟，有直系亲属关系的尚且如此，更何况那些没有亲属关系的天下之人呢？让军中的士兵们和军吏们同吃同住在一起，怎么可能出现以身试法违犯禁令或是相互徇私包庇的现象呢？

分塞令 第十五

【题解】

本篇主要论述军队营区的划分、戒备、禁令以及营区各级官吏的权限，其目的在于维持营区秩序和防止奸细潜入。

分塞令很严格，对于私自闯入本辖区的人一律严惩不殆，绝不姑息。为了维护正义或国家人民的利益，对于犯罪的亲属也不徇私情，同样使之受到国法制裁。

【原文】

中军、左右前后军，皆有分地①，方之以行垣②，而无通其交往。将有分地，帅有分地，伯有分地，皆营③其沟域，而明其塞令，使非百人无得通。非其百人而入者，伯④诛之；伯不诛，与之同罪。

军中纵横之道，百有二十步，而立一府柱⑤。量人与地。柱道相望，禁行清道。非将吏之符节，不得通行。采薪刍⑥牧者，皆成行伍，不成行伍者，不得通行。吏属无节，士无伍者，横门⑦诛之。逾分干地者，诛之。故内无干令犯禁，则外无不获之奸。

【注释】

①分地：指营区。

②方：在四周修建。行垣：临时的壁垒。

③营：营建，修建。

④伯：古代统领一方的长官。

⑤府柱：岗哨。

⑥刍（chú）：用草喂养牲畜。

⑦横门：这里指守卫在营门口的守门士兵。

【译文】

中军和左、右、前、后各部军队，都各自拥有划分的营区，并且分别在自己地域的四周建筑壁垒，以防止各营区之间的人随便通信来往。在地域的划分上，将领有属于将领的营地，元帅有属于元帅的营地，伯有属于伯的营地，这些划分好的营地之间都各自在周围修建界墙与沟壕，并明确颁布营地的禁令，规定不是自己伯内的人不可以通过。如果不是自己伯内的人而擅自进入的，伯长就可以惩罚他们。倘若伯长不惩罚他们，就和他们同罪。

军营中横竖方向延伸的道路，每隔一百二十步就设立一个岗哨。根据人数和地形使岗哨可以相互观望，能够监视到各条道路。每一个岗哨都要派人看守，负责限制行人往来，保障交通的顺畅。除非是持有符节的官吏，其余的外伯之人一律不准通行。负责打柴放牧的士兵必须排成队伍，凡是不排成队伍的，一律不准通行。凡是官吏等进出没有符节的，士兵不排成队伍出入的，在营门口守卫的士兵就可以直接惩罚他们。凡是越过营区进入其他营区的人，更要惩罚他们。所以，这样一来，军营内就没有人敢违犯禁令了，而外来的奸细也就没有不被查获的了。

束伍令　第十六

【题解】

本篇主要论述了战场上对待法令规定的问题，具体规定了战场上的赏罚制度和各级将吏的惩罚权限，主张用重赏重罚来督促军队奋勇作战。

尉缭子提出了两个必备的重要条件：一是明君，二是贤将。他指出了君主在军事上指挥不当的三种表现，阐明了"三军既惑且疑，则诸侯之难至矣，是为乱军引胜"的见解。他认为，如果君主能够正确指挥，与将帅同心同谋，二者关系如同辅车相依，那么必将取得胜利。

【原文】

束伍之令曰：五人为伍共一符①，收于将吏之所。亡②伍而得伍，当之；得伍而不亡，有赏；亡伍不得伍，身死家残。亡长得长，当之；得长不亡，有赏；亡长不得长，身死家残；复战得首长，除之。亡将得将，当之；得将不亡，有赏；亡将不得将，坐③离地遁逃之法。

战诛之法曰：什长得诛十人，伯长得诛什长，千人之将得诛百人之长，万人之将得诛千人之将，左右将军得诛万人之将，大将军无不得诛。

【注释】

①符：这里指名册，即登记人名的簿子。
②亡：伤亡。
③坐：定罪。

【译文】

军营中的束伍令规定：五个人编成一伍，互相联保，写在同一个名册上，由将吏收上去统一保存。开战时如果我军伤亡了一伍的人，同时也斩获了敌军一伍的人，那么，功劳和罪过就相互抵消；如果斩获了敌军一伍的人，而我军队伍的人没有伤亡，则给予赏赐；如果我军伤亡了一伍的人，却没能斩获敌人一伍的人，那么，将吏就要处以死刑，并严惩他们的族人。如果自己的什长和伯长伤亡，同时也斩获了敌人的什长和伯长，那么，功劳和罪过就可以相互抵消；如果斩获了敌军的什长和伯长，而自己的什长和伯长没有伤亡，那么，则给予赏赐；如果自己的什长和伯长伤亡，敌军的什长和伯长没有伤亡，那么，就要处以将吏死刑，并严惩他们的族人；如果再战时能俘虏敌军一个为首的将吏，就可以免罪。如果我军的将领伤亡，同时也斩获了敌军的将领，那么，功劳和罪过就相互抵消；如果消灭了敌军的将领，而我军的将领没有伤亡，则给予赏赐；如果我军将领伤亡，却没能斩获敌军的将领，那么，就按临阵逃脱的法令治罪。

战场上惩处的法令规定：什长有权惩罚或处死麾下所管辖的十名士兵，伯长有权惩罚或处死麾下管辖士兵的什长，统帅千人的将领有权惩罚或处死麾下管辖百人的伯长，统帅万人的将领有权惩罚或处死麾下管辖千人的将领，左右副将有权惩罚或处死麾下管辖万人的将领，大将军则可以惩罚或处死自己军中的任何人。

经卒令 第十七

【题解】

本篇主要论述了对士卒实行战斗编队的问题及军旗、徽章的佩戴，用以识别约束部队，使军队队形整齐，行动有序，赏罚有据。

尉缭子指出，士气是行军作战的重要因素，士气高低，直接影响着战争的胜负。而只有合理编队，善于指挥，才能激发士兵的士气，所以，有智慧的将领都把挫伤敌人的锐气，激励自己军中的士气，作为谋定胜败的重要策略。

【原文】

经卒①者，以经令②分之为三分焉：左军苍③旗，卒戴苍羽；右军白旗，卒戴白羽；中军黄旗，卒戴黄羽。

卒有五章：前一行苍章，次二行赤章，次三行黄章，次四行白章，次五行黑章。次以经卒，亡章④者有诛。

前一五行，置章于首，次二五行，置章于项，次三五行，置章于胸，次四五行，置章于腹，次五五行，置章于腰。如此，卒无非其吏，吏无非其卒。见非而不诘⑤，见乱而不禁，其罪如之。

鼓行交斗，则前行进为犯难⑥，后行退为辱众。逾五行⑦而前进者有赏，逾五行而后者有诛。所以知进退先后，吏卒之功也。故曰：鼓之前如雷霆，动如风雨，莫敢当其前，莫敢蹑⑧其后。言有经也。

【注释】

①经卒：指对军中的士兵实行战斗编队。经：治理，管理。

②经令：指制定战斗编队的律令。

③苍：青色。

④亡：通"无"，丢失。章：佩戴在身上的标志，如袖章、徽章等。

⑤诘（jié）：盘问。

⑥犯难：敢冒危险，不怕牺牲。

⑦逾五行：这里指后面五行的士兵超过前面五行的士兵。

⑧蹑（niè）：追踪，跟随。

【译文】

管理军中的士兵要实行战斗编队，依照所有编队制定律令可分为三军：左军举着青色旗，士兵的头盔上配戴青色羽毛；右军举着白色旗，士兵的头盔上配戴白色羽毛；中军举着黄色旗，士兵的头盔上配戴黄色羽毛。

士兵要佩戴五种颜色的徽章：第一行的士兵配戴青色徽章，第二行的士兵配戴红色徽章，第三行的士兵配戴黄色徽章，第四行的士兵配戴白色徽章，第五行的士兵配戴黑色徽章。按照这样的次序编队，如果没有配戴徽章或弄丢徽章的，就要受到惩罚。

第一个五行的士兵，要将徽章戴在头上；第二个五行的士兵，要将徽章戴在颈部；第三个五行的士兵，要将徽章戴在胸前；第四个五行的士兵，要将徽章戴在腹部；第五个五行的士兵，要将徽章戴在腰部。这样，士兵没有不认识自己上司的，军吏也没有不认识自己部下的。如果军吏发现不属于自己行列的士兵却不去盘问，见到混乱的队列而不去制止，那么就要和违反律令的人同罪。

击鼓行军，在与敌军开始战斗的时候，如果前五行士卒奋勇前进，就是不怕牺牲，如果一味地退缩不前，就是辱没了三军的荣誉。如果后面五行的士兵超过了前面五行的士兵，就会受到奖赏，如果前面五行的士兵退缩到后五行士兵的后面，就要被斩杀。像这样规范编队，就能了解队伍进退与先后的情况，也就能看清楚所有军吏与士兵的功过是非了。所以说，战鼓一响起，士卒们前进就像雷霆一样威猛，冲锋陷阵就像暴风雨一样迅猛，没有哪个敌人敢在前面阻挡，也没有哪个敌人敢在后面追踪。这浩大的阵势说明，军中的士卒实行战斗编队，是一件极其重要的事情。

勒卒令　第十八

【题解】

勒卒，就是统率指挥军队。

本篇主要论述了如何发号施令、领军作战的问题。具体叙述了金、鼓、铃、旗等作战指挥工具的作用以及使用方法；军队训练的步骤和方法；以及军队指挥的坚定性、计划性和灵活性。

【原文】

金、鼓、铃、旗①，四者各有法：鼓之则进，重鼓②则击。金之则止，重金则退。铃传令也。旗麾之左则左，麾之右则右，奇兵则反是。一鼓一击而左，一鼓一击而右。一步一鼓，步鼓也。十步一鼓，趋鼓③也。音不绝，骛鼓④也。商⑤，将鼓也。角⑥，帅鼓也。小鼓，伯鼓也。三鼓同，则将帅伯其心一也。奇兵则反是。鼓失次者有诛，喧哗者有诛，不听金鼓铃旗而动者有诛。

百人而教战，教成合之千人；千人教成，合之万人；万人教成，合之于三军。三军之众，有分有合，为大战之法。教成试之以阅⑦。

【注释】

①金：这里指的铜钲（zhēng），古代的一种乐器。又名"丁宁"。形似钟而狭长，有长柄可执，击之而鸣。在行军时敲打。古代打仗，鸣金即为收兵。

②重鼓：再次击鼓。

③趋鼓：催促快速前进的鼓声。

④骛鼓：急催快跑前进的鼓声。骛：马奔跑的意思，这里借指跑步。

⑤商：古代五声音阶的一个音。古代五声音阶为宫、商、角、徵、羽。

⑥角：古代五声音阶之一。

⑦阅：检阅。

【译文】

金、鼓、铃、旗，这四种号令在战场上分别有不同的用法：第一次击鼓，则表示马上进军，第二次击鼓，则表示马上发起冲锋。第一次鸣金，就表示停止进攻，第二次鸣金，就代表马上退兵。铃是用来传达命令的。旗是用来指挥队伍行进方向的，旗指向左边，队伍就向左行进，旗指向右边，队伍就向右行进。如果想出奇制胜的话，那就采用相反的指示方法应时变换。有时候鼓声是命令部队向左冲击的，有时候鼓声是命令部队向右冲击的。走一步击鼓一次，是缓步行军的信号。走一步击鼓十次，是快速行军的信号。鼓声连续不断，是快马加鞭一般跑步行军的信号。发出商音的鼓，是将领使用的鼓；发出角音的鼓，是元帅使用的鼓；发音细小的鼓，是伯长使用的鼓。如果三种鼓声同时响起，就表示将领、元帅、伯长的意图一致。如果想出奇制胜的话，那就用相反的方法。作战时，如果击鼓出

了差错就要被处死,大声喧哗扰乱鼓音传递的也要被处死,不按照金、鼓、铃、旗的指挥行动的也要被处死。

先以一百人为一个队列训练如何作战,训练完成后,再集合一千人进行训练;这一千人训练完成后,再集合一万人进行训练;这一万人训练完成后,再集合三军士卒一起训练。对于三军的全体士兵,要同时训练分队作战和合众共同作战的战术,这是训练大军集体作战的方法。训练完成后,要尝试着检阅军队的训练成果,以便改进熟习。

【原文】

方亦胜,圆亦胜,错斜①亦胜,临②险亦胜。敌在山,缘而从之;敌在渊,没③而从之。求敌若求亡④子,从之无疑,故能败敌而制其命。

夫蚤⑤决先定,若计不先定,虑不蚤决,则进退不定,疑生必败。故正兵贵先,奇兵贵后,或先或后,制敌者也。世将不知法者,专命而行,先击而勇,无不败者也。

其举有疑而不疑,其往有信而不信,其致有迟疾而不迟疾⑥,是三者,战之累也。

【注释】

①错斜:错综复杂的地形。

②临:遭遇,碰到;置身其中。

③没:这里用为潜水之意。

④亡:通"无",丢失。

⑤蚤:通"早"。

⑥疾:疾速,快。

【译文】

使军队做到布置成方形阵时能取胜,布置成圆形阵时也能取胜,在错综复杂的地形作战时也能取胜,置身险要的地形之中作战也能取胜。如果敌军在山上,就登上山尾随而去攻打他们;如果敌人在深水边上,就潜水过去攻打他们。搜寻敌人要像寻找丢失的儿子一样仔细,对敌人发动进攻时要毫不犹豫，这样就能打败敌人，继而致敌于死地。

发兵前，要早做决定并且事先做好详细周密的部署，如果战略战术不提前制定好，作战计划不早点周密考虑，那么进军时就会进退不定，而心生疑虑犹豫不决就一定会打败仗。所以通常来说，正兵贵在率先出击，奇兵贵在后发制人，不过，如果能灵活运用正兵和奇兵，不论谁先谁后，都能达到致敌于死地的目的。现在一些不懂兵法的庸将，独断专行，自认为率先出击就是勇敢，然而，最终的结果就是没有不失败的。

所以说，作出决策的时候发现了可疑之处却不慎重考虑，进军时该有信心却又开始疑神疑鬼，战斗中应该快慢有致却不能做到，这三点，就是造成作战疲累失利的原因。

将令 第十九

【题解】

本篇主要论述了君王要授权以将的重要性。俗话说:"用人不疑,疑人不用。"既然决定让他带兵打仗,就要示之以充分的信任,以使其尽忠效力,报效朝廷。任何时候,人才都是胜利的决定性因素。选准了,就要信任他。

相比之下,在封建社会,明君用人不疑,可使谋臣忠于内,将帅战于外,都能尽心竭力报效朝廷。在当今社会,唯有用人不疑,才能使人才充分发挥聪明才智。因此,会用人很重要。

【原文】

将军受命,君必先谋于庙,行令于廷。君身以斧钺授将①,曰:"左、右、中军,皆有分职,若逾分而上请者死,军无二令,二令者诛,留令者诛,失令者诛。"将军告曰:"出国门之外,期日中,设营表②置辕门,期之,如过时,则坐法③。"将军入营,即闭门清道④。有敢行者诛,有敢高言⑤者诛,有敢不从令者诛。

【注释】

①以斧钺(yuè)授将:斧钺是古代军中行军法用的斧子,国君将斧钺授给将领,就表示他有权依法斩杀部将、僚属。

②表:古代军营中测量时辰的标杆。

③坐法:犯法获罪。

④闭门清道:戒严道路,限制随意出行。

⑤高言:大声叫嚷。

【译文】

将军接受任命出征前，国君一定会首先率领重臣到太庙祭祀而商定决策，然后在朝廷上颁布命令。国君会亲自把斧钺赐给被任命的将军，然后对将军说："左、右、中三军将领，每个人都有各自的职权范围，如果有逾越职权向上请示的，就坚决处死，军中只有将军一人可以发号施令，绝不可以出现第二个发号施令的人，如果另有他人胆敢随意发号施令就处死，擅自扣留军令的处死，不按照命令行事的处死。"将领受命出征后，会对手下的士兵宣告这样的军令："出了都城以后，限你们在正午之前，将军营设立好，并在军营门口设立测量时辰的标杆，然后等待士兵们前来报到，如果有超过了规定的时间还没到的，就按触犯军法处置。"将军进入军营后，便立刻下令关闭营门，戒严道路，限制吏卒随意出入。如果有敢随意走动的就会被处罚，有敢大声叫嚷的也会被处罚，有敢不服从军令的就会被处死。

踵军令　第二十

【题解】

本篇主要论述了部队编制以及军队内部相互配合的问题以及安全、警戒、纪律等。

文中把作战分为踵军、兴军、大军、分卒四部分。三军上下，只有团结一致，相互配合，士气高昂，才能取得战争的胜利。当然，总体来说，若想无往不胜，将帅在统兵制胜中的作用也不可忽视。

【原文】

所谓踵军①者，去大军百里，期②于会地，为三日熟食，前军而行，为战合之表，合表乃起。踵军飨士③，使为之战势，是谓趋战者也。

兴军者，前踵军而行，合表乃起，去大军一倍其道，去踵军百里，期于会地，为六日熟食，使为战备，分卒据要害。战利则追北，按兵而趋之。踵军遇有还者，诛之。所谓诸将之兵，在四奇④之内者胜也。

【注释】

①踵（zhǒng）军：指跟在兴军后面的作战军队。

②期：在规定的时间，或一段时间内会合。

③飨（xiǎng）士：犒赏士兵。

④四奇：这里指大军、踵军、兴军、分卒这四种军队。

【译文】

所谓的踵军，通常与大部队相距约一百里，踵军会按期到达与大军约好会合的地点，并准备可以食用三天的已经煮熟的食物，队伍要在大军出发前出发，还要与大军约好行动的信号，一旦信号遇合后就立即行动。踵军出发前，会先举办筵席犒赏士兵，以此来激励全军出战的士气，这就是踵军向战场前进的方法。

至于兴军，会在踵军行动之前行动。接到事先与大军约好的行动信号就出发，兴军与大军的距离比踵军还要远一倍，距踵军约有一百里，兴军也会按期到达与大军约好会合的地点，并准备可以食用六天的已经煮熟的食物，到达后就进入备战状态，并且分派士兵占领险要地势。如果和敌军交战，胜利了就乘势追击败退的敌军，但要约束好自己的军队，不能一路紧追不舍，这样容易陷入敌军的圈套，同时，后续部队要急速跟进策应。踵军如果发现有临阵脱逃的，就处死。所以说，如果统率的将军善于指挥大军、踵军、兴军、分卒这四股军队，使它们相互配合，首尾相应，就一定能取得胜利。

【原文】

兵有什伍，有分有合，豫①为之职，守要塞关梁而分居之。战合表起，即皆会也。大军为计日之食，起，战具②无不及也，令行而起，不如令者有诛。

凡称分塞者，四境

之内，当兴军踵军既行，则四境之民无得行者。奉王之命，授持符节③，名为顺职之吏。非顺职之吏而行者，诛之。战合表起，顺职之吏乃行，用以相参④。故欲将先安内也。

【注释】

①豫：通"预"，预先，事先。

②战具：作战所用的器具。

③符节：古代符信之一种。以金玉竹木等制成，上刻文字，分为两半，使用时以两半相合为验。如兵符、虎符等。

④相参：参与谋划。

【译文】

军队中分有以什伍为基础的各种编队方式，有分散的，有集中的，预先给他们分配各自职守的任务，让他们把守各处交通要道、关卡和桥梁，并且分别安下营寨。等到与大军先前预定的作战时间一到，就听取号令马上全体集合。然后大军根据作战的天数准备好粮食，行动要迅速，作战物资和攻城器械都要准备妥当。命令一到就立即拔营出发，如果有敢不执行命令的，就按军令处罚。

凡宣布戒严的地区，在它周边的范围之内，在兴军和踵军出动以后，主力大军尚未出动之前，四境之内的百姓一律不得随意出入。除非是奉国君的命令，持有国君所授的符节，这是名为传达命令的官吏，只有他们才可以通行。如果不是持有国君所授的符节传达命令的官吏，有敢擅自通行的，就按军法予以处罚。等到主力军队与各部约定攻击的时间一到，持符节传达命令的官吏才可以出发，继续去参议谋划军事部署。所以说，要想在战场上取得胜利，首先要安定军队内部的相关事务。

兵教上　第二十一

【题解】

本篇主要论述了如何教练士兵的问题。作者指出了必须严格战场纪律，方可"威加天下"。

具体就是把士兵编制排列成队形进行训练，凡有不服从命令进退的，一律按违反训练条令论罪。同时，他还指出，要想让士兵在战场上敢于舍生赴死，就要做到严明赏罚。

【原文】

兵之教令①，分营居陈。有非令而进退者，加犯教之罪。前行者前行教之，后行者后行教之，左行者左行教之，右行者右行教之。教举五人，其甲首②有赏。弗教，如犯教之罪。罗地者③，自揭其伍，伍内互揭之，免其罪。

凡伍临陈④，若一人有不进死于敌，则教者如犯法者之罪。凡什保什，若亡一人，而九人不尽死于敌，则教者如犯法者之罪。自什以上至于裨将⑤，有不若法者，则教者如犯法者之罪。凡明刑罚，正劝赏，必在乎兵教之法。

【注释】

①教令：关于训练的命令。

②甲首：这里指伍长。

③罗地者：此指行动不便而坐在地上的人。

④陈：通"阵"，阵地、战场。

⑤裨（pí）将：副将。

【译文】

　　训练士兵的条令规定,士兵在分设营垒布阵之中,都要编排成有序的队形进行训练。凡是不按照规定教令进退的,就按照违反训练条令定他的罪。前行的士兵,由前行的伍长负责训练他们,后行的士兵,由后行的伍长负责训练他们,左行的士兵,由左行的伍长负责训练他们,右行的士兵,由右行的伍长负责训练他们。如果能训练好一行五个人,他们的伍长就应该受到奖赏。如果伍长训练不好,也要按照违犯训练条令惩罚他。因故不能参加训练的人,自己要先在一伍人面前讲明原因,然后由伍内的其他人相互为他作证,如果情况属实的话,就可以免罪。

　　凡是伍内的人在战场上与敌军交锋时,如果其中有一个人不能拼死向敌人进攻,那么负责训练他们的伍长,也要一起按照违犯训练条令论罪。凡是同一什的人都要互相联保,如果其中有一个人伤亡而其他九个人不拼死同敌人作战,那么负责训练他们的什长,就应该同违犯训练条令的人一起受军法处罚。从什长以上到副将,如果有违反训练条令的,那么负责管理他们的各级军吏,也要同违犯训练条令的人一起论罪。凡是刑法都要严明,赏赐也要严正公平,以上这些条令,都必须在平时的训练之中体现出来。

【原文】

将异其旗，卒异其章。左军章左肩，右军章右肩，中军章胸前，书其章曰某甲某士。前后章各五行，尊章置首上，其次差降之。

伍长教其四人，以板为鼓，以瓦为金，以竿为旗。击鼓而进，低旗则趋，鸣金而退，麾而左之，麾而右之，金鼓俱击而坐①。伍长教成，合之什长。什长教成，合之卒长。卒长教成，合之伯长。伯长教成，合之兵尉。兵尉教成，合之裨将。裨将教成，合之大将。大将教之陈于中野，置大表②三，百步而一。既陈，去表百步而决③，百步而趋，百步而骛，习战以成其节，乃为之赏罚。

自尉吏而下，尽有旗。战胜得旗者，各视其所得之爵，以明赏劝之心。战胜在乎立威，立威在乎戮力④，戮力在乎正罚。正罚者，所以明赏也。令民背国门之限，决生死之分，教之死而不疑者，有以也。令守者必固，战者必斗；奸谋不作，奸民不语；令行无变，兵行无猜；轻者若霆，奋敌若惊；举功别⑤德，明如白黑，令民从上令，如四支⑥应心也。前军绝行乱陈，破坚如溃者，有以也。此谓之兵教。所以开封疆，守社稷，除患害，成武德⑦者也。

【注释】

①坐：坚守，引申为常驻，不动。

②大表：表示位置的大旗杆或大柱。

③决：指射箭等战斗动作。

④戮力：协力，通力合作，同心协力。

⑤别：甄别，选拔。

⑥四支：即四肢。支：通"肢"。

⑦武德：专指以武的行为特征、以仁义为准则的修习武术之人的言行举止。

【译文】

将领之间用不同的旗帜互相区分，士兵之间用不同的徽章互相区分。左军的徽章戴在左肩上，右军的徽章戴在右肩上，中军的徽章佩戴在胸前。徽章上面分别清楚地写着名字和属于哪个部别。另外，军队按照前后各五行的顺序，佩戴五种不同颜色的徽章，最前头的徽章佩戴在头盔之上，然后按顺序依次下降相应的高度。

伍长训练自己伍内的四个人时，用木板代替鼓，用瓦块代替鸣金，用竹竿代替军旗。听到击鼓命令就要前进，军旗向前低斜就表示急速前进，听到鸣金号令就向后撤退，旗向左挥，表示向左边前进，旗向右挥，表示向右前进，金与鼓齐鸣就原地不动。伍长训练完毕，由什长集合起来训练；什长训练完毕，由卒长集合起来训练；卒长训练完毕，由伯长集合起来训练；伯长训练完毕，由兵尉集合起来训练；兵尉训练完毕，由副将集合起来训练；副将训练完毕，由大将军集合起来训练。大将军训练他们的方法是在野外布阵，然后立起三根大旗杆，每隔一百步树立一根。军队列阵完毕后，在距第一个旗杆百步远时训练射箭等战斗动作，在距第二个旗杆百步远时训练快步前进，在距第三个旗杆百步远时演习疾速跑步前进。要反复训练，只有熟习战阵才能使士兵在战场上完成其中每一部分的要领，然后要根据训练成果进行赏罚。

因为敌军之中位居尉吏以下，手里也都有指挥旗，所以，凡是战胜敌人获得敌人指挥旗的，应分别按照旗帜所代表的官爵，给予相应的爵位赏赐，以表明有功必赏之心。战胜敌人在于能树立良好的军威，树立良好的军威在于能使人同心协力，使人同心协力在于刑罚公正。而公正严明的刑罚，正是为了更好地突出公开奖赏的作用。要想让士卒为国奋战，在战场上毫不犹豫地敢于牺牲自己的性命，就要靠严明赏罚。能使负责防守的士兵始终坚守而不后退，负责进攻的士兵能拼命作战而不退却；即使敌军派来的奸细也不能发挥作用，奸邪之人不敢造谣；执行命令时能够坚决执行，兵士们领受行军命令不会猜疑；轻兵出击时就像雷霆一样迅疾，奋力杀敌时就像受惊的战马一样迅猛疾驰；举荐有功之人，提拔贤德的人才，都要做到清正廉洁如同黑白分明，这样才能令人心悦诚服，士兵才会按照上级的命令行动，就像四肢听从头脑的指挥一样灵活自如了。所以，只要前锋军队对敌军发起进攻就能冲垮敌人的阵势，不论敌人有多么坚固的阵地也都像急流冲垮堤坝一样，将他们击溃，能做到这样，绝非偶然，这都是军队训练有素的结果。之所以采用有效的训练方法训练出精锐的军队，就是为了能够开辟疆土，保卫国家，消除祸患，发扬武德。

兵教下 第二十二

【题解】

本篇主要论述了国君应统一各项制度,掌握用威信加于天下的十二条必胜之道,指出必须选拔得力将领,衡量敌我得失,严格战场纪律,方可"威加天下"。

应该说,只有向敌方展示自己力量的强大与士气高昂或准备的严密,才能使敌人感到震服、畏惧、士气沮丧,这样首先在心理上瓦解敌人,从而达到战胜敌人的目的。在威严治军时,时刻要注重纪律严明,丝毫不侵犯老百姓的利益。这样才能得到老百姓的拥护,从而取得战争的胜利或事业的成功。

【原文】

臣闻人君有必胜之道,故能并兼广大以一其制度,则威加天下有十二焉:一曰连刑,谓同罪保伍也。二曰地禁,谓禁止行道,以网外奸也。三曰全车,谓甲首相附,三五相同,以结其联也。四曰开塞,谓分地以限,各死其职而坚守也。五曰分限,谓左右相禁,前后相待,垣车为固,以逆以止也。六曰号别,谓前列务进,以别其后者,不得争先登不次也。七曰五章,谓彰明行列,始卒不乱也。八曰全曲,谓曲折相从,皆有分部也。九曰金鼓,谓兴有功,致有德也。十曰陈车,谓接连前矛①,马冒其目也。十一曰死士,谓众军之中有材力者,乘于战车,前后纵横,出奇制敌也。十二曰力卒②,谓经旗全曲,不麾不动也。此十二者教成,犯令不舍。兵弱能强之,主卑能尊之,令弊能起之,民流能亲之,人众能治之,地大能守之。国车不出于阃③,组甲不出于橐④,而威服天下矣。

【注释】

①前矛：即"前茅"。这里指前面的战车。

②力卒：强而有力的士兵。

③阃（kǔn）：门槛。这时指国门。

④组甲：用丝带连结皮革或铁片而成的铠甲。橐（tuó）：口袋。

【译文】

我听说，如果国君掌握了必胜的方法就能开疆扩土，兼并其他国家，实行统一的制度，从而威震天下。但想拥有这些，就要做到以下十二点：第一是连刑，就是说要实行什伍联保制度。第二是地禁，就是禁止在战争期间随意在道路上行走，这么做主要是为了捕捉敌国的奸细。第三是全车，即战车上的士兵和随车步兵要附和车长的指挥，各个编队之间要互相配合，联系紧密。第四是开塞，各个军队都有其划分的区域，在区域内各军士要尽忠职守，坚守阵地。第五是分限，即左右营区要互相加强警戒，前后营区互相照应，将战车环列在军营四周，形成坚固的营垒，用以抗拒敌人和保障自己营地的安全。第六是号别，即负责进攻的前军必领要率先前进，这样才能与后军区分开来，后面的军队不要抢先突进，以免军队的战阵混乱。第七是五章，即让士兵们佩戴五种颜色的徽章，并且标明所属的行列什伍，使队列不混乱。第八是全曲，即各军队在行进中即使遇到曲折路径也能保持互相连接，始终保持自己队伍的队列位置，不与别的队伍混在一起。第九是金鼓，即军中必须要号令严明，击鼓鸣金进退分明，而且出征就要立功，进攻就要达到目的。第十是阵车，即将战车从前到后排列成阵，将战马的眼睛蒙盖起来，以防止马受到惊吓而狂奔乱跑。第十一是死士，即从各军队中挑选出有才能又很勇敢的士兵组成"敢死队"，让他们乘上战车，时而向左右发起冲击，时而向前后发起冲击，这是出奇制胜的好方法。第十二是力卒，即选用有才能而且力量超群的人去掌管金鼓铃旗以及号角鼓乐来指挥全军，他们不挥旗下达指令就不许擅自行动。按照以上这十二条训练军队有成以后，如果再有违犯法令的，决不宽容。这样一来，战斗力本来很弱的军队就能变强，君主威望微弱的也能提高威望，原本废驰的法令也能够重新启用，能让原本流亡的百姓重新归附本国，即使人口众多纷杂，也能治理得很好，即使国家地域辽阔广大，也能守得住它。如此，不用将战车驶出国门，甚至无需将收藏在口袋之中的铠甲拿出来，也能威震天下。

【原文】

兵有五致：为将忘家，踰垠①忘亲，指敌忘身，必死则生，急胜为下。百人被刃②，陷行乱陈③；千人被刃，擒敌杀将；万人被刃，横行天下。

武王问太公望曰："吾欲少间④而极用人之要。"望对曰："赏如山，罚如谿⑤。太上无过，其次补过，使人无得私语。诸罚而请不罚者死⑥，诸赏而请不赏者死。"伐⑦国必因其变，示之财以观其穷，示之弊以观其病。上乖者下离，若此之类，是伐之因也。

【注释】

①蹫垠：亦作"逾垠"。是越境之意。

②被刃：这里指敢于冒着敌军利刃向前冲锋。

③乱陈：即乱阵。

④少间：片刻之间。

⑤谿（xī）：同"溪"，此处指深谷。

⑥死：不能通过的。引申为不通融。

⑦伐：讨伐，攻伐。

【译文】

军营之中应该有这五条规定：被任命为将领就要忘记自己的小家，逾越国境去作战就要忘记自己的父母亲人，临阵杀敌时要忘掉自己，在打仗时抱着必死的决心反而能够活下来，而用兵急躁，急于取胜反而是最下策。军中如果有一百人敢于冒着敌军利刃向前冲锋，那么就可以搅乱敌军的阵型；如果有一千人敢于冒着敌军利刃向前冲锋，那么就可以生擒敌军，斩杀敌方主将；如果有一万人敢于冒着敌军利刃向前冲锋，那么我们便可以横行天下，所向无敌了。

周武王曾经问姜太公望说："我想在最短的时间而能更快地听到用人的要领。"姜太公回答道："赏赐好人时，要像高山一样坚定，惩罚恶人时，要像深谷一样威严。赏罚时，最重要的是不要出现差错，其次是如果出现了差错一定要及时补救，使人不在私下里对此议论纷纷。诸如应该受到惩罚，却请求不惩罚自己的，决不通融；应该受到赏赐，却请求不赏赐自己的，也决不通过。"要想讨伐其他国家，一定先使他们国家内部发生动乱，显示一下我国的财物情况以观察敌军贫困程度，展示一下我国的弱点以观察敌军的弊病。观察敌国的上层掌权者是否乖僻而专横暴戾，下层百姓是否离心离德，如果是这种情况，就可以毫不犹豫地攻打他们了。"

【原文】

凡兴师必审内外之权，以计其去。兵有备阙，粮食有余不足，校①所出入之路，然后兴师伐乱，必能入之。地大而城小者，必先收其地；城大而窄者，必先攻其城；地广而人寡者，则绝其陀②；地狭而人众者，则筑大堙③以临之。无丧其利，无夺其时，宽其政，夷④其业，救其弊，则足以施天下。

今战国相攻，大伐有德，自伍而两，自两而师⑤，不一其令，率俾⑥民心不定。徒尚骄侈，谋患辨讼，吏究其事，累且败也。日暮途远，还有挫气。师老将贪，争掠易败。

凡将轻、垒卑、众动，可攻也；将重、垒高、众惧，可围也。凡围必开其小利，使渐夷弱，则节吝⑦有不食者矣。众夜击者，惊也；众避事者，离也。待人之救，期战而蹙⑧，皆心失而伤气也。伤气败军，曲谋败国。

【注释】

①校：侦查。

②陀（è）：险要的地方。

③堙（yīn）：堆成的土山：古代攻城时，积土为山，然后登堙观察城里

敌情。

④夷：安定。

⑤伍、两、师：这里指古代军队编制方式，五个人为一伍，五个伍为一两，十个两为一师。

⑥俾（bǐ）：使。

⑦节吝：节俭。

⑧戁：担心，忧虑。

【译文】

凡是兴兵作战之前，必须要事先分析清楚敌我的形势权变，以便谋划军队的行动策略。首先查看我方兵力是充足还是短缺，粮食储备富余还是不足，校验敌我双方所要出入道路的远近险易程度，然后才能发兵攻打，这样就一定能深入敌人境内。如果敌国的领土广大，城池很小，那就先占领敌国的土地；如果敌国的城池很多，土地很少，那就先占领敌军的城池；如果敌国领土广大，人口稀少，那就先占领险要的交通要道；如果敌国领土很小，人口稠密，那就堆筑起攻城的土山，以便接近它而强攻城池。攻城时，不要损害敌国百姓的利益，不要耽误他们耕种的农时，对他们要施行仁政，让他们安定地生活，还要拯救敌国民众的疾苦，能做到这些，就足以说明是在施恩于天下百姓了。

如今，各个国家之间互相讨伐，大多自恃强大而喜欢讨伐施行仁政的国家。他们的军队从伍到两，从两到师，再到各级军吏号令不统一，使得军中矛盾丛生，军心不定。他们的军内崇尚骄奢淫逸，士兵到处惹是生非，官吏整天忙于处理这些琐事，早已被折磨得疲惫不堪了。天色昏黑，由于路程遥远，出兵半路就要折回原地，这样会使军中士气受挫而变得低落。军队士兵疲劳，将领贪财，吏卒到处掠取财物，这样的军队很容易就会被打败。

凡是敌军将领轻率浮躁，城墙低矮，军队军心动摇的，就可以攻打他们；凡是敌军将领稳重冷静，城墙又高又厚，军心惶恐惊惧的，就可以选择围攻他们。但一般选择围攻时，需给他们留下一线希望，让他们的斗志慢慢地被削弱，那么时间一长，即使敌军节约粮食，到最后也会因为没有粮食可吃而陷入饥饿了。如果敌军到晚上传出敲击的声音，那是敌军惊恐不安的表现；如果敌军的军士们在军营中显现出散漫而懒于做事，那就是上下离心离德的表现。如果在等待援军时，出现盼望开战而在会战时显出局促不安的现象，这都是丧失军心、士气低落的表现。如果军队丧失了士气，就一定会打败仗，而倘若战争的谋略错误，那么整个国家就会败亡。

兵令上 第二十三

【题解】

本篇论述了战争的目的是"伐暴乱，本仁义"。战争的实质是"以武为植，以文为种"。此外，还论述了临敌布阵的方法、纪律和要求。

尉缭子指出，用兵要以武力作为主干，以文德作为根基。文与武，历来是治国安邦的两大支柱，缺一不可。武功离不开文治，否则，社会不安宁，动乱贫弱，也不可能有强大的武力；文治离不开武功，没有足以维护统治的武力，国家的稳定和社稷安全也是不可能的。二者互相依存，互相促进，不可偏废。

【原文】

兵①者，凶器也。争者，逆德也。事必有本，故王者②伐暴乱，本仁义焉。战国则以立威抗敌相图，故不能废兵③也。

兵④者，以武为植⑤，以文为种⑥。武为表，文为里。能审此二者，知胜败矣。文所以视利害，辨安危；武所以犯强敌，力攻守也。专一⑦则胜，离散则败。

陈以密则固，锋以疏则达。卒畏将甚于敌者胜，卒畏敌甚于将者败。所以知胜败者，称将于敌也，敌与将犹权衡焉。安静则治，暴疾则乱。

【注释】

①兵：此处的兵指兵器。

②王者：指称王于天下的君主，这里是指尉缭子希望出现一个能制止各国互相攻伐、能统一天下的君主。

③废兵：指结束战争。

④兵：此处的兵指战争。

⑤植：古代植可以解为"柱"，这里引申为主干的意思。

⑥文：这里指礼乐制度，礼乐制是西周统治者为巩固自己的统治，而建立的稳定的政治制度，也是维护封建制度的文化制度。种：种子。此处喻指根基。

⑦专一：这里指将武力和礼乐制度合二为一。

【译文】

兵器，是凶险的东西。争斗，是违背德行的行为。凡事都有个根本，因此，誓在统一天下的王者在发动讨伐暴乱的战争时，都是把仁德道义当作根本的。而其他诸侯国为了显示自己的兵威，却以互相讨伐为根本，所以，这也是战争一直不能停止的原因。

对于战争这件事，是以武力为主干，以礼乐教化为根基。武力是外在的形式，礼乐教化是内在的实质。如果能弄清楚这二者之间的关系，就能够熟知与把握胜败了。礼乐制度是用来明察利害，辨别安危的；武力是用来袭击强敌，奋力以攻为守保卫国家的。如果能做到文武合一，那么战争就能取胜，如果人心涣散离心离德，那么必然会失败。

布阵时阵形密集则有助于稳固地防守，进攻时阵形稀疏则方便于使用兵器。士兵畏惧我方将领超过了畏惧敌军，那么战争就会胜利，如果士兵畏惧

敌人超过畏惧我方将领,那么战争就会失败。所以,预测战争的胜败,直接对比一下士卒是惧怕敌将还是惧怕自己的将领,用这种权衡敌将与我方将领威慑力的方法判定胜败,就像用秤去称量物体一样准确。如果将领沉着冷静,军队的治理秩序就会良好,如果将领鲁莽暴虐,军队就会秩序混乱。

【原文】

出卒陈兵有常令,行伍疏数有常法,先后之次有适宜。常令者,非追北袭邑攸①用也。前后不次则失也,乱先后斩之。常陈皆向敌,有内向,有外向,有立陈,有坐陈。夫内向所以顾中也,外向所以备外也,立陈所以进也,坐陈所以止也,立坐之陈,相参②进止,将在其中。坐之兵剑斧,立之兵戟弩,将亦居中。善御敌者,正兵先合③,而后扼④之,此必胜之术也。

陈之斧钺,饬⑤之旗章,有功必赏,犯令必死,存亡死生,在枹之端⑥。虽天下有善兵者,莫能御此矣。矢射未交,长刃未接,前噪者谓之虚,后噪者谓之实,不噪者谓之秘。虚、实、秘者,兵之体也。

【注释】

①袭邑:攻打城池,袭击城邑。攸(yōu):所。

②相参:相互参证。

③合:接战、交锋。

④扼:控制要害地带。

⑤饬:古同"饰",巧饰,整治,使整齐。

⑥在枹之端:在鼓槌的顶端。这里借指将领的指挥。枹(fú):鼓槌。

【译文】

出兵布阵有惯常的法规条令,行列什伍的排序在疏密上有通常的法则,前后的次序也有合宜的规定。这里所说的惯常条令,不是用来追击败北的敌军和强攻城池所用的。前后次序如果打乱了就会战败,所以,对于扰乱军队前后次序的,就要斩杀他。通常的布阵都是面对敌军的,但根据具体情况有向内的,也有向外的,有摆立阵的,也有摆坐阵的。向内布阵是为了保护中军的安全，向外布阵是为了防备敌军从外面偷袭，立阵是为发起进攻做准备，坐阵是为稳固防守准备的。对于应该采取立阵还是坐阵，要相互参证军队攻击和防守的实际情况灵活运用，将领则坐在战阵中央指挥。坐阵时士卒所拿的武器主要是剑和斧，立阵时士卒所拿的武器主要是戟和弓箭，同时将领也是居于战阵之中指挥。善于抵御敌军的将领，都会先用大军和敌军正面交锋作战，然后出奇兵扼制敌军的要害，这就是交战必胜的战术了。

将斧钺陈列在军营前，并用军旗和徽章在斧钺的旁边作陪衬使其整齐。如果作战中有建立军功的一定要赏赐，有违反军令的则必须要处死，战场上的生死存亡，取决于将领手执鼓槌指挥的能力。如果能按以上方法布阵指挥，那么即使是天下间用兵如神的人，也抵挡不住这支军队了。在敌我双方还未开战，尚未开始相互发射箭矢，双方的长枪还没交锋之前，如果敌军的前军大声地喊叫，证明敌军的兵力空虚，如果敌人的后军噪声颇大，证明敌军的兵力充实，如果敌方的前军和后军都没有强大的噪声，说明敌军已有了秘密的作战计划。总体来说，虚、实、秘这三者正是用兵布阵的不同体现。

兵令下 第二十四

【题解】

本篇主要论述了纪律严明、治军以严的重要性。主张用严法重刑、联保连坐以及株连家族等手段，来防止士卒逃亡，迫使他们服从命令，驱使他们奋勇作战。

以治为胜向来都是军队治理的重要谋略。如何才能"以治为胜"却是一个深刻的话题。所以本文作者认为主要有三个方面：军队要令行禁止，如同"父子之兵"；治军要以"教戒为先"；将领要有果敢的奋战决心。只有如此，方能取胜。

【原文】

诸去大军为前御之备者，边县列侯，各相去三五里。闻①大军为前御之备，战则皆禁行，所以安内也。

内卒出戍②，令将吏授旗鼓戈甲。发日，后将吏及出县封界者，以坐后戍法③。兵戍边一岁遂亡，不候代者，法比亡军。父母妻子知之与同罪，弗④知赦之。卒后将吏而至大将所一日，父母妻子尽同罪。卒逃归至家一日，父母妻子弗捕执⑤及不言，亦同罪。

诸战而亡其将吏者，及将吏弃卒独北者，尽斩之。前吏弃其卒而北，后吏能斩之而夺其卒者赏。军无功者，戍三岁。三军大战，若大将死，而从吏五百人以上，不能死敌者斩。大将左右近卒在陈中者皆斩，余士卒有军功者夺一级，无军功者戍三岁。战亡伍人，及伍人战死不得其尸，同伍尽夺其功，得其尸罪皆赦。

【注释】

①闻：听到。

②出戍：驻守边疆。

③后戍法：惩治因迟到延误戍守的法令。

④弗：不。

⑤捕执：拘捕。

【译文】

在大军出征前，率领士兵在前方担任戒备的，都是驻守在边境上的列侯，他们每个岗哨之间的距离大概相隔三五里左右。在听到大军即将出动的消息时，就立即安置好前方抵御敌人的戒备措施，开战以后就会禁止百姓随意通行，这样做的目的主要是为了保证内部的安定。

国内的士兵准备出发去驻守边疆的，君王应派遣军吏将旗、鼓、武器、盔甲授予他们。到了出发的日子，如果士兵比将领和军吏晚到边境阵地，以触犯"后戍法"治罪。士兵驻守边疆满一年的，如果不等到接替的人来就擅自离开的，就要把他当作逃兵来治罪。如果父母妻子和子女对此知情不报，就要与他一同治罪，如果不知情，则可以赦免他们。士兵在军吏之后晚一天才到将军大营报到的，父母妻子和子女会一同被治罪。士兵逃到家中已过了一天，父母妻子和子女既不拘捕他报官，又知情不报的，也要与他一同治罪。

在战争中，如果士兵丢下将领和军吏而逃亡，以及将领和军吏丢下士兵独自败阵而逃跑的，全部将他们处斩。如果前面的将领和军吏丢下士兵逃跑，那么后面的将领和军吏就可以斩杀前者，倘若能够收留他们旗下的士兵，就会得到君王的赏赐。这些士兵中没有立过军功的就罚他们戍守边疆三年。三军大战时，如果大将战死，那么跟随大将的军吏率领五百人以上，却不能忘死奋战杀敌的，一律处斩。大将身边负责保护的士兵在阵中失职的，也一律处斩，其他士兵如果有军功的就降一级，没有军功的就罚戍守边疆三年。战争中如果同伍内有人战死，同伍人却不能将他的尸首夺回来的，同伍的士兵就会被取消所有的军功，如果能夺回死者尸体，那么就都可以得到赦免。

【原文】

军之利害，在国之名实。今名在官而实在家，官不得其实，家不得其名。聚卒为军，有空名而无实，外不足以御敌，仙不足以守国，此军之所以不给，将之所以夺威也。臣以为卒逃归者，同舍伍人及吏罚入粮为饶①，名为军实，是有一军之名，而有二实之出，国内空虚，自竭民岁②，曷③以免奔北之祸乎？今以法止逃归，禁亡军，是兵之一胜也。什伍相联，及战斗则卒吏相救，是兵之二胜也。将能立威，卒能节制④，号令明信，攻守皆得，是兵之三胜也。

臣闻古之善用兵者，能杀⑤士卒之半，其次杀其十三，其下杀其十一。能杀其半者威加海内⑥；杀十三者力加诸侯；杀十一者令行士卒。故曰，百万之众不用命，不如万人之斗也。万人之斗不用命，不如百人之奋也。赏如日月，信如四时⑦，令如斧钺⑧，利如干将⑨。士卒不用命者，未之有也。

【注释】

①饶：饶恕，指免予处分。

②岁：年；一年的收成。这里指粮食储备。

③曷（hé）：何，怎么，为什么。

④节制：节度法制。亦指严整有规律。

⑤杀：攻杀，激战。

⑥海内：是指天下。古代传说陆地四面环海，故称天下为海内。

⑦四时：四季。

⑧斧钺（yuè）：是古代酷刑中的一种，意思是用斧钺劈开头颅，致人死。另外，斧钺在古代还是用于作战的兵器，而且是军权和国家统治权的象征。

⑨干将（gān jiāng）：是古代传说的一把宝剑，十大名剑之一。

【译文】

军队里存在的利弊，在于国家军队名册上的兵员名额与实际人数是否相符。现在有很多士兵的名字在军队名册上，可实际上本人却在家中，军队中没有这个人，家里面的户口名册也没有这个人的名字。国家调集士兵编排军队时，军队名册上名义上是有很多士兵，实际上只是有名无实而已，如此局面，就会对外没有足够的兵力对抗敌人，对内也没有足够的兵力保卫国家，这也是军队之所以战斗力不强，将领没有威信的原因。我认为现在对待这些同乡同伍中逃回家的士兵，就罚他同乡同伍的士兵和军吏家里都要上交一份粮食才可以饶恕罪过，然后将他们的粮食名正言顺地充实军需仓库的制度不可取。因为他们家里虽然实际上只应征一个从军名额，却要出二份军粮，这就会给百姓造成两倍的负担，其结果只能是使平民流亡而造成国家人口空虚竭尽百姓一年的收成而导致民不聊生，这又怎么能避免战争失败的灾祸呢？所以，现在使用法令禁止这些士兵擅自逃回家，制止军中这种逃亡行为，这是战争取得胜利的第一要素。而实行什伍联保制度以后，等到达战场之上决斗的时候，士兵和军吏就能互相照应，互相救援了，这就是战争取得胜利的第二个要素。另外，将领能够树立起威信，士兵能够节度法制听从将领指挥，同时，进退的号令明确坚定，将士们进攻与防守都能运用得当，这就是战争取得胜利的第三个要素。

我听说，古代善于用兵的将领，能使军中半数士兵奋勇攻杀而甘愿以身效死，稍次一等的也能使十分之三的士兵奋勇攻杀而甘愿战死，最少的也能有十分之一的士兵奋勇攻杀而甘愿战死。而能使半数的士兵奋勇攻杀

而甘愿战死的将领，他的威慑力可以凌驾天下；能使十分之三的士兵奋勇攻杀而甘愿战死的将领，他们的威严能够力压各个诸侯国；能使十分之一的士兵奋勇攻杀而甘愿战死的将领，他所下达的命令士兵都能服从。所以说，拥有百万军队，而这百万军队却不服从命令，还抵不上拥有一万人的军队齐心协力去作战。率领一万人去作战，而这一万人却不服从命令，还抵不上率领一百人的军队奋勇作战。因此，进行奖赏时要像日月一样光明，兑现承诺要像四季轮回一样准时可靠，发出的号令要像斧钺一样威严，进攻时敏捷的气势要像干将宝剑那样锋利。能做到这些，那么士兵不听从命令的现象，就不会再出现了。

吳子

图国 第一

【题解】

图国，即筹划治理国家。本篇共分八节，大体是论述治国、治军、兴兵作战、亲民用贤等治理国家的千秋大计。吴子主张要想富国强兵，必须"内修文德，外治武备"。

文德，是针对政治教化方面；武备，主要是强调军事战争的储备力量。吴子强调两者必须并重，不可偏废，并以历史为鉴，更具有说服力。吴子非常重视政治教化，认为只有教化得以深入民心，才能使国家和睦，军队团结，上下统一，君臣协调，这样才能缔造出有道明君，民才会"以进死为荣，退生为辱"，国家才能兴盛。正如吴子所说："修之则兴，废之则衰。"

【原文】

吴起儒服①，以兵机见魏文侯②。

文侯曰："寡人不好军旅之事。"

起曰："臣以见占隐，以往察来，主君何言与心违？今君四时使斩离皮革，掩以朱漆，画以丹青，烁③以犀象，冬日衣之则不温，夏日衣之则不凉。以长戟二丈四尺，短戟一丈二尺。革车奄户，缦轮笼毂④，观之于目则不丽，乘之以田则不轻，不识主君安用此也？若以备进战退守，而不求能用者，譬犹伏鸡之搏狸，乳犬之犯虎，虽有斗心，随之死矣。昔承桑氏之君，修德废武，以灭其国；有扈氏之君，恃⑤众好勇，以丧其社稷。明主鉴兹，必内修文德，外治武备。故当敌而不进，无逮⑥于义矣；僵尸而哀之，无逮于仁矣。"

于是文侯身自布席，夫人捧觞⑦，醮⑧吴起于庙，立为大将，守西河。与诸侯大战七十六，全胜六十四，余则钧解。辟土四面，拓地千里，皆起之功也。

【注释】

①儒服：指我国古代儒士所穿的服饰，后泛指读书人所穿的服装。

②兵机：用兵的机谋；军事机要。魏文侯：战国时期魏国开国君主。

③烁：烫，烤。

④奄：覆盖。缦（màn）：布缦。毂（gǔ）：车轮中心，有洞可以插轴，借指车轮或马车。

⑤恃（shì）：依仗，依赖，仗着。

⑥逮：达到，及，赶上。

⑦觞：古代的一种饮酒器具。可用作动词为敬酒。

⑧醮（jiào）：原意是祭礼，为古代礼仪。这里指文侯以礼相待吴子。

【译文】

吴起穿着儒生的服饰，带上用兵布阵的机谋前去拜见魏文侯。

文侯说："寡人不喜好行军征伐之事。"

吴起说："我从表面看到的现象就能推测出您的意图，从您过去的言谈举止能观察您未来的抱负，君王您何必要言不由衷呢？如今君王您一年四季不时地遣使

下人斩杀野兽剥去它们的毛皮，然后在皮革上涂抹红漆，描画出丹青色彩，烫印上犀牛和大象的图案。然而，谁都知道，如果用它们来做衣服，冬天里穿上它则不暖和，夏天穿上它也不凉爽。您命人铸造的长戟达二丈四尺，短戟也有一丈二尺长。用皮革将重车覆盖掩护起来，宽大的布缦遮掩住车轮又笼罩住车毂，这样的装饰看在眼里则显得不华丽，乘坐它出去打猎也不轻便，不知君王您为什么会用这些东西呢？如果说您准备用来行军作战或者是退而据守，却不去寻求会使用它们的人，这就好比像那孵雏的母鸡去和野狸猫搏斗，哺乳期的小狗去进犯老虎一样，虽然怀有战斗的决心，可是随之而来的必然是死亡了。从前承袭桑氏的国君，只去修治德行操守，却完全废弃武力装备，以致于使自己的国家最终灭亡；有扈氏的国君，他依仗自己国家兵多将广而勇猛好战，却不修治文德，以致于最终也丧失了自己的国家。后来，贤明的君主便借鉴于此，懂得了必须要对内修明文德，对外整治好武力装备。所以，面对敌人而不进身应战，这算不上是义；看着阵亡将士的尸体而悲伤，那算不上是仁。"

听了吴子的这些话以后，文侯起身亲自布置宴席，命夫人捧觞敬酒，并以醮礼相待吴起于祠庙之中，任命他为大将，负责驻守西河。后来，吴起与各诸侯国大战七十六次，他获得全胜六十四次，其余十二次势均力敌而没有分出胜负。就此，魏国开辟疆土伸向四方，拓展领地绵延千里，这都是吴起的功绩！

【原文】

吴子曰："昔之图国①家者，必先教百姓而亲万民。有四不和：不和于国，不可以出军；不和于军，不可以出陈②；不和于陈，不可以进战；不和于战，不可以决胜。是以有道之主，将用其民，先和而造③大事。不敢信其私谋，必告于祖庙，启于元龟④，参之天时，吉乃后举。民知君之爱其命，惜其死。若此之至，而与之临难，则士以尽死为荣，退生为辱矣。"

【注释】

①图国：筹划治理国家。亲：亲近。

②出陈：出阵。出兵列阵应战。陈，通"阵"。

③造：做，进行。

④元龟：大龟，古代用于占卜。

【译文】

吴起说："从前那些筹划治理国家的君主，必定会先廉洁自身而去教化百姓以达到能够亲近万民。但在四种不和谐的情况下，不宜行动：国内民众意志不和谐统一，不可以出动军队；在军队内部不和谐团结，不可以排兵出阵；临战的阵势达不到和谐整齐，不可以进军作战；作战行动中将士相互不协调，就不可能取得胜利。所以，具有治国之道的英明君主，将要利用他的民众去作战的时候，定会先去协调关系然后再进行征战。虽然如此，他还不敢自信其内心谋划得正确与否，必会前去祭告祖庙，用大龟占卜凶吉，参看天时变换规律，得到吉兆之后才决定举兵出战。以便让民众知道国君爱护他们的生命，怜惜他们的生死。只有做到像这样周到的地步，然后才能率领他们共同面临危难，那么将士们就会以竭尽全力拼死效忠为荣耀，以临阵后退而脱逃偷生为耻辱了。"

【原文】

吴子曰："夫道者，所以反本复始；义者，所以行事立功；谋者，所以违害就利；要者，所以保业守成①。若行不合道，举不合义，而处大居贵，患必及之。是以圣人绥②之以道，理之以义，动之以礼，抚之以仁。此四德者，修之则兴，废之则衰。故成汤讨桀③而夏民喜悦，周武伐纣而殷人不非④；举顺天人，故能然矣。"

【注释】

①守成：守护前人的成就。守：保持，卫护，守护。

②绥：安抚。

③桀（jié）：（？～前1600年），姒姓，夏后氏，名癸，一名履癸，谥号桀，史称夏桀，帝发之子，夏朝最后一位君主，是历史上有名的暴君。

④非：责备；反对。

【译文】

吴子说:"所谓的'道',是用来恢复人们初始的善良天性的;所谓的'义',是用来行为处事建功立业的;所谓的'谋',是用来趋利避害的;所谓的'要',是用来保全基业守护前人成就的。倘若行为不合符于'道',举动不合符于'义',却官处重要职位,掌握大权,而且身居高贵之列,那么必定会祸患无穷。所以,圣人用'道'来安抚人们而平定天下,用'义'来顺应规律去治理国家,用'礼'来改变民众,用'仁'来抚慰民心。这四种美德,进行修治而后发扬起来国家就兴盛,废弃了国家就会衰亡。所以,商汤讨伐暴君夏桀时,夏民都很高兴,周武王讨伐殷纣王的时候,殷人却不反对。这是由于他们发起的战争顺应天理,合乎人情,所以才能这样啊。"

【原文】

吴子曰:"凡①制国治军,必教之以礼,励之以义,使有耻也。夫人有耻,在大,足以战;在小,足以守矣。然战胜易,守胜难。故曰:'天下战国,五胜者祸,四胜者弊②,三胜者霸,二胜者王,一胜者帝。'是以数胜得天下者稀③,以亡者众。"

【注释】

①凡:但凡,凡是。

②弊:疲弊,衰落,疲惫。

③稀:稀少。

【译文】

吴子说:"但凡管理国家和治理军队,都必须用'礼'来教育人们,用'义'来勉励人们,使人们具有辨别羞耻之心的能力。当人们有了辨别羞耻之心的能力时,在自身力量强大时就能勇猛出战,在力量弱小时也足以顽强坚守。然而,战斗取得胜利比较容易,固守胜利却很艰难。所以说:'全天下喜好战争的国家,五战五胜的,就会招来祸患;四战四胜的,就会国力疲弊;三战三胜的,可以称霸天下;二战二胜的,可以称王;一战一胜的,可以成就帝王大业。'因此,依靠多次战争的胜利而取得天下的很稀少,由此而亡国的却很多。"

【原文】

吴子曰:"凡兵之所起者有五:一曰争名,二曰争利,三曰积恶①,四曰内乱,五曰因饥。其名②又有五:一曰义兵,二曰强兵,三曰刚兵③,四曰暴兵④,五曰逆兵⑤。禁暴救乱曰义,恃众以伐曰强,因怒兴师曰刚,弃礼贪利曰暴,国乱人疲,举事动众曰逆。五者之服,各有其道:义必以礼服,强必以谦服,刚必以辞服,暴必以诈服,逆必以权服。"

【注释】

①积恶:积累的罪恶。
②名:名义,名称。
③刚兵:施之姜注:"刚兵者,因怒而兴师也。"
④暴兵:指凶暴的不义之师。
⑤逆兵:旧指背理而动的军队。

【译文】

吴子说:"凡是出兵征伐的起因有五种:一是争名,二是争利,三是积累的罪恶深重,四是国内昏乱,五是因为饥荒。而用兵的名义也有五种:一是义兵,二是强兵,三是刚兵,四是暴兵,五是逆兵。为了禁止暴虐而拯救祸乱危难的叫义兵;仗恃兵多势众而征伐他国的叫强兵;因为愤怒而兴师讨伐的叫刚兵;背弃礼法贪图利益的不义之师叫暴兵;不顾国乱民疲,背理而兴师动众大举攻伐的叫逆兵。对付这五种不同性质的用兵,若使他们折服,分别有不同的方法:对付义兵就必须以礼法制度去折服他们,对付强兵必须用谦让的姿态悦服他们,对付刚兵必须用强而有力的言辞说服他们,对付暴兵必须用诡诈的计谋制服他们,对付逆兵必须用权柄的威力压服他们。"

【原文】

武侯问曰:"愿闻治兵、料人①、固②国之道。"

起对曰:"古之明王,必谨君臣之礼,饰上下之仪,安集吏民,顺俗而教,简募良才,以备不虞③。昔齐桓募士五万,以霸诸侯;晋文召为前行四万,以获其志;秦缪④置陷陈三万,以服邻敌。故强国之君必料其民,民有胆勇气力者,聚为一卒;乐以进战效力以显其忠勇者,聚为一卒;能逾高超远轻足善走者,聚为一卒;王臣失位而欲见功于上者,聚为一卒;弃城去守欲除其丑者,聚为一卒。此五者,军之练锐⑤也。有此三千人,内出可以决围,外入可以屠城⑥矣。"

【注释】

①料人:判断选择人才。

②固:稳固,巩固。

③不虞:意料不到的事情。

④秦缪:一作"秦缪公",即秦穆公(?~前621年),嬴姓,赵氏,名任好,春秋时期秦国国君,被《史记》认定其为春秋五霸之一。

⑤练锐:精锐。

⑥屠城:原意为破城时杀尽其民。这里指摧毁敌人的城邑。

【译文】

武侯(魏文侯之子)对吴起说:"我想知道关于治理军队、经过揣度而后选择人才,以及稳固国家的方法。"

吴起回答说:"古时候贤明的君王,一定会严谨地恪守君臣之间的礼节,整治尊卑上下之间的仪度,安抚并集中管理官吏与平民,使他们各得其所，顺应习俗而进行教育，选拔征募贤良的人才，以防意料不到的事情发生。从前，齐桓公招募士人五万，才得以称霸诸侯；晋文公招募勇士四万作为前锋，赖以得志于天下；秦穆公建立能够勇于冲锋陷阵的部队三万人，以此来制服邻近的敌国。所以，能够使自己国家强盛的君主，必须善于选择他所需要的人民，把民众之中有胆识、勇武强壮的人，聚集起来编为一队。把乐于展示忠勇、一心效命的人，编为一队。把擅长攀高跃远，而且身手敏捷脚步轻快又善于行走的人，聚集起来编为一队。把王公大臣之中因罪失去官职而又想立功报效君上的人，聚集起来编为一队。把曾经因为败阵弃守城邑，而又想洗刷自己耻辱的人，聚集起来编为一队。那么，这五种编队都将是军队中的精锐部分。如果拥有这样精锐的将士三千人，那么，由内出击可以突破敌人的包围，由外向内进攻，则可以轻而易举地摧毁敌人的城邑。"

【原文】

武侯问曰："愿闻陈①必定、守必固、战必胜之道。"

起对曰："立见且可，岂直闻乎！君能使贤者居上，不肖②者处下，则陈已定矣。民安其田宅，亲其有司③，则守已固矣。百姓皆是吾君而非邻国，则战已胜矣。"

【注释】

①陈：战阵，行列，列阵。

②不肖：不贤，没有才德。

③有司：指主管某部门的官吏。古代设官分职，各有专司，故称有司。

【译文】

武侯问道："我想知道如何能使列阵必稳定、守备必坚固、出战必然胜利的方法。"

吴起回答说："立刻看到如此成效暂且都可以，哪能只是满足于听听而已啊！如果您能将有才德的人加以重用而使他身居上位，没有才德的人不予重用而处于低位，那么战阵就已然稳定了。民众在他们的田地宅院里安居乐业，亲近管理他们的官吏，那么守备就已然坚固了。百姓都拥护自己的国君而共同反对敌国，那么战争就已经胜利了。"

【原文】

武侯尝谋事，群臣莫能及①，罢朝而有喜色。起进曰："昔楚庄王尝谋事，群臣莫能及，退朝而有忧色。申公问曰：'君有忧色，何也？'曰：'寡人闻之，世不绝圣，国不乏②贤，能得其师者王，得其友者霸。今寡人不才，而群臣莫及者，楚国其殆③矣。'此楚庄王之所忧，而君说④之，臣窃惧矣⑤。"于是武侯有惭色⑥。

【注释】

①及：到，赶上。

②乏：缺乏，缺少。

③殆（dài）：危，危险。引据《说文》中解释："殆，危也。"

④说：通"悦"，高兴，喜悦。

⑤窃：私下之意。惧：忧惧。

⑥惭色：羞愧的脸色；感到很惭愧的神色。

【译文】

武侯曾经在朝中商议国事，群臣的见解都不如他，退朝以后他面有喜色。吴起看到这情景便上前进谏说："从前楚庄王曾经和群臣商议国事，那些大臣都不及他，他退朝以后面有忧色。然后申公便问他：'君主您面有忧色，这是为什么呢？'楚庄王回答说：'我听说这世上不会没有圣人，国家不会缺少贤能之人，能得到他们做自己老师的，就可以称王，能够得到他们做朋友的，就可以称霸了。如今我没有才能，而群臣又不如我，楚国真的很危险了。'这就是楚庄王所忧虑的事，可是您却因此而喜悦，微臣我私下可就深感忧惧了。"听了吴起这些话后，武侯的脸上略有惭愧之色。

料敌 第二

【题解】

料敌，就是判断敌情。对于这方面的阐释，吴起提出了一套首先加强战备，然后依据敌情"见可而进，知难而退"，施行"审敌虚实而趋其危"的战略战术。

他主张战前一定要察明敌情，要根据调查敌国的地理形势、气候环境、将士的心理素质、军营阵法和是否有大国的支援等情况制定相应的攻伐策略，时机适宜就速战速决，时机不利就应该避开敌人，不与之接战，只有这样，才能确保胜利。

【原文】

武侯谓吴起曰："今秦胁吾西，楚带①吾南，赵冲吾北，齐临吾东，燕绝吾后，韩居吾前。六国兵四守，势甚不便，忧此奈何？"

起对曰："夫安国家之道②，先戒③为宝。今君已戒，祸其远矣。臣请论六国之俗：夫齐陈④重而不坚，秦陈散而自斗，楚陈整而不久，燕陈守而不走，三晋⑤陈治而不用。"

【注释】

①带：本义大带、束衣的腰带。此指围绕之意。
②安：使安定，使稳定之意。道：方法；道理；事物的规律。
③戒：戒备。
④陈：战阵，行列，列阵。
⑤三晋：原指中国战国时期的赵国、魏国、韩国三国的合称，此处专指韩、赵两国。春秋时期的晋国被战国时期的赵国、魏国、韩国三国所取代，

史称"三家分晋"。

【译文】

武侯对吴起说:"如今秦国威胁着我国的西部,楚国像带子一样围绕着我国的南部,赵国面对着我国的北部,齐国逼临着我国的东部,燕国阻绝着我国的后方,韩国据守在我国的前面。六国军队占据四面八方包围着我们,形势非常不利,我对此很忧虑,应该怎么办呢?"

吴起回答说:"使国家保持安定的方法,事先有戒备是最为宝贵的。如今您已经有了戒备之心,那么离祸患就远了。请允许我评论一下六国军阵的平凡之处:齐国的阵势庞大但不坚固,秦国的阵势分散但能各自为战,楚国的阵势严整但不能持久作战,燕国的阵势善于防守但不善于游走作战,韩、赵两国的阵势治理严明齐整但也不起什么作用。"

【原文】

"夫齐性刚,其国富,君臣骄奢而简于细民①,其政宽而禄不均,一陈两心,前重后轻,故重而不坚。击此之道,必三分之,猎其左右,胁而从之,其陈可坏②。秦性强,其地险,其政严,其赏罚信,其人不让,皆有斗心,故散而自战。击此之道,必先示之以利而引去之,士贪于得而离其将,乘乖③猎散,设伏投机,其将可取。楚性弱,其地广,其政骚④,其民疲,故整而不久。击此之道,袭乱其屯,先夺其气,轻进速退,弊⑤而劳之,勿与战争,其军可败。燕性悫⑥,其民慎,好勇义,寡诈谋,故守而不走。击此之道,触而迫之,陵⑦而远之,驰⑧而后之,则上疑而下惧,谨我车骑必避之路,其将可虏。三晋者,中国也,其性和,其政平,其民疲于战,习于兵,轻其将,薄其禄,士无死志,故治而不用。击此之道,阻陈而压之,众来则拒之,去则追之,以倦⑨其师。此其势也。"

【注释】

①细民:小民,平民百姓。

②可坏:可以攻破。

③乘乖:利用敌军散离的机会。

④政骚：政令紊乱，不安定。骚：动乱，扰乱，不安定。

⑤弊：败，疲困之意。

⑥悫（què）：诚实，厚道，朴实。

⑦陵：古同"凌"，侵犯，欺侮。

⑧驰：追逐；驱车马追逐。

⑨倦：使疲倦，疲惫。

【译文】

"齐国人性情刚强固执，他们的国家富足，但国君和大臣各个骄纵奢侈而忽视平民百姓的利益，他们的政令宽松而体现出俸禄供给的分配不均匀，共在同一战阵之中却是各自怀有二心，兵力部署前重后轻，所以他们的阵势庞大但不坚固。攻击他们的方法，就是必须把我们的军队划分为三个部分，各以一队人马侧击他们的左右两翼，另以一队人马乘其两肋受攻击之势而从正面出击，那么他们的阵势就可以攻破了。秦人的性情强悍，他们居处的地形险要，国家的政令严格，他们的赏罚严明讲求诚信，他们的将士人人在

临阵之时争先恐后，个个都是斗志旺盛，所以才说他们即便是在分散的阵势之中也能各自为战。攻打他们的方法，必须首先展示给他们大大的利益以便前去引诱他们，致使那些士卒因为贪图利益而脱离其将领的掌控，那么就可以利用敌军离散的机会，趁其混乱之时攻取他们零散的军队，并设置伏兵，利用精准时机发兵，那么他们的将领就可以顺利擒获。楚国人性情柔弱，他们的领土广阔，但国家的政令紊乱不定，致使他们的民力疲倦，所以导致他们的阵势虽然严整却不能持久。攻打他们的方法，就是要进行奇袭而扰乱他们屯兵的驻地，先挫败他们的士气，随后突然袭击，再快速撤退，就这样劳累他们而使其疲于应付，千万不要和他们缠在一起决战，这样反复进退就可以打败他们的军队。燕国人性情诚实厚道而行动谨慎，崇尚勇敢正义，缺少狡诈机谋，所以他们善于固守而不善于流动作战。攻打他们的方法，就是一接触就压迫他们的气势，侵犯以后就马上撤退而远离他们，然后驱车马追逐并攻打他们的后方，这样，就会使他们的将领疑惑战机，同时士卒心生恐惧，然后谨慎地将我方军队的人马隐蔽在他们撤退必经的道路上，那么，他们的将领就能很快被俘虏。赵国、韩国，都属于中原的国家了，他们的性情平和，国家的政治安定，他们的民众疲于战争惑乱，即便是操练兵马进而熟习军事，也是轻视他们的将帅，供给他们微薄的俸禄，致使将士们都没有以死报国的志向，所以，他们治理的阵势虽然整齐但不中用。攻打他们的方法，就是用强大的阵势迫近进而压住他们的气势，倘若众多兵将前来进攻就列出方阵抵挡他们，如果对方撤退就奋勇追击他们，采用这样的战术使他们的军队疲惫衰弱。这就是应对六国的大概形势了。"

【原文】

"然则①一军之中必有虎贲②之士，力轻扛鼎，足轻戎马③，搴旗斩将④，必有能者。若此之等，选而别之，爱而贵之，是谓军命。其有工用五兵，材力健疾，志在吞敌者，必加其爵列⑤，可以决胜。厚其父母妻子，劝赏畏罚⑥，此坚陈之士，可与持久。能审料此，可以击倍⑦。"

武侯曰："善！"

【注释】

①然则：连词，用在句子开头，表示"既然这样，那么……"或"虽然如此，那么……"

②虎贲（bēn）：军中骁勇者，勇士。

③戎马：军马，战马。借指军事、战争。

④搴（qiān）旗斩将：形容英勇善战。即指拔取敌方旗帜，斩杀敌人将领。搴旗：指拔取敌方旗帜。引据《广韵》："搴，取也。"

⑤爵列：即爵位。爵是古代皇帝对贵戚功臣的封赐。

⑥劝赏：乐于行赏。畏罚：敬畏刑罚。

⑦倍：加倍，成倍；照原数等加。

【译文】

"既然这样，那么在我们全军之中，就必定要有骁勇的将士，他们力气之大可以轻易地举起大鼎，行动轻捷犹如足下生风而能追上战马，在战场之上能够夺取敌方旗帜，斩杀敌人将领，像这样勇武就一定是有能力的人。如果遇到这等骁勇的人才，必须选拔出来并且俸禄给养都要有别于他人，更要爱护并重用他们，这样的人才堪称是军队的命脉。他们当中凡是善于使用各种兵器、身强力壮、动作敏捷、志在杀敌的，就一定要给他们加官晋爵，这样就可以依靠他们决战取胜。然后还要优待他们的父母妻子，乐于行赏鼓励他们，并用惩罚去警诫他们而使其敬畏刑罚，这样精选下来坚守阵地的将士，就可以用来进行持久战斗。若能清楚地审察预料这些问题，就可以打败成倍的敌人了。"

武候说："很好！"

【原文】

吴子曰："凡料敌①，有不卜②而与之战者八：一曰疾风大寒，早兴寐迁，刊木济水③，不惮④艰难；二曰盛夏炎热，晏兴无间，行驱饥渴，务于取远；三曰师既淹久，粮食无有，百姓怨怒，妖祥数起，上不能止；四曰军资既竭，薪刍⑤既寡，天多阴雨，欲掠无所；五曰徒众不多，水地不利⑥，人马疾疫，四邻不至；六曰道远日暮，士众劳惧，倦而未食，解甲而息⑦。七曰将薄吏轻，士卒不固，三军数惊，师徒无助；八曰陈而未定，舍而未毕，行阪涉险⑧，半隐半出。诸如此者，击之勿疑。

"有不占而避之者六：一曰土地广大，人民富众；二曰上爱其下，惠施流布⑨；三曰赏信刑察，发必得时；四曰陈功居列，任贤使能；五曰师徒之众，兵甲之精；六曰四邻之助，大国之援。凡此不如敌人，避之勿疑，所谓见可而进，知难而退也。"

【注释】

①料敌：判断敌情。

②不卜：不必占卜。

③刊木：砍伐树木。济水：渡河，渡水。

④惮：忌惮，畏惧。这里指顾及。

⑤薪刍：薪柴和牧草。

⑥水地：泛指地理形势。不利：有害；没有好处。

⑦解甲而息：卸下盔甲而停下来休息。解甲：脱下作战时穿的盔甲。

⑧阪：山坡；斜坡。涉险：进入到险要境地。

⑨流布：流传散布。

【译文】

吴起说："凡是判断敌情，不必占卜就可与其交战的有八种情况：第一种是在大风严寒之中，昼夜行军，一路之上砍伐树木架桥渡河，不顾行军路途艰难的；第二种是在炎热的盛夏行军，出发很迟，途中也不休息，行军急速，又饥又渴，只顾着赶往远方的；第三种是军队出兵已久，粮食用尽而去搜刮百姓，引起百姓怨恨愤怒，致使灾异的凶兆屡次出现，将帅不能制止的；第四种是军用物资已经耗尽，柴草也已经所剩不多，再加上天气不好，时常阴雨连绵，想去掠夺却没有可去之处的；第五种是兵力不多，地理形势不占据有利条件，造成人马多有患病瘟疫，四周临近的援军不能及时赶到的；第六种是行走了遥远的路途而临近日暮之时，将士们都已经感到疲劳恐惧，而且十分困倦又没吃晚饭，卸下盔甲而停下来休息的；第七种是将帅冷漠、官吏轻视下人而丧失威信，造成士卒人心不稳定，三军屡次惊慌失措，军师徒众都感到孤立无援的；第八种是战阵部署紊乱而尚未安定，宿营的居室还没搭建完毕，军队行进到山坡而进入了险要境地，但是人马断断续续地一半隐没一半出现的。如果遇到诸多像这样情况的，都应该快速攻打而不要迟疑。

"不必占卜吉凶而应该避免和敌军对战的情况有六种：一是国家的疆土地域广大，人口众多而且生活富足的；二是身居上位的爱护其下属，恩惠布施能够流传散布的；三是明察刑事而能够赏罚严明，行军出发必定能够及时的；四是论述功劳大小而进行列位排序，能够任用贤能的；五是军队的将才徒众人数众多，武器装备精良的；六是有四周临近的援军帮助，又有其他大国支援的。凡是这些条件都不如敌人时，就应避免和他们作战而不必迟疑，这就是所谓的见可而进，知难而退的兵法啊。"

【原文】

武侯问曰："吾欲观敌之外以知其内，察其进以知其止，以定胜负，可得闻①乎？"

起对曰："敌人之来，荡荡无虑，旌旗烦乱，人马数顾②，一可击十，必使无措③。诸侯未会，君臣未和，沟垒未成，禁令未施，三军匈匈④，欲前不能，欲去不敢，以半击倍，百战不殆⑤。"

【注释】

①闻：听。

②顾：回头看，泛指看。

③无措：不知如何应付。形容极其惶恐。

④匈匈：即"洶洶"，喧哗，纷乱。

⑤百战不殆：经历许多次战役，都没有遭到危险。殆：本义是危险。也可是陷入困境的意思。

【译文】

武候问道："我想通过观察敌人的外部表现来了解他们的内部情况，通过观察敌人的行进状态来了解他们安营停下来以后的真实意图，从而能够准确判定开战的胜负，你可以把这其中要领说给我听听吗？"

吴起回答说："敌人到来之时，虽然队列浩浩荡荡但显得行动散漫而无所顾虑，旌旗飘扬但是显得纷乱不整，人马数目虽多却是东张西望犹疑不定，这样的情况下就算是以一击十，也必定会使敌人惊慌失措而不知如何应对战况。正当各路诸侯的军队尚未会合，君臣之间的战略意见尚未统一，砌筑防御工事尚未完成，军中禁令尚未实施，三军将士喧哗不止吵吵嚷嚷，想前进不能前进，想后退又不敢后退，在这种情况下，就算是以半数人马去攻打他们成倍的兵马，也可以经历百次战役而不会陷入困境。"

【原文】

武候问敌必可击之道。

起对曰："用兵必须审敌虚实而趋其危。敌人远来新至，行列未定，可击；既①食未设备，可击；奔走，可击；勤劳②，可击；未得地利，可击；失时不从，可击；旌旗乱动，可击；涉长道，后行未息，可击；涉水半渡，可击；险道狭路，可击；陈数移动，可击；将离士卒，可击；心怖③，可击。凡若④此者，选锐⑤冲之，分兵继之，急击勿疑。"

【注释】

①既：已经。

②勤劳：疲劳。勤：劳倦，辛苦。

③心怖：心中恐惧。

④若：如，像。

⑤锐：精锐。

【译文】

武侯又问吴起，敌人在什么情况下才可以攻击的策略。

吴起回答说："用兵的关键是必须要先去审察敌人的虚实，之后才能伺机快速攻击他们的弱点。敌人远征而来到了新的地方，趁他们行军队列尚未稳定，可以攻击；刚吃完饭，军中尚未部署戒备，可以攻击；慌乱奔走的时候，可以攻击；当敌军将士们疲劳的时候，可以攻击；尚未占据有利地形的时候，可以攻击；失去天时，气候季节对敌人不利的时候，可以攻击；敌军旌旗飘摇队列混乱的时候，可以攻击；经历长途跋涉，道路之上其后队尚未得到休息的时候，可以攻击；敌人蹚水过河走到一半路程的时候，可以攻击；走进险道狭隘路段的时候，可以攻击；战阵频繁移动的时候，可以攻击；将帅脱离军中士卒的时候，可以攻击；军中将士心中恐惧的时候，可以攻击。凡是遇到上述情况的时候，就可以先选派精锐的战队冲向敌人，然后陆续派遣兵力接应他们，切记一定要迅速进击，不可迟疑。"

治兵 第三

【题解】

治兵，就是如何治理军队的意思。

全篇共分八小节，主要论述了进军需要遵循"四轻、二重、一信"的首要行军之道，怎样取胜的作战策略，如何进行士卒训练以及编队的阵法，怎样使用教战之令指挥军队前进与停止，以及驯养军马的方法等相关问题。并且针对士卒在战斗中往往死于自己没有技能，败于没有熟习阵法的缺陷，侧重提出了用兵的最佳方法，首先是教导和训戒，说明了只有在士气旺盛、赏罚分明、车马装备精良等全面提升了，才更有胜利的把握。

【原文】

武侯问曰："用兵之道何先？"

起对曰："先明'四轻''二重''一信'。"

曰："何谓也？"

对曰："使地轻马，马轻车，车轻人，人轻战。明知险易，则地轻马；刍秣①以时，则马轻车；膏𫓧②有余，则车轻人；锋锐甲坚③，则人轻战。进有重赏，退有重刑。行之以信。审④能达此，此胜之主也。"

【注释】

①刍秣：统指喂牛马的草料。刍为喂牛羊的草饲料；秣为喂马的谷饲料。

②膏𫓧（gāo jiàn）：是指给车轴铁涂抹油类，使之润滑。

③锋锐甲坚：武器锋利，铠甲坚固。

④审：一定，果然，确实。

【译文】

武侯问吴起说:"用兵的策略中什么是首要的?"

吴起回答说:"首先要懂得'四轻''二重''一信'。"

武侯又问道:"这话怎么讲呢?"

吴起回答说:"'四轻',就是所处地形便于驰马,马便于驾车,车便于载人,人便于战斗。了解地形的艰险与容易,那么就能利用地形的优势,便于驰马;如果饲养牛马时所用的草料能够注意适时添放,那么马就能适应饮食规律而便于驾车;如果车轴上经常涂抹适量的油类保持润滑,那么车就便于载人;如果能保持武器锋利,铠甲坚固,那么人就能便于战斗。'二重',就是进身战场就会得到重赏,而擅自后退就会得到重刑。'一信',就是履行赏罚必须坚守一种诚信。如果确实能够做到这些,那么就是掌握了胜利的首要条件。

【原文】

武侯问曰:"兵何以为胜?"

起对曰:"以治为胜。"

又问曰:"不在众寡?"

对曰:"若法令不明,赏罚不信,金①之不止,鼓②之不进,虽有百万,何益于用?所谓治者,居③则有礼,动则有威,进不可当,退不可追,前却有节,左右应麾④,虽绝成陈⑤,虽散成行。与之安,与之危,其众可合而不可离⑥,可用而不可疲,投之所往,天下莫当。名曰父子之兵。"

【注释】

①金:古代军队中用以指挥停止或撤退的锣或其他金属制品。比如,鸣金收兵。

②鼓:古代战场上通常击鼓以示进攻。

③居:平时。

④麾(huī):古代指挥军队的旗子,这里用为指挥之意。

⑤陈:通"阵",阵形,阵列。

⑥离：离散。

【译文】

武侯问道："请问军队依靠什么取得胜利呢？"

吴起回答说："依靠严格治军就能打胜仗。"

武侯又问道："不在于兵力的多少吗？"

吴起回答说："如果军中的法令不严明，赏罚时不讲求信用，鸣金之时将士不知道停止攻击而收兵，擂鼓之时也不知道向前进攻，即使有百万之众，又有什么用处？所谓治理好军队，就是平时守礼法，交战之时有威势，前进之时锐不可当，后退之时速度飞快而不可追及，无论前进后退都有节制，左右移动听指挥，虽然人马被敌军隔断，但仍能保持各自的阵形，虽被冲散但仍能恢复行列。军中上下之间能够同安乐，也能够共患难，这样的军队能团结一致而不会离散，能连续作战而不会疲惫，无论统领指向哪里，打遍天下也不能被阻挡。这种阵的名称就叫父子兵。"

【原文】

吴子曰："凡行军之道，无犯进止之节，无失饮食之适①，无绝人马之力。此三者，所以任②其上令。任其上令，则治之所由生也。若进止不度③，饮食不适，马疲人倦而不解舍④，所以不任其上令。上令既废⑤，以居则乱，以战则败。"

【注释】

①失：违背。适：切合，适时，适宜。

②任：服从。

③度：本意是计量，计算之意。这里是法度的意思。

④解舍：犹休止之意。

⑤既：不久，随即，马上。废：废止，中止。

【译文】

吴子说："一般用兵作战的原则，是不要打乱前进和停止的节奏，不要违背适时供给饮食的规律，不要耗尽人马的体力。这三项原则，就是为了使军队能服从上级的命令。如果能够服从上级的命令，那么治理好军队的根基也就由此而产生了。如果军队是采取前进还是停止攻击都不合法度，士卒的饮食也不能适时供给，人马已经疲惫不堪了却得不到休息，这些都会造成士卒不服从将领的命令。将领的命令被废弃了，按这样发展下去，和平时期必然混乱，以此状态作战也必定会失败。"

【原文】

吴子曰："凡兵战之场，立尸之地，必死则生，幸生则死。其善将者，如坐漏船之中，伏①烧屋之下，使智者不及谋②，勇者不及怒③，受敌④可也。故曰，用兵之害，犹豫最大；三军⑤之灾，生于狐疑⑥。"

【注释】

①伏：趴，伏卧。

②谋：谋划。

③怒：奋起；奋发。形容气势盛。

④受敌：迎战敌人。

⑤三军：古时指中军、上军、下军或中军、左军、右军。现指陆军、

空军、海军。后统称军队。

⑥狐疑：小心翼翼，迟疑不决，不敢轻易行动。

【译文】

吴子说："但凡两军交战的场地，都是列阵厮杀甚至流血阵亡的地方。如果抱着必死的决心就会闯出一条生路，侥幸偷生反而会遭到灭亡。所以，那些善于指挥作战的将领，要让士卒如同坐在漏船之上，或者伏卧在燃烧的房舍之下那样，必须马上采取行动进攻，因为在这种紧急情况下，即使机智的人也来不及去周密谋划，勇敢的人也来不及去振奋军威，只能当机立断，奋力拼搏，以这种状态去迎战敌人，就能取得胜利。因此说，用兵的害处，当属犹豫最大，而全军失利的灾祸，多是产生于迟疑不决。"

【原文】

吴子曰："夫人①常死其所不能，败其所不便②。故用兵之法，教戒③为先。一人学战，教成十人；十人学战，教成百人；百人学战，教成千人；千人学战，教成万人；万人学战，教成三军。以近待远，以佚待劳④，以饱待饥。圆而方之，坐而起之，行而止之，左而右之，前而后之，分而合之，结而解之，每变皆习⑤，乃授其兵。是谓将事。"

【注释】

①人：指代士卒。

②不便：不熟习。

③教戒：教导和训戒。

④以佚待劳：同"以逸待劳"。多指作战时采取守势，养精蓄锐，让敌人来攻，然后乘其疲劳，战而胜之。

⑤习：熟习。指学过后再反复地练习，使熟练。

【译文】

吴子说："士卒在战斗中往往死于自己没有技能，败于自己没有熟习阵法。所以用兵的最佳方法，首先是教导和训戒。一个人学会战斗本领了，可以教会十人；十人学会战术了，可以教会百人；百人学会战术了，可以教会千人；千人学会战术，可以教会万人；万人学会战术，可以教会全军上下。在战术实施上，要以近待远，以逸待劳，以我军的温饱对阵敌方的饥渴。在阵法应用上，号令一出，圆阵随时可以变为方阵，改坚守坐降变为立阵出击，前进之中也能随时听令停止，向左改变方向成为向右的列队，向前行进而变成向后的列队，分散的战阵马上聚合在一起，集结的战阵能够瞬间分散，各种队列变化都熟习了，才授以士卒兵器。这些都是身为将领应该熟知的事情。"

【原文】

吴子曰："教战之令，短①者持矛戟，长②者持弓弩，强者持旌旗③，勇者持金鼓，弱者给厮养，智者为谋主。乡里相比，什伍相保④。一鼓整兵，二鼓习陈，三鼓趋⑤食，四鼓严辨⑥，五鼓就行。闻鼓声合，然后举旗。"

【注释】

①短：身材矮小。

②长：身材高大。

③旌旗：旗帜。

④什伍：古代军队编制，五人为伍，十人为什，称什伍。亦泛指军队的基层建制。相保：相联相保。

⑤趋：快步走，急速。

⑥辨：辨明。

【译文】

吴子说："教导战阵的法则通常是，身体矮小的使用矛和戟，身体高大的使用弓弩，身体强壮的举着旗帜，勇敢的士卒就奉命手拿金与鼓，体弱的人就让他们负责饲养，聪明的人就提拔出来为主将出谋划策共同抗敌。同乡同里的编在一起可以相互亲近，而五人为伍，十人为什，这样的编排就可以彼此之间互相联保。在军队行动的信号方面也有严格要求，击打一通鼓就开始整理兵器，击打两通鼓就马上熟习列阵，击打三通鼓就迅速前去就餐，击打四通鼓就立刻严格辨明各种器物的功用，击打五通鼓就已经站好队列准备出发。此时,听到鼓乐齐鸣,相应相合,然后一声令下,就可以举旗挥使军队向前进发。"

【原文】

武侯问曰:"三军进止,岂有道乎?"

起对曰:"无当天灶①,无当龙头②。天灶者,大谷之口;龙头者,大山之端。必左青龙,右白虎,前朱雀,后玄武,招摇在上,从事于下。将战之时,审③候风所从来。风顺致呼而从之,风逆坚陈④以待之。"

【注释】

①天灶:是指古代兵家称大山谷之口。

②龙头:龙是中国等东亚区域古代神话传说中的神异动物,为鳞虫之长。常用来象征祥瑞。这里指大山之巅。

③审:仔细思考,反复分析、推究结果。

④坚陈:坚守阵地。

【译文】

武侯问道:"军队前进与停止,还有什么一定的规则吗?"

吴起回答说:"不要在'天灶'扎营,不要在'龙头'上驻兵。所谓的天灶,就是大山谷的出入口;所谓的龙头,就是大山的顶端。在军队指挥方面,必须左军用青龙旗,右军用白虎旗,前军用朱雀旗,后军用玄武旗,中军用招摇旗在高处指挥,军队在其指挥下能够听取号令而行动。将要开战的时刻,还要仔细观察风向从何而来。顺风时就招引士卒呼啸而上乘势进击,逆风时就坚守阵地,等待时机。"

【原文】

武侯问曰:"凡畜①卒骑,岂有方乎?"

起对曰:"夫马,必安其处所,适其水草,节其饥饱。冬则温厩,夏则凉庑②。刻剔毛鬣③,谨落四下。戢④其耳目,无令惊骇⑤。习其驰逐,闲其进止。人马相亲,然后可使。车骑之具,鞍、勒、衔、辔⑥,必令完坚。凡马不伤于末，必伤于始；不伤于饥，必伤于饱。日暮道远，必数上下；宁劳于人，慎无劳马；常令有余，备敌覆我。能明此者，横行天下。"

【注释】

①畜（xù）：此处用作动词。饲养，驯服的意思。

②庑（wǔ）：堂下廊屋；屋檐。这里指马棚。

③鬣（liè）：马、狮子等一些哺乳动物颈上又长又密的毛。

④戢（jí）：训练。

⑤惊骇：意指惊慌害怕。骇，惊吓、害怕。

⑥辔（pèi）：驾驭牲口用的缰绳。

【译文】

武侯问道："一般驯养军马，又有什么方法呢？"

吴起回答说："军马的饲养处所一定要安适，饮水和喂食草料都要用量适当，对于把握它们的饥饱要有节制。冬天则要保持马厩的温暖，夏天则要注意马棚的凉爽。在一定的时间内修剪它们的鬃毛，细心地为它们铲蹄钉掌。训练战马的听力和视力，让它们熟悉各种声音和颜色，使它们不致于突然见到那些时受到惊吓。让它们每天练习奔驰追逐，间或熟悉前进与停止的指令。而且还要做到人马相亲，然后才能在战场之上使用自如。牵马和骑马的装备器具也要准备妥当，比如马鞍、笼头、嚼子、缰绳等物件，必须使其完整坚固。通常马匹不是伤于使用到最后时，就是伤于一开始使用之时；不是伤于过于饥饿，就是伤于过饱。当天色已晚但路程依然遥远时，就必须使乘坐马上与下地步行数次交替进行才可以；就是宁可人疲劳一些，也要小心地不能使军马太过于劳累；要经常保持战马有余力，以防敌军突然袭击而消灭自己。能够懂得这些道理，就能畅行疆场，天下无敌。"

论将 第四

【题解】

吴子在论将方面倡导但凡将领都要文武全才、刚柔兼备，要具有"理、备、果、戒、约"的才能，还要掌握用兵的"四机"，更不能忽视选拔具备"威、德、仁、勇"的良将。

另一方面，吴子提出作战时还要察明敌将的才干。利用敌将的不同特点采取不同的对战谋略，他把敌将分为愚而信、贪而忽名、轻变无谋、富而骄、进退多疑等类别，并且分别制定了诈而诱、货而赂、离而间、震而走、邀而取的应战策略。以此，通篇读完之后，使人不得不折服于吴子胜人一筹的战略思想和谋略眼光。

【原文】

吴子曰："夫总文武者，军之将也；兼刚柔者，兵之事也。凡人论将，常观于勇。勇之于将，乃数分之一尔①。夫勇者必轻合②，轻合而不知利，未可也。故将之所慎者五：一曰理，二曰备，三曰果，四曰戒，五曰约。理者，治众如治寡；备者，出门如见敌；果者，临敌不怀生；戒者，虽克③如始战；约者，法令省而不烦。受命而不辞，敌破而后言④返，将之礼也。故师出之日，有死之荣，无生之辱。"

【注释】

①乃：只，只是，仅仅。尔：通"耳"，用在句末，可译为"而已""罢了"。

②轻合：轻率交战。

③克：攻克。

④破：打败。言：号令。

【译文】

吴子说："那种总体上展现出文武兼备的人，才可以胜任将领；能够刚柔并用的人，才能统军作战。一般人对于将领的评价，通常是只看他是否勇敢。其实，勇敢对于将领来说，只是应该具备的若干条件之一而已。像那单凭勇敢行事的人，必定会轻率交战，那种轻率交战而不考虑利害关系的行为，是不可取的。所以，身为将领所要格外谨慎做到的有五条原则：一是理，二是备，三是果，四是戒，五是约。所谓的理，就是治理众多的士卒如同治理少数士卒一样有条理；所谓的备，就是无论何时率领军队走出营门都要像面对敌人一样有所防备；所谓的果，就是在临阵对敌之时力求果敢，不心怀畏惧而只顾个人的生死；所谓的戒，就是虽然攻克敌军而获胜，但还是要如同初战时那样谨慎戒备；所谓的约，就是设置法令要简约明了而不烦琐。接受命令态度坚定而决不推诿，打败了敌人之后就下令班师回返，这是将领应该遵守的最佳行为准则。所以自出征那一天起，将领就已经下定决心，宁可拥有战死的荣耀，也绝不忍辱偷生。"

【原文】

吴子曰："凡兵有四机①：

一曰气机，二曰地机，三曰事机，四曰力机。三军之众，百万之师，张设②轻重，在于一人，是谓气机；路狭道险，名山大塞，十夫所守，千夫不过，是谓地机；善行间谍③，轻兵往来，分散其众，使其君臣相怨，上下相咎④，是为事机；车坚管辖，舟利橹楫，士习战陈，马闲⑤驰逐，是谓力机。知此四者，乃可为将。然其威、德、仁、勇，必足以率下安众，怖敌决疑⑥。施令而下不敢犯，所在寇不敢敌。得之国强，去之国亡，是谓良将。"

【注释】

①机：时机，合宜的时候。

②张设：部署；设置。

③间：挑拨离间之意。谍：秘密刺探军事、政治及经济方面的情报。

④咎：责备，追究罪过。

⑤闲：古同"娴"，熟习，通晓，娴熟。

⑥怖：恐吓。这里有威慑之意。决疑：决断疑难。

【译文】

吴子说："凡是用兵都有四个关键的最佳时机：一是掌握士气旺盛的大好时机，二是利用地形占据优势的最佳时机，三是运用计谋得当而占有大好进攻之势的时机，四是备战力量充实的良好时机。统领三军之众，拥有百万兵马的雄师，而部署战局掌握士气的盛衰，都在于将领一人，这是掌握军中士气的关键；利用狭路险道，凭借名山要塞为屏障，就算是只有十人防守，千人也不能通过，这是利用地形优势的关键；善于使用挑拨离间的人去刺探敌人的军事秘密，派遣少部分人来往于敌我之间，反复骚扰敌人以便分散其众多的兵力，使他们的君臣之间互相怨恨，全军上下互相责难，这是运用计谋的关键；战车的轮轴插销要做得坚固而不能擅自离开统辖的区域，船只的橹和桨都要做得适用而使船只利于驰行，士卒要熟习战阵，马匹要娴熟于驰骋追逐，这就是战备力量充实的关键。能懂得这四个关键时机的把握，才可以成为将领。但是，他的威信、品德、仁爱、勇敢，都必须足以表率全军，而且能够安抚士众，能够威慑敌军又能决断疑难。将领所发布的命令而下属不敢违犯，所到达的地方而贼寇不敢抵抗。

得到这样的将领国家就能强盛，失去他，国家就会危亡。这样的人才就叫作良将。"

【原文】

吴子曰："夫鼙鼓金铎①，所以威耳；旌旗麾帜②，所以威目；禁令刑罚，所以威心。耳威③于声，不可不清；目威于色，不可不明；心威于刑，不可不严。三者不立，虽有其国，必败于敌。故曰：将之所麾④，莫不从移；将之所指，莫⑤前死。"

【注释】

①鼙鼓（pí gǔ）：是中国古代军队中用的大鼓小鼓，汉以后亦名骑鼓。金铎：即铎。古乐器名称。

②麾帜：将帅的旗帜。

③威：敬畏；威慑。

④麾（huī）：古代指挥军队的旗子，这里用为指挥之意。

⑤莫不：无不；没有一个不。

【译文】

吴子说："鼙鼓金铎，是用来指挥军队从听觉上使人感应威慑的号令；旌旗麾帜，是用来指挥军队而从视觉上使人感应威慑的号令；设置禁令刑罚，是用来威慑全军军心的法纪。耳朵敬畏于声音，所以有声音传来就不可不听清楚；眼睛敬畏于颜色，所以出现的颜色不可不鲜明；军心受拘束于刑罚，所以，刑罚不可不严格。这三者如果不确立，即使掌握全国的军队，也必败于敌。所以说：将领所发布的命令，士卒没有一个不依令而行的；将领所指向的地方，军中没有一个不拼死向前的。"

【原文】

吴子曰："凡战之要，必先占①其将而察其才，因形用权，则不劳而功举。其将愚而信人，可诈而诱；贪而忽名，可货而赂；轻变无谋，可劳而困；上富而骄，下贫而怨，可离而间；进退多疑，其众无依，可震而走；

士轻其将而有归志，塞易开险，可邀而取；进道易，退道难，可来而前；进道险，退道易，可薄而击；居军下湿，水无所通，霖雨②数至，可灌而沈③；居军荒泽④，草楚幽秽⑤，风飙⑥数至，可焚而灭；停久不移，将士懈怠，其军不备，可潜而袭。"

【注释】

①占：窥察，打探。

②霖雨：连绵大雨。

③沈：同"沉"。指没入水中，淹没之意。

④荒泽：荒芜的沼泽。

⑤幽秽：草木丛生貌。

⑥风飙（biāo）：暴风、狂风。

【译文】

吴子说："一般来说，作战最重要的是，必须先去窥察敌将是谁，还要充分知晓他的才能，因为只有根据敌方军中的具体情况采取权变的方法，才能不费多大力气，就可以一举取得成功。如果敌将愚昧而喜欢轻信于人，那么就可以用欺诈的手段来引诱他；如果敌将贪图利益而忽视个人名节，那么就可以利用财物而去收买他；对于轻率地变更计划而无深谋远虑的，可以围困他而使其疲劳不堪；对于上级富裕而骄横，下级贫穷而怨愤的军队，可以离间他们而使其分散；是进是退总是犹豫不决，军中众人无所依从的，可以运用我方军威加以震慑而吓跑他们；士卒藐视其将领而产生急欲回家意向的，就堵塞平坦道路而假装打开一条险阻道路，然后就可以采用拦截战术消灭他们；敌人进路容易，退路艰难，可以引诱他们前来深入其中再予以消灭；敌人进路艰难，退路容易，就可以迫近以后再迅猛攻击他们；如果敌人处于低洼潮湿的地方，而且水路上没有可通往之处，又赶上连绵大雨反复降临，就可以利用大水漫灌的战术而淹没他们；如果敌军处于荒芜的沼泽地带，而且草木丛生，常有狂风频频刮起，那么就可以采用大火焚烧的攻击战术消灭他们；如果敌军长久地停留一地而不拔营出发，那么将士必然会精神懈怠，军中也没有了戒备之心，那么就可以潜伏起来而突然偷袭他们。

【原文】

武侯问曰："两军相望，不知其将，我欲相之①，其术如何？"

起对曰："令贱②而勇者，将轻锐以尝③之，务于北④，无务于得。观敌之来，一坐一起，其政以理，其追北佯为不及，其见利佯为不知，如此将者，名为智将，勿与战矣。若其众谨哗，旌旗烦乱，其卒自行自止，其兵或纵或横，其追北恐不及，见利恐不得，此为愚将，虽众可获。"

【注释】

①相望：对峙；对阵。我欲相之：我想要去察明这件事。相：察看，判断；察明。

②贱：旧时指地位卑下的人。

③轻锐：身手轻捷精锐的士卒。尝：试，试探。

④北：指打了败仗往回逃，败北。

【译文】

武侯问道："两军对阵，不知敌将的才能，我想去察明这件事，该用什么方法呢？"

吴起回答说："命令地位卑下但很勇敢的官吏，率领身手轻捷精锐的士辛编队前去试探着攻击敌人，但是务必要打败仗往回逃，不必求得胜利。这样就能观察到敌人追过来时的表现，如果敌人每次前进和停止，他们在指挥和行动上都能够有条不紊，比如，他们追击败北的军队时假装追不上，他们见到战利品也假装没看见，像这样的将领，可以称为是有智谋的将才，就不要同他们交战了。如果敌人不知谨慎行进而喧哗吵闹，军中的旗帜纷乱，他们的士卒自由行进或者停步不前，所有的兵器横七竖八杂乱不堪，他们追击败北的军队唯恐追不上，见到战利品唯恐得不到，这一定是愚昧的将领所统率的军队，敌军虽然人马众多，但也可以轻而易举地将他擒获。"

应变　第五

【题解】

应变，就是指如何应对战场之上所出现的各种情况变化。对于这些变化，文中逐一做了详细说明。

对于战场之上，难免有突发状况的发生，所以吴起认为，平时注重对士卒应战能力的训练很重要，具体的教练内容比如：让士卒熟悉金、鼓、旗、铃等指挥号令，"昼以旌旗幡麾为节，夜以金鼓笳笛为节。麾左而左，麾右而右。鼓之则进，金之则止。一吹而行，再吹而聚"；军中赏罚要"进有重赏，退有重刑，行之以信"；在敌众我寡，地形狭窄，突然与敌遭遇等恶劣情况下，应该如何面对，一直都是用兵作战当中的难题，而吴起都能作以详细分析与解答。可以说，只要善于观察，英明果断，就能"三军服威，士卒用命，则战无强敌，攻无坚阵矣"。

【原文】

武侯问曰："车坚马良，将勇兵强，卒①遇敌人，乱而失行，则如之何？"

起对曰："凡战之法，昼以旌旗幡麾②为节，夜以金鼓笳笛③为节。麾左而左，麾右而右。鼓之则进，金之则止。一吹而行，再吹而聚。不从令者诛④。三军服威，士卒用命，则战无强敌，攻无坚陈矣。"

【注释】

①卒（cù）：通"猝"，突然。

②幡麾（fān huī）：指挥用的幡旗。

③笳笛：古代军中用以指挥节度士兵的乐器。

④诛：治罪，惩罚，甚至诛杀。

【译文】

武侯问道："战车坚固，马匹驯良，将领勇敢，士卒强壮，如果突然遭遇敌人，军队被冲散，乱得不成行列，那应该怎么办呢？"

吴起回答说："一般作战的方法，白天用旌旗幡麾来指挥，夜间用金鼓笳笛来指挥。指挥向左就向左，指挥向右就向右。擂鼓就前进，鸣金就停止。第一次吹笳笛就整装准备行动，第二次吹笳笛就迅速会合。对于不听从号令的就治罪，严重者就诛杀。如此训练三军将士畏服威严，士卒都能听从命令，那么就没有打不败的强敌，也没有攻不破的坚阵了。"

【原文】

武侯问曰："若敌众我寡，为之奈何？"

起对曰："避之于易，邀之于厄①。故曰：以一击十，莫善于厄；以十击百，莫善于险；以千击万，莫善于阻。今有少卒，卒②起击金鼓于厄路，虽有大众，莫不惊动③。故曰：用众者务易④，用少者务隘。"

【注释】

①厄（è）：形容窄，小或者困厄。

②少：少数。（前）卒：士卒。（后）卒：同"猝"，猝然，突然。

③惊动：惊慌骚动。

④易：简易，这里指平坦开阔的地形。

【译文】

武侯问："如果敌人众多而我军人少，这种情况下应该怎么办呢？"

吴起回答说："避免在平坦地形上和敌军交战，而是要设法在狭窄险要的地带截击他们。所以说：以一击十，莫过于善于利用狭窄困厄之地；以十击百，莫过于善于利用险要地形；以千击万，莫过于善于利用阻绝地带。如果我军只有少数兵力，实然在险要路段击鼓那么即使敌人众多，也没有谁不会惊慌骚动。所以说：使用众多兵力作战，务必选择平坦开阔的地形；使用少数兵力作战，务必选择险要狭窄的地形。"

【原文】

武侯问曰："有师甚重，既武且勇，背大险阻，右山左水，深沟高垒，守以强弩，退如山移①，进如风雨，粮食又多，难与长守，则如之何？"

对曰："大哉问乎！此非车骑之力，圣人之谋也。能备千乘万骑，兼之徒步，分为五军，各军一衢②。夫五军五衢，敌人必惑，莫之所加。敌人若坚守以固其兵，急行间谍③以观其虑。彼听吾说，解之而去；不听吾说，斩使焚书④，分为五战，战胜勿追，不胜疾归。如是佯北⑤，安行疾斗，一结其前，一绝其后，两军衔枚⑥，或左或右，而袭其处。五军交至，必有其利。此击强之道也。"

【注释】

①退如山移：撤退时稳如大山移动。

②衢（qú）：泛指道路。

③间谍：指从事秘密刺探消息的人，从敌对方或竞争对手那里刺探机密情报或是进行破坏活动，以此来使其所效力的一方有利。古代亦叫

"细作"。

④斩使焚书：斩杀使节，烧毁书信。

⑤佯北：假装败北。北：败北，败退。

⑥衔枚：古代行军时口中衔着枚，以防出声。此指秘密行动。

【译文】

武侯问："敌军兵多将广，既有良好的武器装备，而且将士们个个都很勇猛，阵营安扎的位置背靠高山，占据险要阻绝之地，右翼阵队依山，左翼阵队靠水，挖掘了深深的沟壕而且又修筑了高高的堡垒，调集强弩用作守备，因此他们后退稳如大山移动，前进急如暴风骤雨，而且粮食也很充足，我们很难与敌军持久对战，这种情况下应该怎么办呢？"

吴起回答说："您提的问题很重大啊！这不是单靠战车兵马的力量就能取胜的，而是要依靠大智之人高明的计谋才行啊。如果能准备战车千辆，骑兵万人，再加上大量步兵，并把他们分成五支军队，每支军队分别奔向一条道路。像这样五支军队奔向五个方向的道路，敌人必然会感到迷惑，不知我军将要攻打哪里。如果敌人拼命坚持加强防守，以此来稳固自己的军队，我们就立刻派出善于刺探机密的使节前去摸清他们的意图。假如敌人听信了我方使节的劝说而撤兵，我军也撤兵离开那里；如果不听劝告，反而斩杀我方使节，烧毁我方的书信，我们就五路战队一同发起进攻。出战胜利也不要追击，不能取胜就迅速撤回。如果想采用假装败退，以此来引诱敌人，就应该命令其中一支军队安稳地行进然后突然迅猛地发起进攻，其它四路军，一支军队在前方牵制敌人，一支军队负责断绝敌人后路，另外两支军队不要发出声响而秘密行动，分别从左右两侧，猛烈袭击敌人据守的地方。像这样五军合力攻击，必然会形成有利态势。这就是攻打强敌的有效方法。"

【原文】

武侯问曰："敌近而薄①我，欲去无路，我众甚惧，为之奈何？"

对曰："为此之术②，若我众彼寡，各分而乘之；彼众我寡，以方从之；

从之无息，虽众可服。"

武侯问曰："若遇敌于谿谷之间，傍多险阻，彼众我寡，为之奈何？"

起对曰："遇诸丘陵、林谷、深山、大泽，疾行亟去③，勿得从容。若高山深谷，卒然相遇，必先鼓噪④而乘之，进弓与弩，且射且虏。审察其政，乱则击之勿疑。"

【注释】

①薄：迫近。

②术：策略，方法。

③亟去：迅速通过，快速离开。亟：快速，急切。

④鼓噪：指鸣鼓喧哗；擂鼓呐喊。

【译文】

武侯问道："敌人步步逼近而迫使我军与之交战，我军想摆脱他们却没有路可走，我军将士都很恐惧，这种情况下应该怎么办呢？"

吴起回答说："解决这一问题的方法也很容易，如果我众敌寡，可以分兵几路包围敌人；如果敌众我寡，可以集中兵力袭击敌人，不断地袭击他们，敌人虽然众多也可以制服。"

武侯问道："如果在溪谷之间与敌军相遇，况且两旁都是险峻阻绝的地形，而且敌众我寡，应该如何解决这个问题呢？"

吴起回答说："遇到诸如那些丘陵、森林、谷地、深山、大泽等不利地形，都应极速前进快速通过，千万不能行动迟缓。如果在高山深谷突然与敌军遭遇，务必要率先击鼓呐喊，乘势冲乱敌军队伍，进而再把弓弩手调到最前方，一边射杀敌人，一边俘获军吏，刺探虚实以便考虑计谋。同时还要观察敌军的阵势是否混乱，如果发现敌军阵队混乱，就毫不迟疑地全力对敌军发起进攻。"

【原文】

武侯问曰："左右高山，地甚狭迫，卒遇敌人，击之不敢，去之不得，为之奈何？"

起对曰:"此谓谷战,虽众不用。募吾材士①与敌相当,轻足利兵以为前行,分车列骑隐于四旁,相去数里,无见其兵,敌必坚陈②,进退不敢。于是出旌列旆③,行出山外营④之,敌人必惧。车骑挑之,勿令得休。此谷战之法也。"

武侯问曰:"吾与敌相遇大水之泽,倾轮没辕⑤,水薄车骑,舟楫不设,进退不得,为之奈何?"

起对曰:"此谓水战,无用车骑,且留其傍。登高四望,必得水情,知其广狭,尽其浅深,乃可为奇以胜之。敌若绝水,半渡而薄之。"

【注释】

①募:招募,挑选之意。材士:材力之士,即有才能的士卒。

②坚陈:坚守阵地。陈:同"阵",阵地。

③旆(pèi):泛指旌旗。

④营:迷惑。

⑤倾轮没(mò)辕:水势倾陷了车轮,淹没了车辕。

【译文】

武侯问道:"如果行军时左右是高山,地形特别狭窄,这时候突然与敌军遭遇,既不敢进攻,又没有退路可走,面对这种情况应该怎么办呢?"

吴起回答说:"这叫谷地战,此时虽然兵力众多但也不能发挥作用。所以,应当挑选我军当中有材力的士卒组成阵队与敌军相对抗,派遣轻捷善走的士卒手持锐利的武器作为前锋部队,而把车骑分散隐蔽在四周,与前锋阵队相距几里之远,注意不要暴露自己的兵力,这样一来,敌人摸不清我军虚实,必然会坚守阵地,不敢前进,也不敢后退。于是,我军就可以派遣一部分兵力举起旌旗张列旗帜,然后列队走出山外去迷惑扰乱敌人,敌人见此情景必然会恐惧。这时就可以用车骑之兵向敌军挑战,不要让他们有喘息的机会,自然就会因疲惫而败。这就是谷地战的方法。"

武侯问道:"如果我军与敌军相遇于大水汇聚的地带,水势倾陷了车轮,淹没了车辕,车骑都有被洪水吞没的危险,此时又没有准备船只,因此前进后退都很困难,这种情况下应该怎么办呢?"

吴起回答说:"这种情况就叫水战,这时候所有的车骑都无法使用,那么就需要暂且把它们留在岸边。尽快登高向四处观望,一定要弄清水势情况,了解水面的宽窄,尽力查明水的深浅,才可以根据实情制定谋略而出奇制胜。如果敌人渡水而来,就可以乘其半渡未上岸之时而迫近攻打他们。"

【原文】

武侯问曰:"天久连雨,马陷车止,四面受敌,三军惊骇①,为之奈何?"

起对曰:"凡用车者,阴湿则停,阳燥则起;贵高贱下,驰其强车;若进若止,必从其道。敌人若起,必逐其迹。"

武侯问曰:"暴寇②卒来,掠吾田野,取吾牛羊,则如之何?"

起对曰:"暴寇之来,必虑其强,善守勿应。彼将暮去,其装必重,其心必恐,还退务速,必有不属。追而击之,其兵可覆。"

吴子曰:"凡攻敌围城之道,城邑既破,各入其宫,御其禄秩③,收其器物。军之所至,无刊其木、发其屋、取其粟、杀其六畜、燔其积聚④,

示民无残心。其有请降，许而安之。

【注释】

①惊骇：惊恐害怕。

②暴寇：残暴的敌人。

③禄秩：官吏食禄的品级；俸禄。

④燔（fán）：焚烧。积聚：积蓄的钱财物品。

【译文】

武侯问道："如果天气恶劣阴雨连绵，车马深陷其中寸步难行，况且是四面受敌，全军惶恐，这种情况下应该怎么办呢？"

吴起回答说："凡是用战车作战的，遇到阴雨泥泞的情况就停止前进，等到天晴地面干燥以后就立即行动；要选择高处而避开低洼之处行进，切记驾驶战车迅速飞驰；不论前进或停止，都必须选择自认为安全的道路。如果有敌人战车行驶在前，就务必沿着它的车迹追踪而去。"

武侯问道："如果有强暴的敌人突然到来，掠夺我的庄稼，抢劫我的牛羊，这种情况下应该怎么办呢？"

吴起回答说："如果强暴的敌人前来进攻，就必须要考虑到他们的强大，应该妥善地严加防守，不要应战。等到敌人傍晚撤走时，他们车辆装载的东西必然沉重，他们的心理也必然会恐惧，而撤退返回的时候务必力求迅速，因此，一定会有相互来不及联系的。这时候追逐他们并且猛烈攻打，就可以使他们全军覆没了。"

吴起说："一般围攻敌城的原则，如果是城邑既被攻破，就分别进驻它的官府，控制和使用城中原有官吏的食禄，没收他们的武器物资。军队所到之处，不准砍伐树木、毁坏房屋、擅取粮食、宰杀牲畜、焚烧仓库的积蓄，以表明对民众没有残暴之心。城邑之中如果有请降的，应该允许并安抚他们。"

励士　第六

【题解】

励士，就是鼓励将士立功。本篇从不同角度讲述了对待将士力求论功行赏，崇礼遵命的重要性，并以此勉励全体将士，从而使三军将士都能心甘情愿地争相建立功勋。

具体在励士方面，吴起不主张完全依靠"严刑明罚"来鼓励士气，而是主张用主动的犒赏来激励士气，促使更多的人主动立功。他不但主张武侯在庙堂上论功行赏，而且不忽视对功臣家里父母妻子的奖赏，更不遗弃阵亡者的家眷。如此一来，使立功者没有后顾之忧，更能死心塌地为诸侯卖力，以致于后来出现以少胜多的伟大战绩。吴子的军事主张，无不反映了他卓越的战略思想，真不愧为军事大家。

【原文】

武侯问曰："严刑明赏，足以胜乎？"

起对曰："严明之事，臣不能悉①。虽然，非所恃②也。夫发号布令，而人乐闻③；兴师动众④，而人乐战；交兵接刃，而人乐死。此三者，人主之所恃也。"

武侯曰："致之奈何？"

起对曰："君举有功而进飨⑤之，无功而励之。"

【注释】

①悉：详尽地知道，了解。

②恃（shì）：依赖，仗着，依靠。

③闻：听从，接受。

④兴师动众：兴：发动；众：大队人马。旧指大规模出兵。现多指动用很多人力做某件事。

⑤飨（xiǎng）：用酒食慰劳，犒赏。

【译文】

武侯问道："只要赏罚严明，就足以能打胜仗了吗？"

吴起回答说："对于赏罚严明这件事，微臣我没能详尽地了解。虽然这很重要，但不能完全依靠它。只要发出号召颁布军令，而人们都乐于听从；大规模发动人马前去打仗，而人们都能乐于参战；两军交战，兵刃相接，而人们都能争相冲锋陷阵，乐于拼死效忠。这三种人，才是君主所应该依靠的。"

武侯说："怎样才能达到这样的结果呢？"

吴起回答说："您选拔出有功勋的人，进而举行盛大宴会犒赏他们，这对于暂时没有功劳的人也是一种勉励。"

【原文】

于是武侯设坐庙廷，为三行，飨士大夫。上功坐前行，肴席兼重器、上牢①；次功坐中行，肴席，器差减；无功坐后行，肴席，无重器②。

飨毕③而出，又颁赐④有功者父母妻子于庙门外，亦以功为差。有死事之家，岁被使者劳赐其父母，著⑤不忘于心。

【注释】

①牢：古代祭祀或宴享时用的牲畜，其中牛羊豕各一只叫太牢，羊豕各一叫少牢。

②重器：珍贵的酒食器具。

③飨毕：酒宴结束。

④颁赐：赏赐；分赏。

⑤著：显明，显扬。

【译文】

于是，武侯设宴席于祖庙之中，宴请各位士大夫，共分三排座位。立上等功的都坐在前排，食用上等的酒席菜肴并且使用贵重的餐具，另有上等的猪、牛、羊三畜也一应俱全；二等功绩的坐中排，酒席菜肴和餐具较为差些；没有功绩的坐后排，只有酒席菜肴而没有贵重的餐具。酒宴结束后大家一起出来，武侯又在庙门外赏赐了有功绩的人的父母妻子，也是按照功劳大小而分别有所差异。对于那些有死难将士的家里，每年都派遣使者前去慰问并赏赐他们的父母，显明自己心里始终没有忘记他们。

【原文】

行之三年，秦人兴师，临于西河。魏士闻之，不待吏令，介胄①而奋击之者以万数。

武侯召吴起而谓曰："子前日之教行②矣。"

起对曰："臣闻人有短长，气有盛衰。君试发无功者五万人，臣请率以当之。脱③其不胜，取笑于诸侯，失权于天下矣。今使一死贼④伏于旷野，千人追之，莫不枭视狼顾⑤。何者？忌其暴起⑥而害己。是以一人投命⑦，足惧千夫。今臣以五万之众，而为一死贼，率以讨之，固难敌矣。"

【注释】

①介胄（jiè zhòu）：铠甲和头盔。

②行：将要。

③脱：连词。表示假设，相当于"倘若"。

④使：假如，假使；如果。死贼：触犯死罪的盗贼。

⑤枭视狼顾：如枭盯视，如狼频顾。形容行动警惕，有所畏忌。

⑥忌：害怕，畏惧。暴起：突然跳起。

⑦投命：舍命；拼命。

【译文】

这个办法实行了三年，秦国出动大量兵马前来讨伐，军队已经逼近魏国的西河边境。此时，魏国的士卒听到这个消息以后，不等官吏发布御敌命令，自动把铠甲和头盔穿戴整齐准备奋勇抗敌的人就数以万计。

于是，武侯召见吴起并且对他说："先生您以前教导我的办法，现在将要见到成效了。"

吴起回答说："我听说，人有短处也有长处，士气有盛也有衰。您不妨试一试派发五万名没有立过功的人出征，微臣我请求率领众人前去抵挡秦军。倘若这次出战不能取得胜利，毫无疑问就会被诸侯讥笑，也会使魏国因此而丧失权威于天下了，不过，我很有信心。如今假使有一个犯了死罪的盗贼，隐伏在空旷的荒郊野外，我们派遣一千个人去追捕他，没有一个不像枭鸟和野狼那样瞻前顾后有所警惕的。这是为什么呢？因为是害怕他突然跳出来而伤害了自己。所以说，一个人奋起拼命，足以使千人畏惧。现在我选用这众多的五万人，就像是那个犯了死罪的盗贼一样，率领他们前去征讨敌人，敌人固然是很难抵挡了。"

【原文】

于是武侯从之，兼车五百乘，骑①三千匹，而破秦五十万众，此励士之功②也。

先战一日，吴起令三军曰："诸吏士当从受敌。车骑与徒③，若车不得车，骑不得骑，徒不得徒，虽破军皆无功。"故战之日，其令不烦④而威震天下。

【注释】

①骑：此处指代战马。

②功：效果，功效。

③徒：步行。这里指步兵。

④烦：烦琐，繁多。

【译文】

于是，武侯听从了吴起的意见，并且派给他战车五百辆，战马三千匹，结果打败了五十万秦军，这无疑是鼓励将士的功效。

在作战的前一天，吴起号令三军将士说："诸位小吏以及士卒们应当听从命令去和敌人战斗。无论车兵、骑兵还是步兵，如果车兵不能缴获敌人的战车，骑兵不能俘获敌人的骑兵，步兵不能俘获敌人的步兵，即使打败敌人，也都不能算是有功绩。"所以开战的那天，他的号令不多，却是战果辉煌，从此也更加威名远播而震撼天下了。

司马法

仁本

【题解】

本篇讨论了战争的目的和治理国家与军队的方法，即"以仁为本"的治军、治国之道和"以战止战"的战争目的。

因为战争本身就是残酷的，并且战场的特殊性也难以让人把战争与仁慈联系起来。但本文能够从战争的目的性出发，论述了战争目的是止战，而战争本身正是消灭战争的手段。同时作者认为，战争不应该只追求在战场上击败敌人，还应该从心理上征服击败敌人，所以在战争中有必要做到仁、义、礼、信，只有这样才能彻底战胜敌人。同时还阐述了战争是为何而战、战争与国家政治的关系、战争如何才能取胜以及出征交战的策略，主张进行"义战"，同时要"慎战"和"备战"。总之，这些观点对于军事政治思想是一个很好的警告。

【原文】

古者，以仁①为本，以义治之之谓正②。正不获意则权③。权出于战，不出于中人④。是故杀人安人，杀之可也；攻其国，爱其民，攻之可也；以战止战，虽战可也。故仁见亲，义见说，智见恃，勇见身，信见信。内得爱焉，所以守也；外得威焉，所以战也。战道⑤：不违时⑥，不历民病⑦，所以爱吾民也；不加丧，不因凶，所以爱夫其民也；冬夏不兴师，所以兼爱其民也。故国虽大，好战必亡；天下虽安，忘战必危。天下既平，天下大恺⑧，春蒐秋狝⑨。诸侯春振旅⑩，秋治兵，所以不忘战也。

【注释】

①仁：仁爱。这里指人与人之间相互亲爱。"仁"是中国古代一种含义

极广的道德观念，其核心指人与人相互亲爱。孔子以"仁"作为最高的道德标准。

②义：这里指合乎礼法规定的行为规范。正：常例，常法。

③获意：满足自己的意愿。权：这里指权变，权变，指灵活应付随时变化的情况。权指职责范围内支配和指挥的力量，变指性质状态或情形和以前不同。

④中人：中，即中庸之道。人，此处通"仁"，仁爱。

⑤战道：作战的原则。

⑥时：时令，这里指农时。即适宜于从事耕种、收获的时节。

⑦不历民病：不在民众疾病流行时选择兴兵作战。历，选择。

⑧天下大恺：举国同欢。恺：这里指军队胜利后所奏的乐曲。

⑨蒐（sōu），这里指春季打猎。狝（xiǎn），秋季打猎。

⑩振旅：整治军队。

【译文】

古时候的人，都会把仁爱当作为人根本，用合乎礼法规定的行为规范来治理国家和军队，这种方法我们称之为常法。如果这种常法不能满足自己的心愿，那就要用权变来实现自己的目的。权变，是从战争中演变出来的，而不是来自于中庸之道和仁爱。所以说，如果杀人能使天下其他人都能得到安宁的话，那么杀死这种人是可以的；如果攻打这个国家的出发

点是为了保护这个国家的百姓，那么攻打它是可以的；如果通过战争能够平息战乱的话，那么即使发动战争也是可以的。所以，国君应该以仁爱治国，才能使百姓愿意亲近他，做一个正义的国君，百姓就会喜爱他，做一个有智慧的国君，百姓就会依靠他，做一个勇敢的国君，百姓就会效仿他，做一个讲信用的国君，百姓就会信任他。这样，在国内就能得到民众的爱戴，从而能够军民一心，共同守卫国家；同时，对外也能具有震慑的力量，使其他国家忌惮我们的力量而不敢与我们交战，借以战胜敌人。通常来讲，作战的原则是：不能违背农耕之时，不选择在民众疾病流行时兴兵作战，是为了关心爱护我们自己国家的百姓；不要趁别的国家办丧事的时候去攻打他们，也不要趁别的国家发生自然灾害的时候去攻打他们，这是为了关心爱护敌国的百姓；冬天和夏天不要兴师发动战争，这样做既能关心爱护我们国家的百姓，还能兼顾关爱敌国的百姓，这是兼爱天下的行为。所以说，即便这个国家很强大，但是喜欢无端地发起战争，那么这个国家就一定会灭亡；天下虽然看起来很安定，但是倘若这个国家不知为战争做准备，那么这个国家就一定会有危险。因此，即使如今天下太平，举国同欢，平时也不能忘记训练军队，在每年春天和秋天的时候可以通过打猎的方式来训练军队。各个诸侯国也要在每年春天的时候整顿军队，每年秋天的时候训练军队，这都是时刻不忘记备战的表现。

【原文】

古者，逐奔①不过百步，纵绥不过三舍②，是以明其礼也。不穷不能③而哀怜伤病，是以明其仁也。成列而鼓④，是以明其信也。争义不争利，是以明其义也。又能舍服⑤，是以明其勇也。知终知始，是以明其智也。六德⑥以时合教，以为民纪之道也，自古之政也。

先王之治，顺天之道，设地之宜，官司之德，而正名治物，立国辨职⑦，以爵分禄，诸侯说怀，海外⑧来服，狱弭而兵寝⑨，圣德之治也。

【注释】

①逐奔：追击逃跑的敌人。

②纵：追赶。绥（suí）：临阵退军，向后撤。三舍：古时一舍为三十里，三舍共九十里。

③不穷不能：穷，穷追不舍。不能，失去战斗力的军队。

④成列而鼓：成列，列好阵势。鼓，击鼓进军。

⑤舍服：饶恕投降的敌人。舍：放过，饶恕。服：投降的敌人。

⑥六德：这里指"仁""义""礼""智""信""勇"六种道德。

⑦立国：指建立诸侯国。辩职：指明确公、侯、伯、子、男等职。

⑧海外：这里指中原地区以外的国家。

⑨狱弭：没有人打官司。兵寝：平息战争。

【译文】

古代的人，在战场上追击逃跑的敌军时，通常不会超过一百步，追击主动临阵撤退的敌军时，不会超过九十里，这样做的目的是为了表示我们的礼让。对于那些已经丧失了战斗能力的敌军不要穷追不舍，也不要残害他们，反而应该同情他们并为他们治伤，这样做的目的是为了表示我们的仁爱。两军交战时，要先等敌军布好阵势之后，我们再击鼓进军，这样做的目的是为了表示我们的诚信。力求获得大义而不去追逐蝇头小利，这样做的目的是为了表示我们的正义。对于已经投降的敌军，我们不杀害他们，而是将他们放回去，这样做的目的是为了表示我们的勇敢。能够预测战争的开始和结局，自始至终都能掌握战略动向，这就能充分彰显我们统帅的智慧。对于百姓，要以仁、义、礼、智、信、勇这六种道德来教化他们，并且作为管理百姓的准则，这都是自古以来常用的治军作战方法。

以前的君王治理国家时，会上顺应自然规律，下合乎地理条件，任用贤能的人为官，而且教导他们公正廉洁各司其职，根据国家的需要在各地分别设立诸侯国，明确公、侯、伯、子等职位等级，并且根据爵位的高低来发放俸禄，这样一来，诸侯们就都会心悦诚服，就连中原地区以外的国家也会向往归顺，长此以往，民间不会有人打官司，天下间也不会再有战乱发生，这就是圣明的君王用仁德治理天下的结果。

【原文】

其次，贤王制礼乐法度，乃作五刑①，兴甲兵以讨不义。巡狩省方，会诸侯，考不同②。其有失命、乱常、背德、逆天之时，而危有功之君，遍告③于诸侯，彰明有罪。乃告于皇天④上帝日月星辰，祷于后土四海神祇山川⑤冢社，乃造于先王。然后冢宰⑥征师于诸侯曰："某国为不道，征之，以某年月日师至于某国，会天于正刑"。冢宰与百官布令于军曰："入罪人之地，无暴神祇，无行田猎，无毁土功，无燔⑦墙屋，无伐林木，无取六畜、禾黍⑧、器械。见其老幼，奉归勿伤。虽遇壮者，不校勿敌⑨，敌若伤之，医药归之。"既诛有罪，王及诸侯修正其国，举贤立明，正复厥职⑩。

【注释】

①五刑：我国古代的五种刑罚，通常指墨、劓（yì）、剕（fèi）、宫、大辟。有时候也指笞（chī）、杖、徒、流、死。

②巡狩：谓天子出行，视察邦国州郡。省方：巡视四方；察看各地民情风俗。省：察看。考不同：考核诸侯有没有违反礼制的行为。

③遍（biàn）告：这里指通告。

④皇天：古时人们认为至高无上的神。

⑤后土：土地神。四海神祇：四方的群神。山川：指山

神和水神。

⑥冢宰：官名。即太宰。位次三公，为六卿之首。

⑦燔（fán）：烧毁。

⑧禾黍（shǔ）：指粮食作物。

⑨不校勿敌：校（jiào），对抗。此句指如果强壮的人不对抗，就不要将他看作敌人。

⑩正复厥（jué）职：恢复他们的职务。

【译文】

其次，贤明的君王善于建立礼乐制度，于是就设置了墨、劓、刖、宫、大辟这五种刑罚来惩治罪犯，发动铠甲之兵使用武力来讨伐不义之人。他们会亲自去巡视各诸侯的领地，了解各地的风土人情，会见诸侯，并考察各诸侯有没有违反礼乐制度的行为。如果发现有哪个国家的诸侯玩忽职守无视法令、扰乱礼乐制度、违背道德伦常、违逆天道行事以及迫害有功的君子，就通告于天下各路诸侯，列举这些人的罪行，并将他们的罪行公布于天下。然后设坛祭祀，将他们的罪行禀告于上苍神灵、日月星辰，并向土地神、山神、水神和四方的群神祷告，再向死去的先王们祭告。然后由太宰向各诸侯国调集军队，并在三军将士面前发布公文说："某一个国家没有道义，我们要去讨伐他们，规定在某年某月某日抵达某一个国家，会同天子的正义之师前去攻打这个国家。"所有的军队集结完毕以后，由冢宰和百官一起向军队发布军令："在进入这个有过失的国家地界以后，不能侮辱这个国家的神明，不能在这个国家打猎，不能毁坏这个国家的土建水利工事，不能烧毁这个国家的房屋，不能随意砍伐这个国家的树木，不能随便杀害这个国家的牲畜，不能抢夺田野上的粮食和民众家中的财物器具，见到老人和小孩，要把他们送回家而不能伤害他们。如果遇到青壮年，只要他们不攻击我们，就不要伤害他们，如果他们受伤了，就为他们治伤，治好之后，再把他们送回家。"在惩罚了有罪过的人以后，天子和诸侯们还要协助治理匡正这个国家，重新选举贤能的人才，另立一个贤明的君主，扶正恢复这个国家各级官员的职务。

【原文】

王霸①之所以治诸侯者六：以土地形②诸侯，以政令平诸侯，以礼信亲诸侯，以材力③说诸侯，以谋人维诸侯，以兵革服④诸侯。同患同利以合诸侯，比小事大⑤以和诸侯。

会之以发禁⑥者九：凭弱犯寡则眚⑦之。贼⑧贤害民则伐之。暴内陵外则坛之。野荒民散则削之。负固不服则侵之。贼杀其亲则正之。放弑其君则残之。犯令陵政则杜之。外内乱⑨，禽兽行⑩，则灭之。

【注释】

①王霸：这里指统治天下的天子。
②形：规范。
③材力：财物。
④服：这里的服是使动用法，使……臣服。
⑤比小事大：大国亲近小国，小国侍奉大国。
⑥发禁：颁布禁令。
⑦凭：欺凌。眚（shěng）：通"省"，削减的意思。
⑧贼：迫害，伤害。
⑨外内乱：内外淫乱。
⑩禽兽行：行为与禽兽一样。

【译文】

统治天下的天子之所以能征服各路诸侯，方法是以下六种：用分封土地的大小去规范诸侯的权势，用政策法令约束诸侯的行为，用礼义和诚信亲近诸侯，用赏赐财物俸禄去悦服诸侯，任用有智谋的人去辅佐诸侯，用自己强大的军事能力震慑诸侯。还要用同患难和共同享受利益的理念使各路诸侯联系在一起，令大国亲近小国，小国侍奉大国，这样一来，天下就会太平，各诸侯国之间也能和平共处。

天子将各个诸侯整合统一后就会颁布以下九项禁令：如果哪个国家恃强凌弱，就削弱这个国家。如果哪个国家残害百姓屠戮忠良，就发兵讨伐这个国家。如果哪个国家对内施行暴政，对外又去侵略别的国家，就筑坛誓师废掉这个国家的君王。如果哪个国家出现田野荒芜，百姓生活窘迫而四处逃散，就削减这个诸侯国的封地。如果哪个国家仗着封地地势险要难攻而不服从天子命令，就攻打这个国家。如果哪个国家的诸侯迫害自己的亲戚骨肉，就按法律严惩他。如果哪个国家的臣下驱逐或者弑杀自己君王，就诛杀他连同党羽，还要毁灭他的家园。如果哪个国家触犯禁令，也不执行天子政令，就孤立它，断绝其与相邻诸侯国的往来。如果哪个国家的诸侯内外淫乱，行为处事如同禽兽，就发兵消灭这个国家。

天子之义

【题解】

本篇主要探讨了如何治军，特别是从国君行为准则的角度探讨了如何治理军队。提出天子的行为准则，必须取法于天地，借鉴古代的圣贤君主，使自己的行为有所依凭。在规范君主的行为依据时，作者同时还强调了"教民"的重要性，提出了"士不先教，不可用"的主张，从君民两个方面论述了国家治理的法则。

在谈到治军与治国时，作者提出了"国容不入军，军容不入国"的精湛论断，主张军队和政治的礼仪制度不能相互逾越，必须保持各自的独立性。在论述奖惩善恶的问题上，作者提倡奖赏和惩罚都要及时进行，但一定要恪守赏罚要有度的原则，以培养将士不夸功、上下都能主动承担错误的谦让之风。

对一个国家而言，要使自己的军队在战场上百战百胜，就必须形成一种良好的军民关系，君主要善于调动军队的积极性，因此适度的奖惩措施是很有必要的。重用真正有才能之人为国出力，一定要善于选拔良将，同时君主还要坚持用人不疑的原则，要结合"将在外军令有所不受"的特殊性，不能用朝廷的礼节规范来要求军队，只有这样，军队才能有强大的战斗力，才能所向披靡，战无不胜。

所以说，国家要崇尚礼仪，军队要崇尚法令，二者互为补充，并行不悖才能使国家安定而不至于发生祸乱。

【原文】

天子之义①，必纯取法天地而观于先圣。士庶②之义，必奉于父母而正于君长。故虽有明君，士不先教，不可用也。

古之教民，必立贵贱之伦经，使不相陵。德义不相逾，材技不相掩，勇力不相犯，故力同而意和也。

古者，国容③不入军，军容④不入国，故德义不相逾。上贵不伐⑤之士，不伐之士，上之器⑥也，苟⑦不伐则无求，无求则不争。国中之听，必得其情，军旅之听，必得其宜，故材技不相掩。从命为士上赏，犯命为士上戮，故勇力不相犯。既致教其民，然后谨选而使之。事极修，则百官给矣，教极省，则民兴良矣，习贯成，则民体俗⑧矣，教化之至也。

古者，逐奔不远，纵绥⑨不及。不远则难诱，不及则难陷⑩。以礼为固，以仁为胜。既胜之后，其教可复，是以君子贵之也。

【注释】

①天子之义：天子治国的准则。

②士庶：贵族和平民。士：一指贵族，一指古代四民之一，即农工商以外学道艺、习武勇的人。庶：指平民，百姓。

③国容：朝廷的礼仪制度。

④军容：军中的礼仪制度。

⑤伐：炫耀。

⑥上之器：国君器重的杰出人士。

⑦苟：如果，假使。

⑧体俗：按照好的风俗办事。

⑨纵绥：追赶撤退的敌人。

⑩陷：这里指被敌人设的陷阱所害。

【译文】

天子治国的准则，是一定要取法天地，而且要以古代贤君的治国方式为借鉴。贵族和百姓为人处世的准则，是一定要奉养父母，还要不偏离于国君和尊长的教导。所以，即使是贤明的国君，如果不事先对国内的贵族和百姓进行教育，那么这些人也是不可以任用的。

古代的国君教育百姓，必然会先去建立上、下、尊、卑的人伦道德规范，从而使贵与贱、上与下之间互不侵犯。德行和道义不会相互逾越，有才能技艺的人不会被埋没，有勇力之人不敢违犯命令，只有这样，才能举国上下同心同德、团结一致。

古时候，朝廷中的礼仪制度不能用在军队之中，同样，军队之中的礼仪制度也不适用于朝廷，所以，德行和道义才不会相互逾越。国君对于那些不炫耀自己功劳的人很是敬佩，不炫耀自己功劳的人将来一定会成为国君所器重的杰出人才，因为如果能做到有成就而不炫耀，这说明他没有欲望，没有欲望的人，就不会与别人争夺功名利禄。在朝廷之中听取这些人的意见去处理事务，就能掌握国家的实际情况；在军队中听取这些人的意见去处理事务，事情就会得到妥善处理，这样，那些有才能技艺的人才不会被埋没。对于那些服从命令的人，上一级就要赏赐他们，对于那些违抗命令的人，上一级就要重罚他们，能做到像这样的赏罚分明，那些有勇力的人才不会违抗命令。对待百姓，首先要教化他们，然后再慎重地从他们之中选拔出人才予以任用。如果被选拔出来的各级官吏能把各项事业都治理得很好，那么他们也就算是尽到自己的职责了。如果教育民众的内容能够简单明了，那么百姓们也就容易学得会，自然而然就会形成一种积极上进的社会风气，这种习惯一旦形成，百姓们就会按照好的习俗办事，这便是教育所能达到的最大成效。

古时候善于指挥军队的将领，率军追击败逃的敌军时不会穷追不舍，在追击主动撤退的敌军时不迫近而保持一定的距离。不对敌军穷追不舍，就不会受到敌人诱骗而进入对方的圈套，保持一定的距离不迫近，就不会误闯入敌军设置的陷阱。在整顿军队时，要用礼仪制度来规范，这样的军队才能同心同德而趋于稳固；要以仁爱为宗旨，这样才能在战场上取得胜利。战争取得胜利后，这种方法也要经常使用，因为这些方法在治理国家和军队时很有效，所以君子们都很重视使用这套方法。

【原文】

有虞氏①戒于国中，欲民体其命也。夏后氏②誓于军中，欲民先成其虑也。殷③誓于军门之外，欲民先意以行事也。周④将交刃而誓之，以致民志⑤也。

夏后氏正其德也，未用兵之刃，故其兵不杂。殷义也，始用兵之刃矣。周力也，尽用兵之刃矣。

夏赏于朝，贵善⑥也。殷戮于市⑦，威不善⑧也。周赏于朝，戮于市，劝君子惧小人⑨也。三王彰其德一也。

兵不杂则不利。长兵以卫，短兵以守。太长则难犯⑩，太短则不及。太轻则锐，锐则易乱。太重则钝，钝则不济。

【注释】

①有虞氏：这是中国上古时代的部落名。有虞氏部落的始祖是虞幕。此人是黄帝的曾孙，在山西南、河南西北一带活动，都城在蒲坂（今山西运城市永济市）。舜为虞幕的后裔，接受禅让后，史称虞舜帝，是中华远古的三皇五帝之一。

②夏后氏：这是我国第一个世袭王朝，夏朝王族以国为氏，为夏后氏，简称夏，禹是这个部落的首领。禹受舜禅，后禹将帝位传给儿子启，启因此建立夏王朝，夏启又称夏后氏。

③殷：这里指商朝，是中国历史上的第二个朝代。商朝创始君主是商。

④周：这里指周朝周武王。周朝是中国历史上继商朝之后的王朝，是周武王灭商后建立的政权。以公元前770年周平王迁都洛邑为标志，周朝划分为西周和东周两个时期。

⑤民志：这里指激发兵士必胜的决心。

⑥贵善：重视那些有善行的人。

⑦戮于市：在闹市区执行死刑。

⑧威不善：威慑那些想做坏事的人。

⑨惧小人：这里的惧是使动用法，使……感到恐惧。

⑩难犯：不可触犯。这里指兵器难以操控，不便使用。

【译文】

有虞氏（虞舜）会在战争前夕告诫国内的百姓，他这么做的目的是为了让百姓们了解他下达的命令。夏后氏（夏启）于战争前夕在军中誓师，他这么做的目的是为了让士兵们有思想准备。殷（商汤）在战争前夕于军营的门外誓师，他这么做的目的是为了让士兵们了解他的作战计划以便行动。周（武王）会在两军即将交战的时候誓师，他这么做的目的是为了鼓舞士气、激发士兵们的战斗激情和必胜的决心。

夏后氏（禹）以仁德

赢得天下，几乎没有经历过战争，所以那时候的兵器种类比较单一，商汤以仁义赢得天下，但那时也开始使用武力和兵器了。周武王以武力赢得天下，所以那时候的战争使用了各种各样的兵器。

夏朝善于在朝廷上当众赏赐有功劳的人，目的是鼓励人们向善。商朝善于在集市上当众惩罚罪犯，目的是为了震慑那些为非作歹的恶人。周朝既会在朝廷上当众赏赐有功劳的人，又会在集市上当众惩罚罪犯，这样做，既勉励了君子，同时也使小人感到恐惧。夏朝、商朝和周朝这三个国家的国君虽然各自用的方法不一样，但他们的目的是一样的，都是为了引导人们向善。

如果各种各样的兵器不能交替配合使用，在战场上就会因受兵器的限制而无法发挥最大的战斗力。长兵器是用来掩护短兵器的，短兵器适合于近距离战斗中的防守。如果兵器太长，用起来很不灵活难以操控，如果兵器太短，根本就伤不到敌人。如果兵器太轻就会过于灵敏迅疾，但使用起来过于灵敏迅疾就容易导致阵形的混乱。如果兵器太重，会导致行动迟缓，而行动迟缓就容易延误战机，也就很难取得战争的胜利。

【原文】

戎车①，夏后氏曰钩车，先正也；殷曰寅车，先疾也；周曰元戎，先良也。旂②，夏后氏玄③，首人之孰也；殷白，天之义也；周黄，地之道也。章④，夏后氏以日月⑤，尚明也；殷以虎，尚威也；周以龙，尚文也。

师多务威则民诎⑥，少威则民不胜。上使民不得其义，百姓不得其叙，技用不得其利，牛马不得其任，有司⑦陵之，此谓多威。多威则民诎。上不尊德而任诈慝⑧，不尊道而任勇力，不贵用命而贵犯命，不贵善行而贵暴行，陵之有司，此谓少威。少威则民不胜。

军旅以舒为主，舒则民力足。虽交兵致刃⑨，徒不趋，车不驰，逐奔不逾列，是以不乱。军旅之固，不失行列之政⑩，不绝人马之力，迟速不过诫命。

【注释】

①戎车：中国古代的一种战车。春秋时期之前，一辆战车通常由四匹马来拉，每一辆车上有兵士三人，左边的执弓射箭，右边的持矛杀敌，中间的负责驾车。

②旂：这里指军旗，是古代军队作战时用于指挥、联络的主要工具。

③玄：本义赤黑色，即黑中带红的颜色，也泛指黑色。

④章：这里指士兵佩戴在身上的徽章，上面有不同的图案。用于标明士兵所隶属的队伍和在军阵中的位置。

⑤日月：这里指以太阳和月亮作为徽章上的图案。

⑥诎：感到压抑。

⑦有司：泛指官吏。古代设官分职，各有专司，故称有司。

⑧慝（tè）：存有邪念的人。

⑨交兵致刃：战场上激烈地交锋。

⑩行列之政：这里指军队部署。

【译文】

战车，在夏朝叫钩车，那时候的战车注重行驶的稳定性；在商朝叫寅车，那时候的战车首先注重行驶能够疾速；周朝叫元戎，那时候的战车首先注重结构与装备的精良。军旗，夏朝用的是黑中带红色的军旗，象征着如同在战场上抓着敌军人头一样威武；商朝用的是白色军旗，象征着自己如同天体一样纯洁，可以替天行事；周朝用的的是黄色军旗，象征着自己像大地一样厚德载物。徽章，夏朝使用上面有太阳和月亮的徽章，代表了崇尚光明；商朝使用上面有老虎的徽章，代表了崇尚威严；周朝使用上面有飞龙的徽章，代表了对民族文化的重视。

如果将领治军过度致力于威严，士兵内心就会感到很压抑，可如果将领缺少威信，那么士兵就不会听从指挥而难以战胜敌人。尊为国君不能很好地使用民力，任用官吏不当而使百姓的生活次序混乱，有技艺才能的人不能得以发挥利用，牛马等牲畜也不能得到合理充分的使用，为官的人盛气凌人强迫别人服从，这就是所谓的过于威严。过于威严，则民众就会有压抑感。如果国君不尊重有贤德的人却信任心存邪念的人，不尊重有道义的人却任用只会耍蛮勇之力的人，不重用听从命令的人却重用专横武断的人，不重用施善行的人却重用残暴的人，这样就会使民众反抗官吏而造成国内的秩序混乱，这是没有威严的表现。如果君王将领缺失威严，就无法指挥士兵战胜敌人。

军队行军时，要以从容不迫行军为主导，从容不迫地行军，士兵的精力就会充沛。在交战中，即使出现了短兵相接的时刻也不要打乱阵形，士兵不要快步向前疾走，战车也不要快速奔驰，追击敌人时后一排士兵不要随意越过前队列的士兵，这样做就能一直保持原有阵形不混乱。军队的阵形是否稳固，在于不失去行列的顺序，不将人马的精力消耗殆尽，行动的快慢都要听从将帅的号令。

【原文】

古者，国容不入军，军容不入国。军容入国，则民德废；国容入军，则民德弱。故在国言文而语温，在朝恭以逊①，修己以待人，不召不至，不问不言，难进易退。在军抗而立，在行遂而果，介者不拜，兵车不式，城不上趋，

危事不齿。故礼与法表里②也，文与武左右也。

古者贤王，明③民之德，尽民之善，故无废德，无简民④，赏无所生，罚无所试。有虞氏不赏不罚，而民可用，至德也。夏赏而不罚，至教也。殷罚而不赏，至威也。周以赏罚，德衰也。赏不逾时，欲民速得为善之利也。罚不迁列，欲民速睹为不善之害也。大捷不赏，上下皆不伐善⑤。上苟不伐善，则不骄矣，下苟不伐善，必亡等矣。上下不伐善若此，让之至也。大败不诛，上下皆以不善在己。上苟以不善在己，必悔其过，下苟以不善在己，必远其罪⑥。上下分恶若此，让之至也。

古者戍军⑦，三年不兴，睹民之劳也；上下相报若此，和之至也。得意则恺歌，示喜也。偃伯⑧灵台，答民之劳，示休也。

【注释】

①恭以逊：谦逊有礼。

②表里：这里指礼节和法令。

③明：使……彰显。

④简民：不遵守法令的人。

⑤伐善：自我夸耀。

⑥远其罪：远离这种错误。指不会再犯类似的错误。

⑦戍军：指服兵役。

⑧偃伯：平息战争。偃：平息。伯：此处通"霸"，指争霸，战争。

【译文】

古时候，朝廷的礼仪法度不适用于军队中，军队的礼仪法度也不适用于朝廷之上。因为如果把军队的礼仪法度用在朝廷上，那么百姓历来温和的道德规范就会被自动废弛；如果把朝廷的礼仪法度用在军队上，那么军队勇武善战的美好德行就会遭到削弱。所以，在朝廷上讲话语气要温和，拜见国君时要谦逊恭敬，要严于律己，加强自身的修养，做到宽以待人，如果国君不召见自己，就不要主动去拜见国君，在国君没询问自己时，不要随便乱说话，拜见国君时，一定要用隆重的礼节参拜，当退朝时，礼节可以力求简单。而在军队中的将领可就不一样了，可以刚正不阿昂首挺立，对于国君不正确的作战命令要敢于违抗，因为将在外，君命有所不受。在战阵中，行动要迅速果断。如果穿着铠甲，可以不用行跪拜之礼，已经上了战车的士兵，可以不用行凡俗礼节，士兵在戍守城池之时，不允许疾步乱跑以免惊扰民心，遇到了危险，士兵不论年龄大小都不要惊惶害怕，而要挺身而出。所以说，礼仪和法度是相互为用的，这种关系就相当于表里之间，而文和武的关系就如同左和右之间不可偏废。也就是说，在朝廷要注意言辞谦逊恭敬，但在军队中则需崇尚武力，听从指挥。

古代贤明的君王，对于有良好品德的百姓，就给予表彰，并鼓励百姓多做好事，发扬善行，所以，百姓们都不会做违背道德法律的事，也不会有违犯法令的人，因为大家都在做善事，所以就无需奖赏去鼓励了；因为大家都不做坏事，所以刑罚也就没有存在的意义了。有虞氏治理自己的部落时，他们既没有奖赏也没有惩罚，但百姓们都能听从他们的命令，这是以仁德治国的最高典范。夏后氏在治理自己的部落时，只有奖赏而没有惩罚，这是教化达到了最高境界。商朝在治理国家时，对于有恶行的人严惩不贷，却没有任何奖赏，这是在以威严治理国家的表现。周朝在治理国家时，对民众既有奖赏又有惩罚，这是由于百姓的道德开始衰败了。对有功劳的人就应当即刻奖赏，不要拖延，这么做的目的是为了让民众尽快看到做好事所得到的好处。惩罚有罪过的人无需移动行列而就地执行，这么做的目的就是想让百姓立刻看到做坏事所得到的害处。军队取得大胜利以后，不要对军队进行封赏，这样军队中上至将领下至士兵就都不会炫耀自己的功劳。将领不炫耀自己的功劳，就不会骄傲，士兵不炫耀自己的功劳，就不会认为自己比别人高人一等。如果军队中上至将领，下至士兵都能做到不炫耀自己的功劳，那么军队中就会形成一种谦和的风气。而在军队遭遇大败之时，不要对将领和士兵进行惩罚，不要将过错归到某个人的身上，这样一来，从上至下就都会认为犯错的是自己。将领如果认为犯错的是自己，就一定会下决心改正自己的错误。士兵认为犯错的是自己，就一定会远离错误而下决心不再触犯。如果军队中上至将领下至士兵都能做到主动承担责任，并下决心改正自己的错误，就不会重蹈覆辙，那么军队中自然就会形成一种至上的谦和风气。

　　古时候，对于戍守边疆的士兵，如果是已经守卫过边疆的，三年之内就不再征调他们去服兵役，这说明君主看到了他们的辛劳疾苦；如果国君和百姓都能做到互相体恤，这个国家就会非常团结。军队在取得胜利以后就要高奏凯歌而回，以此来表示胜利的喜悦。战争结束后，要高筑灵台，在灵台上集会，以此来慰劳百姓，表示从此以后可以休养生息了。

定爵

【题解】

本篇论述了战前的准备工作，内容涵盖军政各方面事务。凡军中法制，一定要清晰严明，雷厉风行，严格地树立法制权威。要规定军中各等级服制，并用颜色区别，坚决禁绝百官服制混乱。在军中的执法上，恪守不服从法纪者要制裁，就能使从将军到士卒，上下都能"畏法"。所以，作者就此强调了如何运用赏罚的手段来调动将士的战斗积极性，在交战前制定规章制度，广收人才。其次作者通过战争中天时环境的运用、钱财等物质的准备、士气的调整、地形地势的利用、兵器的储备运用等五个方面论述了战争前的准备工作。同时还论述了"七政""四守"等一些具体的问题，最后作者对作战的原则、战争中规章制度的制定与完善以及执行等又进行了具体阐述。

文中提出了"居国惠以信，在军广以武，刃上果以敏"的治国治军原则，强调了"服正，成耻，约法，省罚"，以此来提倡战场之上要做到全军都能勇往直前，奋勇杀敌。提倡要注意吸纳优秀人才用于战争的准备；在作战时，将帅要以身作则，冲锋在前，关心爱护士卒，与士卒共苦，这样才能使全军上下一心，士气高昂。另外，不能打无准备之仗，要取得战争的胜利，必须做好战前准备。作战，一定要做到顺应气候条件，会巧妙地利用地形，同时要改进武器装备，熟习各种阵法，才能在作战时应运自如，取得胜利。

【原文】

凡战，定爵位，著功罪①，收②游士，申教诏③，讯厥众，求厥技。方虑极物，变嫌推疑，养力索巧，因心之动。

凡战，固众④，相利，治乱，进止，服正，成耻，约法，省罚⑤。小罪乃杀，小罪胜⑥，大罪因。

顺天、阜财、怿⑦众、利地、右⑧兵，是谓五虑。顺天，奉时。阜财，因敌。怿众，勉若。利地，守隘险阻。右兵，弓矢御，殳矛守，戈戟助。凡五兵⑨五当，长以卫短，短以救长，迭⑩战则久，皆战则强。见物与侔⑪，是谓两之。

【注释】

①著功罪：著，著明，公布。这里指公布惩罚和奖励的标准。

②收：集中。

③申：申明。教诏：指军队的法令。

④固众：稳固军心。

⑤省罚：减少刑罚。

⑥胜：得逞，得胜。这里指没有得到惩罚。

⑦怿（yì）：悦服。

⑧右：古时以右方的位置为尊，故右指上位。这里指重视的意思。

⑨五兵：这里指矛、戟、殳（shū）、戈、弓箭五种兵器。殳：一种木制的古代兵器。

⑩迭：轮番。

⑪侔（móu）：齐等，一样。

【译文】

凡是作战，都应该在战前首先确定好军队中人员的官职爵位，公布惩罚和奖励的标准，将分布在各处的游说之士集中起来为我们所用，申明颁布军队的法令，访寻其他能为我们出谋划策的诸多人才，求教他们的作战技能。要多方考虑，比较各种作战计划的利弊，弄清各种事物的来龙去脉，排除疑虑以及解决疑难，注重部队的养精蓄锐，决出最佳的作战技巧，最后根据人心所向采取行动。

在作战的时候，要注意稳定军心，要给士兵讲明战争引发的相互利害关系，整顿军队所存在的纷乱秩序，使士兵听从将领的指挥，在统一的号令下进退，顺服正义，激发士兵们的廉耻心，还要精简法令，减少刑罚。对于那些犯小罪的人要及时制止他们的行为，如果犯小罪时不进行惩罚而造成频繁得逞，那么时间一久，犯大罪也就因此而产生了。

作战应该顺应天时，广泛地征集物资，能使士众悦服，善于利用地形的优势，注重各种武器的配合使用，这是作战时必须要考虑的五件事情。顺应天时，就是要善于利用天时的变化及时调整战术，因时制宜地行事。广泛地征集军需物资，必要时也可以去抢夺敌人的物资来补充我们的军需，从而增强自己的实力。悦服士众，就是要少责怪而多加勉励士卒，才能根据民心所向取得胜利。善于利用地形的优势，就是要防守交通要道和占领险要阻绝的地形。注重各种武器的配合使用，就是要在战争中灵活地运用各种兵器，利用弓箭来抵御敌军攻城，利用殳和矛来防守，利用戈和戟进行辅助作战。一般情况下，将五种长短兵器交替配合抵挡敌人，善于利用长兵器来掩护短兵器的不足，同时还要善于运用短兵器来补救长兵器的不足，只要各取其长，轮番攻击敌军，就会形成一股很强大的力量，就能持久作战而且都能愈战愈强。如果发现敌军使用了新式武器，我们就要马上仿制出来，这样才能在战场上保持双方武器装备力量的均衡。

【原文】

主固勉若,视敌而举。将心,心也;众心,心也。马、牛、车、兵,佚饱①,力也。教惟豫,战惟节②。将军,身也;卒,支③也;伍,指拇也。

凡战,智也。斗,勇也。陈,巧也。用其所欲,行其所能,废其不欲不能。于敌反是。

凡战,有天,有财,有善。时日不迁,龟胜微行④,是谓有天。众有有⑤,因生美,是谓有财。人习陈利,极物以豫,是谓有善。人勉及任,是谓乐人。大军以固,多力以烦,堪物简治,见物应卒,是谓行豫。轻车轻徒,弓矢固御,是谓大军。密、静、多内力,是谓固陈。因是进退,是谓多力。上暇人教,是谓烦陈。然有以职,是谓堪物。因是辨物,是谓简治。称众⑥,因地,因敌令陈;攻战守,进退止,前后序,车徒因,是谓战参。不服、不信、不和、怠、疑、厌、慑、枝、拄、诎、顿、肆、崩、缓,是谓战患。骄骄、慑慑、吟旷、虞惧⑦、事悔⑧,是谓毁折。大小⑨、坚柔、参伍⑩、众寡、凡两、是谓战权。

【注释】

①佚饱:佚(yì),通"逸",安逸。整个词语的意思是休息好,并能吃饱。

②节:本意是符节,这里指战场上调度的统一性,要统一听从指挥。

③支:此处同"肢",指人的四肢。

④龟胜微行:龟胜,商周时期人们用火烧龟骨出现的裂纹来判断吉凶,龟胜表示用龟骨占卜得到的是吉兆。微行:指秘密行动。

⑤众有有:士众生活富足。

⑥称众:衡量双方实力。

⑦慑慑:恐惧的样子。虞惧:忧虑恐惧。

⑧事悔:军令经常更改。

⑨大小:这里指军队声势的浩大和渺小。

⑩参伍:三人为参,五人为伍,这里指部队组织可以变化不一。

【译文】

主帅应该在战场上既要稳固军心,还要不断激励士兵们的战斗意志,从而使他们更加顺从，同时还要仔细观察敌军的变化，从而采取相应的对策。在战争过程中，主帅和士兵必须要团结一心，才能取胜。要将牛马喂饱，保养好战车和武器，让士兵充分地休息以及吃饱，这样军队才会拥有强大的战斗力。平时只有注重训练，才能使士兵们时刻保持着准备战斗的状态，在战争时，士兵必须听从主帅的指挥调度，这样才能发挥出强大的战斗力。如果将主帅比作一个人的身体，那么一卒里的士兵如同人身体的四肢，一伍的士兵如同人的五个手指，必须配合协调，才能运用自如。

凡是在战场上指挥作战，靠的都是智谋。进入战斗之中，靠的就是勇敢了。战场布阵，其阵法就要灵活多变了。指挥军队作战，一定要有自己的思想，根据自己的能力来采取行动，不要去做自己不想做和力所不能及的事。而对待敌军则恰恰相反，要设法让敌军做一些他们自己不想做和力所不能及的事。

凡是行军作战，都要占有天时，占有充足的钱财，占有作战的有利条件，以上这三点要同时具备才有可能取得战争的胜利。如果有好的战机，千万不要因为犹豫而错过，如果通过占卜得到了吉兆就要秘密行事，这就叫"有天助"。士众生活富裕，而且国力强盛。这就叫"有财"。士兵们都能够熟习各种阵法，积聚战争所需要的物资充裕，这就叫"有善"。每个人都能够相互勉励，完成各自应该完成的任务，这就叫"乐人"。军队战斗力强大而且阵营坚固，兵力充足而且又熟悉各种阵法，选拔各种人才去管理各种事物，洞察各种情况以应对各种可能发生的问题，这就叫做战前准备充足。战车行动迅速，步兵迅疾精悍，士兵们的武器精良，弓箭足以防御固守军营，这就是一支强大的军队。作战计划周密，军心安定，士气旺盛，这就是一个坚固的阵地。依托坚固的阵势，进退有序，这就是强大的战斗力。主将从容不迫，士兵熟悉战斗阵法，并不断地加以演练，这就是训练有素。军队各个级别都能很好地管理好相关的工作，这是拥有良好的勘察管理。人人都能胜任其职，就能辨明事物本质，这就是选拔出了治理军队的人才。衡量敌我兵力的多少，比较敌我所占的地形，根据敌人的情况摆出合适的对战阵势。让士兵掌握进攻、战斗和防守的战法，把握前进、后退或停止的适宜时机，注意前后的顺序以及战车与步兵互相配合，使整个阵法的结构严谨，这就是领悟了各种作战环节的奥秘。如果阵队中出现了下级不相信上级、思想分裂，造成各个分队间不和谐，不能相互配合，甚至出现了不服从、彼此不和睦、懈怠职守、相互猜忌、厌恶战争、畏惧敌人、军心涣散、相互批驳讽刺、屈辱难申、疲惫困顿、肆无忌惮为所欲为、分崩离析、缓急废弛法令，这些情况就是阻碍作战的祸害。军队中将领和士兵无比骄纵傲慢，恐惧的心理也达到了极点，士兵之间相互指责谩骂，无法团结一致，全军上下忧虑恐惧，甚至军法朝令夕改，这些情况都会导致军队的覆灭。军队的声势可大可小，战略战术可刚可柔，战斗队伍的编制既可以用参编队也可用伍编队，投入战斗的兵力可多可少，无论选择哪一种形式进行交战，都需要根据战争的利害得失两个方面进行权衡再去决策，这便是作战时所谓的权变。

【原文】

凡战，间远，观迩①，因时，因财，贵信，恶疑。作兵义，作事时②，使人惠，见敌静，见乱暇，见危难，无忘其众。

居③国惠以信，在军广以武，刃上果以敏。居国和，在军法，刃上察。居国见好④，在军见方，刃上见信。

凡陈，行惟疏，战惟密，兵惟杂，人教厚，静乃治，威利章⑤。相守义⑥，则人勉⑦。虑多成，则人服。时中服⑧，厥次治。物既章，目乃明。虑既定，心乃强⑨。进退无疑，见敌无谋，听诛⑩。无班其名，无变其旗。

【注释】

①迩（ěr）：距离很近。

②作事时：做事要把握住时机。

③居：治理。

④见好：被人们爱戴。

⑤威利章：军令威严而明确。此处的章同"彰"，彰显，显著。

⑥守义：恪守信义。

⑦人勉：人们相互勉励。

⑧时中服：每个人都感到心悦诚服。

⑨心乃强：信心就会增强。

⑩听诛：听受惩罚。

【译文】

凡是作战的时候，对于距离比较远的敌人，可以用间谍先去敌军侦查，对于距离比较近的敌人，可以直接观察敌情，掌握敌军的一举一动。用兵作战时一定要抓住时机，要注意天时、财力的配合，将领和士兵之间应该相互信任，切忌互相猜疑。起兵讨伐要合乎正义，战机来临时要抓住时机，任用别人时要给予恩惠，临阵御敌时要沉着冷静，面对混乱时要镇定自若，遇到危难时不能抛下士兵独自逃脱。

治理国家时要做到广施恩惠，要讲信用，治理军队要威严，临阵交锋时要坚决果断。治理国家时要做到上下和睦，从国君到臣子再到百姓都能和睦相处，治理军队要法令严明，临阵对敌要察明形势。这样治理国家，一定会被百姓们所尊敬和爱戴，这样治理军队，一定会被士兵们尊重与顺从，临阵对敌时也能被全军所信任。

凡是布阵的时候，都要注意队伍和队伍之间留下一定的间隔，这样以便于各种武器的配合使用，但同时也要注意队伍相互之间保持一定的紧密性，不能给敌人留下突破的空隙。兵器要注意长短搭配，训练士兵要严格有致。遇事沉着冷静，只有保持冷静，士兵们才能一直保持整齐的阵势，威严的法令获益于充分彰显。将领和士兵们自觉恪守信义，每个人就都能在战斗中相互勉励，奋勇向前。谋略如果使用得当，士兵们就会对将领心悦诚服，事情就能依次处理好。军队中旗帜鲜明，士兵们就能看得清楚，明确的作战计划一旦确定下来，士兵们的信心就会增强。对于那些在战斗中进退不定、遇到敌人没有一点谋略的将领，就一定要惩罚他们，不可任用。在作战期间，士兵不能胡乱敲击金鼓，不要轻易改变旗号，因为这样会使我军上下受到迷惑，产生错觉，以致于不知道该如何行动。

【原文】

凡事善则长，因古①则行。誓②作章，人乃强，灭厉祥③。灭厉之道：一曰义，被之以信，临之以强，成基一天下之形，人莫不说，是谓兼用其人；一曰权，成其溢，夺其好，我自其外，使自其内。

一曰人，二曰正，三曰辞，四曰巧④，五曰火，六曰水，七曰兵，是谓七政。荣、利、耻、死⑤，是谓四守。容色积威⑥，不过改意。凡此道也。

唯仁有亲，有仁无信，反败厥身。

人人⑦，正正⑧，辞辞⑨，火火⑩。

【注释】

①因古：沿袭旧时的制度。

②誓：誓师。这里指战斗前所有人要呼喊的誓词。

③灭厉祥：厉，厉鬼。祥：妖异。本义是指消灭蛊惑军心的言论，这里指消灭一切敌人。

④巧：这里指用兵的技巧。

⑤死：这里指刑罚。

⑥积威：威严。

⑦人人：知人善任。第一个人作动词用。

⑧正正：这里指正人必先正己。

⑨辞辞：言辞必须严正。

⑩火火：慎用火攻。

【译文】

凡是好的事情，都能保持长久，按照古代圣明君王办事的方法来办事，就能顺利得到推行。在战争之前，战斗的誓词要鲜明有力，这样就可以振奋军心，那么士气就会旺盛，军队的战斗力就会大大增强，而战斗力变强，就能战胜一切敌人。消灭敌军的方法：第一个是道义，就是用诚信感召敌人，用强大的气势压倒敌人，让敌人失去与我们抗衡的实力，形成统一天下的局面，让天下人心悦诚服，并纷纷来归附我们，争取让敌国的人都为我们所用。第二是权谋，通过实施计策，促使敌军内部滋生出骄傲自满的情绪，以便顺利夺取敌人的要害地势，然后我军从外部向敌军发动进攻，偷偷安排间谍从内部策应，然后里应外合，一举击败敌军。

但凡治理国家，第一个是要知人善用广聚人才，第二个是要严肃法纪，第三个是要言辞通顺，第四个是要讲究用兵的技巧，第五个是要善用火攻，第六个是要兴修水利，第七个是要加强军队建设，这是治理国家的七个重要决策。功名、利禄、耻辱、刑罚，这是治理军队的四种奖罚手段。在军队之中，无论是和颜悦色地讲道理还是增长自己的威势，都是为了让别人改掉恶习，多做善事，这就是治理军队的方法。

只有主张仁爱的国君，才能使百姓更加亲近，但是如果只主张仁爱而不讲信用，这样的君主最终只会落得个身败名裂的下场。

任用贤人时要知人善任，正人必先正己，言辞必须严正，在战争中采用火攻时必须掌握火候，力求得当。

【原文】

凡战之道①：既作其气，因发其政，假之以色，道之以辞，因惧而戒，因欲而事，蹈敌制地，以职命之，是谓战法。

凡人之形②，由众之求，试以名行，必善行之。若行不行，身以将之，若行而行，因使勿忘，三乃成章，人生之宜，谓之法。

凡治乱之道，一曰仁，二曰信，三曰直，四曰一，五曰义，六曰变，七曰专③。

立法，一曰受，二曰法，三曰立，四曰疾，五曰御其服④，六曰等其色⑤，七曰百官宜无淫服⑥。

凡军，使法在己曰专，与下畏法曰法。军无小听，战无小利，日成，行微⑦曰道。

凡战，正不行则事专，不服则法，不相信则一⑧。若怠则动⑨之，若疑则变之，若人不信上，则行其不复⑩。自古之政也。

【注释】

①道：原则。

②形：此处通"型"，指制度、准则。

③专：政令专一，这里指中央的权威。

④御其服：战争中的着装要求。

⑤等其色：用旗帜和服装的颜色来区别士卒的等级。

⑥淫服：指不按规定着装。

⑦行微：行动要隐秘。

⑧不相信则一：互相不信任就要形成统一的认识。一，指统一思想认识。

⑨动：鼓励。

⑩复：反复。

【译文】

一般作战的原则是：一旦士气已经被鼓舞起来，那么就要马上颁布军队的纪律，让士兵有所约束，对待士兵要和颜悦色，要用诚恳的说话方式与士兵对话，利用士兵畏惧的心理去劝诫他们的行为，利用他们对名利的欲望而役使他们认真做事，进入敌军的领地后，要抢占有利的地形，然后根据将士的职位来分派他们任务，这就是战法。

凡是要求人们执行的规章制度，一定要取决于民众的意愿和需求。先尝试着施行这些法律，然后在试行过程中检验是否名副其实地被大众接受，并妥善地将有利的方面继续实施下去。对于那些可以做到而没有做到的，将领应该以身作则，亲自去做，如果做到了，就引导士兵们一起做到，如果要求做到的都已经做到了，就告诫士兵们要牢牢记住这些准则，并在反复多次的实践中将这些准则形成规章制度，这些符合民众要求的规章制度，就叫法。

一般治理混乱的方法，第一是要有仁爱之举，第二是要讲信用，第三是要求为官者一定要廉洁正直，第四是言行要一致，第五是讲究道义，第六是注重善于权变，第七是要政令专一，遵从国君政令的权威性。

一般立法的原则，第一个是所制定的法令能让人接受，第二个是法令要严明，第三个是执法力度要严格，第四个是实施法令要雷厉风行，第五个是规定关于官员服饰的等级制度，第六个是根据不同的等级来确定旗帜和衣服的颜色，第七个是各级官吏要根据自己官阶的大小来着装，不能胡乱穿着。

凡是在军队中，如果执行法令完全由将领一个人做主，这就叫专制。如果军中上至将领下至百姓都能做到一致遵守律法，畏惧法令，这才叫法。在军队中一定要统一指挥号令而不要听信谣传，在战斗中也不要贪图小利，作战方案一旦确定下来，在行动中就要注意行军的隐秘性，这样，胜利才能指日可待，这就是治军的方法。

但凡作战之时，如果采用常规的方法不能控制军队，就要采取专断，使用军法制裁那些不服从命令的人。如果将领和士兵之间不能相互信任，就要加强沟通，使全军上下都能形成一个统一的御敌意识。如果军心懈怠就要对士兵们加以鼓励，如果士兵们对将领心存疑虑就要设法改变现状而消除他们的疑虑，如果士兵不相信将领的命令就更不能轻易反复更改，而是要应对战局坚决执行。这就是自古以来治理军队的基本准则。

严位

【题解】

本文从全篇的内容来看，是一篇全方位论述如何进行战场阵势定位的文章，同时指出在阵中军政一定要严正，整体军事力量要轻锐敏捷，军中士气要深静高昂，将士的抗战意志一定要和谐统一。所谓这些作战要素，具体在本篇中，作者就如何进行队列的排列提出了"立进俯，坐进跪。畏则密，危则坐"。随后又提出了"振马躁，徒甲畏亦密之，跪坐、坐伏，则膝行而宽誓之"。以此阐明了各兵种在队列中所占的位置以及在战斗中需要注重的纪律等问题。

其实，战争不仅仅是双方军事实力的较量，同时也是如何科学管理军队的较量。因此在战争中，虽然强大的军队具有一定的优势，但以强胜弱并不是必然规律，而以弱胜强的战例却也是层出不穷。能有这样的结果，完全取决于是谁通过提升自己的军事管理，如何有条不紊地调度军队寻求有利的战机，从而达到最终战胜对方的结局。

所以，作者在本篇中在战术运用上还提出了如何根据自身和敌人实力的情况来安排不同的战术战略，特别是在"相轻重"的问题上进行了详细的论述，提出了"以轻行轻则危，以重行重则无功，以轻行重则败，以重行轻则战，故战相为轻重"的观点。同时还提到了将帅的个人修养对战争胜负的影响。将帅必须要"以仁救，以义战，以智决，以勇斗，以信专，以利劝，以功胜"；要懂得爱护士卒、团结士卒；一定要虚心，做事合乎正义；出现过错要自己主动承担，而把荣誉留给将士，这样士卒才会在战场上拼死杀敌，从而取得最后的胜利。

【原文】

凡战之道，位欲严，政欲栗，力欲窕①，气欲闲，心欲一。

凡战之道，等道义，立卒伍②，定行列，正纵横，察名实。

立进俯，坐进跪。畏则密，危则坐。远者视之则不畏，迩者勿视则不散。位，下左右，下甲坐，誓徐行之③，位逮徒甲④，筹以轻重。振马躁⑤，徒甲畏亦密之，跪坐、坐伏，则膝行而宽誓之。起、躁，鼓而进，则以铎⑥止之。衔枚⑦、誓、糗⑧、坐，膝行而推之⑨。执戮禁顾，噪以先之。若畏太甚，则勿戮杀，示以颜色，告之以所生⑩，循省其职。

【注释】

①窕：过剩的，多余的，旺盛。

②立卒伍：这里指建立军队的各级编制方式。

③誓徐行之：指出征的誓师仪式完毕以后，队伍徐徐前进。

④位逮徒甲：确定每个甲士和步兵在队列中的位置。

⑤振马躁：战车振动，马匹嘶鸣。

⑥铎：中国古代一种铜制的打击乐器，盛行于中国春秋至汉代。多用于军旅。其形制略近于钟，但比钟小，是

古代宣布政教法令用的。

⑦衔枚：古代军队秘密行动时，让兵士口中横衔着枚（像筷子的东西），不让士兵之间相互说话，以免被敌人发觉。

⑧糗：干粮，炒熟的米麦等谷物。这里指吃饭。

⑨推之：缓慢挪动。

⑩所生：求生之道。

【译文】

凡是用兵作战的规则，都要严格规定每位士兵在队伍中的位置，不能随意乱跑，军中法令的威严要令人感到畏惧，士兵在战斗中要时刻保持旺盛的精力，士气要保持沉着闲适，全军上下必须要保持意志统一，齐心协力。

凡是行军作战的规则，都要根据军中人员的德才能力确立等级职位，并且分别建立成卒伍等级阵队的编制方式，然后规定每行士卒的排列次序，调整好阵列，使队伍横竖都要成形，并且察明队列中士兵的情况是否与实际相符。

如果采用立阵进攻时，士兵们一定要弯着腰前进，如果采用坐阵进攻时，士兵们就要双膝跪地移动前进。如果发现士兵中有畏惧心理时，就要将队形变得密集，以达到稳定军心的作用，如果遇到了危急情况之时，就要采用蹲坐的方式等待时机。对于远处的敌人，如果能看清敌军的形势，士兵们就不会因迷惑而惶恐不安。对于近处的敌人，就要无视他们，这样士兵们就能集中精力进行战斗而不至于军心涣散。士兵在战阵中的位置，要根据左右行列划分成排。临时屯兵驻扎时都采用披甲跪坐的方式随时待命。誓师仪式结束以后，从容地命令部队开始缓缓向前开进，先要确定每个甲士和士兵的位置，还要筹划好各种武器轻重缓急的配合使用。如果战车颠簸振动，马匹嘶鸣，甲士与普通士卒临阵之时感到惧怕，那么就让士兵都向一起有序靠拢而使队形也密集起来，采用跪行坐阵或坐阵卧伏前进，通过调整姿势缓解他们的心理压力，同时将领也要膝行到近前去用宽和的语言安慰他们，从而使他们镇定下来。到了发起进攻的时候，所有人都要高声呼喊，一拥而上，而且击鼓前进。如果要停止进攻，就鸣金铎收兵。在秘密行进的过程中，如果不想让士兵们发出声音暴露目标，就让他们口中衔着枚行走，誓师完毕以后，带足干粮即刻出发，此时应当采用坐阵，如果非要移动时，就用膝盖缓慢向前挪动。在战场上，要用杀戮刑罚严禁士兵们左顾右盼，如果他们违犯法令，将领就要大声喝令他们继续前进。如果士兵们在战场上显露出极度恐惧的样子，也不要杀害他们，应该和颜悦色地把战场上如何立功求生的办法告诉他们，并让他们各尽其职，尽力去完成任务。

【原文】

凡①三军，人戒分日；人禁不息，不可以分食；方其疑惑，可师可服。

凡战：以力久，以气胜。以固久，以危胜。本心固②，新气胜。以甲固，以兵胜。凡车以密固，徒以坐固，甲以重固，兵以轻胜。

人有胜心，惟敌之视③。人有畏心，惟畏之视。两心交定④，两利若一。两为之职⑤，惟权视之⑥。

凡战：以轻⑦行轻则危，以重⑧行重则无功，以轻行重则败，以重行轻则战，故⑨战相为轻重。

舍谨甲兵，行慎行列，战谨进止⑩。

【注释】

①凡：凡是，所有。

②本心：求战之心。固：坚定。

③惟敌之视：根据敌人的虚实情况决定是否出击。

④交定：指考察清楚。

⑤职：把握，掌握。

⑥惟权视之：根据所看到的实际情况加以运用。

⑦轻：这里指小部队。

⑧重：这里指大部队。

⑨故：所以，因此。

⑩进止：前进与停止。

【译文】

凡是在三军之中，对小部分阵队下达的命令，半天之内就要执行；对个别人员下达的命令，要督促立即执行，甚至不执行完命令，就不允许吃饭；趁敌人在疑惑不定的时候，就即刻发兵奇袭，这样就可以出师顺利，而且能够征服敌人。

凡是与敌军交战：凭借兵力充实就能拥有持久的战斗力，凭借军中的士气旺盛作战也是能够取得胜利的重要因素。如果士气旺盛，那么当军队处于危难的境地时也能持久战斗，就能置之死地而后生直到取胜。如果士兵们求战的心很坚定，防御就能稳固，士气重新高涨就能取得战争的胜利。士兵们用盔甲来保护自己，用兵器击杀敌人以取得胜利。所有战阵中，兵车密集则阵地就能稳固，轻装徒步的士兵们以坐阵坚持防守就相对牢固。身上的铠甲厚重就能确保坚固，才能抵御敌人的攻击，所使用的兵器锐利才能顺利战胜敌人。

将士都有求胜之心，但一定要先去观察敌情，然后根据敌军的虚实情况决定是否可以乘虚进攻。士兵们都有畏惧之心，这时就要看他们所畏惧的是自己的主帅还是畏惧敌人的主帅，如果是畏惧自己的主帅就能听从命令而取得胜利，如

果是畏惧敌人主帅就很难取胜。在开战前，一定要将士兵的求胜之心和畏惧之心都考察清楚，把两方面的有利条件都充分统一利用起来着重发挥。而对这两方面情况的掌握，则完全依靠将帅在战场之上对战局实况的权衡与把握。

凡是在作战之中，以小部队攻击敌人的小部队就很危险，以大部队攻击敌人的大部队则很难取得成功，用小部队攻击敌人的大部队就容易面临失败，用大部队攻击敌人的小部队就要迅速出击才能取得胜利。所以，战争的胜利很大程度上取决于双方兵力大小的对比与战略。

军队宿营时也要十分谨慎，基本做到铠甲不离身，兵器不离手，以防止敌军夜晚偷袭。在行军时，要特别注意队列是否整齐，这样的话，即使遭遇敌军偷袭也能随时变换队列迎战。在作战的时候，要谨从前进和停止的指令，以防队伍出现混乱。

【原文】

凡战，敬则慊①，率则服。上烦轻，上暇②重。奏鼓轻，舒鼓重。服肤轻，服美重。

凡马车坚，甲兵利，轻乃重。

上同③无获，上专多死，上生多疑，上死④不胜。

凡人，死爱，死怒，死威，死义，死利。凡战之道，教约⑤人轻死，道约人死正。

凡战，若胜，若否⑥，若天⑦，若人⑧。

凡战，三军之戒，无过三日；一卒之警，无过分日；一人之禁，无过皆息。

【注释】

①敬：慎重地对待；不怠慢不苟且；敬谨。慊（qiè）：满足，满意。

②暇：从容，不慌不忙，大方自如。

③上同：随声附和之意。

④生：这里是贪生怕死的意思。死：拼死，拼命。这里指一味地蛮干。

⑤约：束缚，约束。

⑥否：失败。

⑦若天：顺应天时。

⑧若人：顺应民心。

【译文】

凡是在作战中，将领需谨慎行事，那么才能使士兵满意，只有率先垂范以身作则，才能使士兵服从。如果将领烦乱急躁，就会草率行事，从而使军队陷入危险之中，如果将领从容不迫，就能行事稳重。两军开战之时，如果擂鼓的声音很急促，就表示下令要快速前进，如果擂鼓的声音很缓慢，就是下令缓慢行军。士兵如果穿着轻薄的衣服行动就会迅速，身穿厚重的衣服行动就会迟缓。

战场之上，所有的战马一定要强壮，战车必须坚固，铠甲和武器装备都要精良锐利，这样的队伍即使是小部队，也能发挥大部队的战斗力。

在军队之中，如果将领顺从下属而随声附和，那么就不会有任何成就；如果将领喜欢独断专行，那么就会多生杀戮；如果将领贪生怕死，那么指挥作战的时候就会疑心重重而贻误战机；如果将帅只知道拼死作战而不懂得战术的运用，就很难取得战争的胜利。

一般说来，士兵在战场上拼死奋战的原因有很多，有的士兵是为了感恩而拼死作战，有的是因为被激怒而拼死作战，有的是因为将领的威严而拼死作战，有的是因为道义而拼死作战，有的是因为受利益的驱使而拼死作战。凡是在战场上都要充分调动士兵的积极性，如果用法令去约束士兵，那么只能使他们迫于无奈而不畏惧死亡，如果用道义去约束士兵，就能使士兵甘愿为正义而拼死奋战。

凡是与敌军交战，或许会胜利，又或者会失败。而战争的胜利与失败，都取决于是否顺应天时，是否顺应人心。

凡是在指挥作战之时，对三军下达的戒律号令，必须要在三天内实施执行；对百人编队下达的命令，必须在半天内就已执行；单对一个士兵下达的命令，必须要马上执行。

【原文】

凡大善用本①，其次用末②。执略守微③，本末唯权，战也。

凡胜，三军一人，胜。

凡鼓，鼓旌旗，鼓车，鼓马④，鼓徒⑤，鼓兵⑥，鼓首，鼓足，七鼓兼齐。

凡战，既固勿重⑦。重进勿尽，凡尽危。

凡战，非陈⑧之难，使人可陈难；非使可陈难，使人可用难。非知之难，行之难。

【注释】

①本：推究，推原，推本溯源。这里指战争中要以谋略取胜才是根本。

②末：非根本的，次要的，差一等的。这里指用进攻取胜。

③略：指整个战局。微：指局部情况，各个细小的环节。

④马：这里指骑兵。

⑤徒：这里指步兵。

⑥兵：这里指战场厮杀、交兵接刃。

⑦重：看重自己。这里指过于自大。

⑧陈：此处通"阵"，阵法。

【译文】

凡是征战，最好是采用谋略取胜才是根本，其次才是在战场上决战拼杀。要取得战争的胜利，就必须要抓住战机，把控整个战局，还要注意战场上的任何细微的变化，因为任何细

微的变化都会影响战局。但是选择用谋略取胜还是用强攻取胜，需要根据战场的形势来决定，这就是作战时应该认真权衡的问题了。

凡是在战争中取得胜利的军队，都离不开将领的英名决策以及全军将士齐心协力，团结得像一个人似的，才能取得胜利。

凡是指挥作战的鼓声一定要辨别清楚，有的鼓声是用来指挥军旗开合的，有的鼓声是用来指挥战车前进与静止的，有的鼓声是用来指挥骑兵奔驰的，有的鼓声是用来指挥步兵前进的，有的鼓声是用来指挥战场上交兵接刃的，有的鼓声是用来指挥前端队列变换的，有的鼓声是指挥队列起坐进退的，而这七种鼓声作战时必须要准备齐全，灵活运用。

凡是与敌人交战时，即使我方军队的战斗力已经很稳固强大了，也不要过于自大。即使我方兵力充足雄厚，也不要使用全部的兵力去攻击敌人，如果将全部的兵力都投入到战场上，几乎用尽全部力量，那么就可能因为战争形势的变化而出现危险。

凡是率兵作战，困难的不是如何布阵，而是如何让士兵们都熟悉阵法；有时难的并不是让士兵们都熟悉阵法，而是难在如何在战场上灵活运用阵法。总而言之，并不是熟知布阵困难，而是在实战中如何灵活运用它最为困难。

【原文】

人方有性，性州异，教成俗，俗州异，道化俗。

凡众寡①，既胜若否②。兵不告利，甲不告坚，车不告固，马不告良，众不自多③，未获道④。

凡战，胜则与众分善⑤。若将复战，则重赏罚。若使不胜，取过在己⑥。复战，则誓以居前，无复先术。胜否勿反⑦，是谓正则。

凡民，以仁救，以义战，以智决，以勇斗，以信专，以利劝⑧，以功胜。故心中仁，行中义，堪物智也，堪大勇也，堪久信也。

让以和，人以洽，自予以不循，争贤以为人，说其心，效其力。

凡战，击其微静，避其强静；击其倦劳，避其闲窕⑨；击其大惧，避其小惧。自古之政也。

【注释】

①众寡：多与少。这里指敌我双发兵力的对比。

②若否：像没有打胜仗一样。

③自多：这里指扩充军队。

④未获道：没有真正掌握用兵的规律。

⑤分善：这里指分享战争胜利后的喜悦。

⑥取过在己：自己承担全部责任。

⑦胜负勿反：不论胜负与否，都不要违反这个规律。

⑧劝：勉励。

⑨闲窕：这里指士兵得到充分的休息。窕：过剩的，充足的。

【译文】

每个地方的人都有各自不同的性格，性格会因为每个人居住环境的不同而不同，针对性格的不同，我们可以用教化的手段使他们都养成良好的习俗，虽然不同的地域，风俗也会有所不同，但对于不同的习俗，我们可以通过道德的教化来使全国形成统一的习俗。

无论兵力是多是少，即使打了胜仗，也要和没打胜仗一样，这样做的目的是为了防止将士骄傲懈怠。如果平时不能保持兵器锋利，不能保证盔甲完好坚韧，不能保证战车始

终牢固耐用，不能保证马匹健壮精良，不能随时增补兵员扩大队伍，这都是没有真正掌握用兵之道的表现。

　　凡是战争结束后，如果胜利了，就与士兵们一同分享胜利的喜悦。如果还需要继续决战才能分出胜负，那么就要加大奖罚的力度。如果没有取得胜利，将领就要勇于承担过失。再进行对战时，就要举行誓师仪式以此来激励士兵们的斗志，并且做到身先士卒，不再重复使用上次失败的战术。不论胜利还是失败，都不要违反这个规律，因为这是正确的作战法则。

　　凡是对待士兵，都要用仁爱之心去帮他们解决危难，用道义去激励他们奋勇作战，用智慧去决断他们的是非功过，用勇气率领他们进行战斗，用威信使他们专心服从命令，用钱财利益去激励他们在战场上拼杀，用功名爵位去勉励他们取得胜利。所以，将领的思想要合乎仁爱，行为要合乎道义，处理事情要学会依赖自己的智慧，制服强敌靠的是自己的勇敢，要想长期得到士兵们的拥护，靠的则是树立自己的诚信。

　　如果军中每个人都能做到互相谦让，品性温和，那么人和人之间的关系就会很和谐融洽，将领如果犯了错误就勇于承担，有了荣誉就主动让给别人，那么，士兵们就会对将领心悦诚服，心甘情愿地报效自己的力量。

　　凡是在与敌军作战之时，如果想发起进攻，就迅速进攻那些兵力微弱还故作镇静的敌人，避开那些兵力强盛而沉着冷静的敌人；要善于进攻那些疲惫劳顿的敌人，避开那些休养得当士气旺盛的敌人；要善于进攻那些内心异常恐惧的敌人，避开那些看似略有恐惧实则有所戒备的敌人。这些都是自古以来指挥作战要遵循的治军方法。

用众

【题解】

本篇主要论述了如何根据自己部队的战斗力来进行战争，以及怎样在我众敌寡、敌众我寡的情况下，根据敌人的情况制定策略来取得战争的胜利，同时也论述了如何根据战场形势的变化来调整士卒的气势，使之勇于决战，甚至是出奇制胜的原则。

文中分别阐述了兵多与兵少的作战策略与特点，强调了要"设而观其作，视敌而举。待则循而勿鼓，待众之作，攻则屯而伺之"的重要性，同时还提出要善于观察敌情，只有这样方能知己知彼百战不殆。司马穰苴认为，如果我方处于优势地位，就可以底气十足地与敌人交战；如果自身处于劣势，就要采取虚张声势的策略来迷惑敌人，然后伺机行动。另外，司马穰苴还要求在作战时"书亲绝，是谓绝顾之虑"，这就是说两军交战一定要禁止士卒与亲人通信，以免影响士气，这样才能稳定军心，全军上下保持高昂的作战士气，从而取得胜利。

【原文】

凡战之道，用寡固，用众治；寡利烦，众利正。用众进止，用寡进退。众以合寡，则远裹而阙之；若①分而迭击，寡以待②众；若众疑之，则自用之。擅利则释旗③，迎而反之。敌若众，则相众而受裹④。敌若寡若畏，则避之开之。

凡战，背风，背高，右高左险，历沛历圮⑤，兼舍环龟⑥。

凡战，设而观其作，视敌而举。待则循而勿鼓⑦，待众之作，攻则屯而伺之。

【注释】

①若：或者。

②待：迎战。

③擅利：这里指占据有利的地形。释旗：将军旗放倒。

④受裹：被包围。

⑤历：快速通过。沛：多水草的沼泽地。圮（pǐ）：本意是塌坏、坍塌，引申为断绝、隔绝之意，这里形容难以行走的道路。

⑥兼舍环龟：宿营的时候要在中间高、四周低的地方宿营。

⑦鼓：这里指发起进攻。

【译文】

一般指挥作战的要领，就是如果我方兵力不足，难以抵挡强大的敌军时，就要凭借坚固的阵地集中大众兵力进行防守；如果我方的兵力强盛，略显烦杂，就要重新编排自己的部队，力求严整不乱，这样利于正规作战。兵力不足时，可以通过变化莫测的战术来应对敌人，力求出奇制胜。兵力强盛的时候，指挥士兵们知道何时前进和停止，稳如泰山。兵力不足的时候，能让士兵们懂得如何前进和撤退，神出鬼没。以强大的兵力迎战弱小的敌军兵力时，可以在远处将敌军包围起来，然后故意给他们留下一个出口，待敌军从这个口突围时，再将他们一举歼灭；或者分批轮番攻击敌军，这样就能以弱小的兵力迎战强大的敌军；或者面对强大的敌人时，就要采用谋略去迷惑敌人，通过离间的手段使敌军内部相互猜忌，打乱敌军的部署，趁敌军大乱时发动进攻就能以此战胜敌人。如果敌军已经占据了有利地形，我们就可以将军旗放倒，制造败退的假象来引诱敌军追击我们，而当敌人追上来时就可以发起反击。如果敌军的兵力过于强盛，就应该全面观察分析敌情并做好被敌军包围情况下作战的准备。如果敌军兵力不足，但是行动比较谨慎，我们就要先退让一步，然后再寻找机会一举消灭敌军。

凡是行军作战时，都要背着风向，同时还要后背靠着高地布阵，右边要临近高地，左边要依附于险要的地势，一旦在行军的过程中遇到沼泽地或坍塌难以行走的道路，一定要迅速通过。在夜晚宿营时，必须选择中间高而难攻、四周低却可守的地势宿营。

凡是与敌人交战的过程中，不要急于开战，先要布好战阵，然后观察敌军的动向，再查探敌军的兵力以及武器装备等情况，最后再决定是否发动攻击。如果发现了敌军布下了圈套等待我们中计，那么就应该逡巡坚守以观察敌军变化情况，千万不要轻举妄动而发起进攻。等到敌军发起攻击，我们就要集中兵力伺机攻打敌军阵形中最薄弱的部分。

【原文】

凡战，众寡以观其变，进退以观其固，危而观其惧，静而观其怠，动而观其疑，袭而观其治。击其疑，加其卒①，致其屈，袭其规，因其不避，阻其图②，夺其虑，乘其惧。

凡从奔勿息，敌人或止于路，则虑之。凡近敌都③，必有进路，退必有返虑。

凡战，先则弊，后则慑，息则怠，不息亦弊，息久亦反其慑。

书亲绝④，是谓绝顾之虑；选良⑤次兵，是谓益人之强；弃任⑥节食，是谓开⑦人之意。自古之政也。

【注释】

①卒：此处通"猝"，仓促。

②阻：阻挠，阻止。图：企图，计划。

③敌都：敌军的都城。

④书亲绝：禁止士兵与家人通信。

⑤选良：挑选良将。

⑥弃任：这里指丢弃笨重的军用装备。

⑦开：激发。

【译文】

一般与敌军交战时，可以先用或多或少的兵力去试探敌军的虚实，观察他们阵营的动向变化。用忽进忽退的策略来观察敌人阵势的牢固程度，可以通过逼近敌人的方式来观察敌人是否恐慌，通过按兵不动的方式来观察敌人是否懈怠，可以通过佯装进攻的方法去观察敌人是否产生疑惑，也可以通过突然袭击的方式来观察敌军阵营的治理情况。在全面了解清楚敌情之后，我们就可以在敌人犹豫不决的时候袭击他们，使敌军陷入困境，我们可以在敌人仓促没有任何防备的时候袭击他们，使之手忙脚乱。突然袭击他们并且打乱他们的战略部署，我们就可以利用敌人冒然轻进的错误战略战术，有效地阻止他们获胜的企图，破坏他们原定的应战策略，趁着敌人还在疑惑惊惧的时候，就能一举歼灭他们了。

凡是在追击溃逃的敌人时，不要给他们喘息的机会，要穷追不舍。但是，如果发现敌人在逃跑的过程中突然停下来，这时候就要小心了，要认真思考敌人停下来的意图，防止中了敌人的埋伏。凡是在逼近敌军都城的时候，一定要先观测好进军的路线，同时还要考虑一旦退军，必须要有可以顺利返回的道路。也就是说，不要轻易攻城。

凡是行军作战之时，首先要把握好发兵的时间，如果发兵的时间太早，士兵们就容易疲弊倦怠，如果出兵时间太晚，容易使士兵们产生恐惧的心理，在行军过程中如果停下来休息太久，士兵们可能会因此而懈怠，但如果不休息，士兵们也会因为体力疲弊而降低战斗力，但如果休息时间过长，反而也会使士兵们产生怯战的心理。

在作战期间，禁止士兵与亲人通信，这样做是为了断绝他们顾念家人的想法；精选贤良的人才，并且给他们配备精锐的兵器，这可以说是在增强军队的战斗力；在行军过程中要舍弃一些笨重的军用装备，减少随身携带的粮食，这可以说是在激发士兵们奋勇杀敌、誓死作战的意志。而所有这些，都是自古以来治军作战的基本策略。

孙膑兵法

擒庞涓

【题解】

本文通过讲述孙膑"围魏救赵"中采用"避实击虚"的策略，大破魏军，俘获庞涓的战例故事，表现了他的一种战略思想，突出了计谋在战争中的重要性。

为了使读者更形象地认识，更深刻地领悟孙膑的军事思想，文中加以了详细说明。"围魏救赵"是我国历史上最著名的战役之一，主要论述了在军事上要兵不厌诈，要讲究出其不意的战略和计谋，而不应当畏惧两军人数是否悬殊，更不应当拘泥于常规思路，要善察，善度，以反其道而行之，给对方一个料想不到的打击。

这个历史故事虽然有部分残缺，但不乏展现其内涵的深意，之于当下增益智商方面依然有着取之不尽的营养，可谓历久弥新，受益无穷。

【原文】

昔者，梁君①将攻邯郸，使将军庞涓②，带甲八万至于茌丘③。

齐君④闻之，使将军忌子⑤，带甲八万至……竟。庞子攻卫⑥□□□。将军忌子……卫□□，救与……救卫是失令。田忌曰："若不救卫，将何为？"孙子曰："请南攻平陵⑦。平陵，其城小而县大，人众甲兵盛，东阳战邑⑧，难攻也。吾将示之疑。吾攻平陵，南有宋⑨，北有卫，当途有市丘，是吾粮途绝也，吾将示之不知事。"于是徙舍而走平陵。

□□陵，忌子召孙子而问曰："事将何为？"孙子曰："都大夫孰为不识事？"曰："齐城、高唐⑩。"

【注释】

①梁君,这里指魏惠王(前400年~前319年),姬姓,魏氏,名罃(yīng),魏国也称梁国。

②庞涓:(？—前341年),战国初期魏国名将。相传与孙膑同拜于隐士鬼谷子门下,因嫉妒孙膑的才能,于是捏造罪名将孙膑处以膑刑,砍去了孙膑的双足。

③茌(chá)丘:地名,具体地点不详。

④齐君:这里指齐威王(前378年~前320年),妫(guī)姓,田氏,名因齐,战国时期齐国第四代国君,公元前356年到公元前320年在位。

⑤忌子:这里指田忌,生卒年不详,田氏,名忌,字期,战国时期齐国名将,齐国的将军,曾荐孙膑于齐威王。

⑥卫:这里指卫国,是周朝分封的一个姬姓诸侯国。原建都朝歌(今河南淇县),春秋时迁都帝丘(今河南濮阳)。公元前354年,赵国进攻卫国,迫使卫国屈服于它。卫国原来是亲附魏国的,后改为亲附赵国。魏惠王十分愤怒,于是派庞涓讨伐赵国。不到一年时间,庞涓就攻到了赵国的国都邯郸。

⑦平陵:地名。在宋国和卫国之间。

⑧东阳战邑:东阳,

地名。战邑：军事重地。这里指的是平陵是东阳地区的战略要地。

⑨宋：这里指宋国，周朝的一个诸侯国，国都在商丘。

⑩齐城、高唐：齐国的两个城邑。

【译文】

从前，梁惠王准备攻打赵国的国都邯郸，所以就派遣魏国大将军庞涓率领八万大军浩浩荡荡地到达茌丘安营扎寨。

齐威王得知这个消息后，立即派遣齐国大将军田忌，也率领八万大军随后抵达……守卫在齐国和卫国边境。不久，庞涓就开始攻打卫国，因此卫国的情况十分危急。大将军田忌想即刻前往卫国救援，但由于魏国兵力装备十分强劲，致使救援的困难很大。田忌心中着急可一时又想不出好的计策，于是便和孙膑商议。孙膑说救援卫国是违反军令。田忌听后问道："如果不能直接派兵去救援卫国，那我们该怎么办呢？"孙膑说："将军您可以南下攻打平陵。这个平陵，虽然城池很小，但是所管辖的领地却很大，那里人口众多，兵力充足，是东阳地区的战略要地，而且地势险要易守难攻。我军可以在这里设下疑兵，以此来迷惑魏军。然后，我军表面上攻打平陵。据我观察，平陵南面是宋国，北面是卫国，在进军的途中还会经过魏军的市丘，如果我们从市丘经过的话，粮道很容易被他们所阻断，但我们要假装不知道会有这种危险存在的样子。"无计可施的情况下，田忌只好接受了孙膑的计谋，于是拔营向平陵进军。

快要到平陵的时候，田忌找来孙膑，问："下一步我们该怎么办呢？"孙膑对田忌说："大将军，您难道还没有明白我的计谋吗？"田忌想了想说："好！即刻兵分两路，从齐城和高唐进军。"

【原文】

孙子曰："请取所□□□□□□□□二大夫□以□□□臧□□都横卷四达环涂□横卷所□阵也。环涂①蚑甲之所处也。吾末甲劲，本甲②不断。环涂击柀③其后，二大夫可杀也。"于是段④齐城、高唐为两，直将蚁附⑤平陵。挟苴⑥环涂夹击其后，齐城、高唐当术⑦而大败。将军忌子召孙子问曰：

"吾攻平陵不得而亡齐城、高唐，当术而厥⑧。事将何为？"

孙子曰："请遣轻车西驰梁郊，以怒其气。分卒而从之，示之寡。"于是为之。庞子果弃其辎重，兼趣舍⑨而至。孙子弗息而击之桂陵⑩，而禽⑪庞涓。故曰，孙子之所以为者尽矣。

【注释】

①环涂：魏军的驻地。

②末甲：指先锋部队。末：非根本的，次要的，差一等的。本甲：指后续主力部队。本：根本，主要的。

③柀（bǐ）：离析；破裂。

④段：此处通"断"。这里指把齐城、高唐的军队分成两队。

⑤蚁附：这里形容军士攻城时攀登城墙，像一群蚂蚁向上爬一样。

⑥挟荓：魏军的驻地或将领之名。还有一种说法是形容军队相连不断。

⑦术：泛指街道，道路。

⑧厥：这里指打败仗。

⑨兼趣舍：昼夜不停地行军。

⑩弗息：不停息。桂陵：地名，在今山东菏泽东北。

⑪禽：通"擒"。

【译文】

孙膑说："请将军您派两位将领带兵从齐城和高唐围拢过去，联合来一个横扫千军攻击环涂的魏国阵营。环涂是魏国重要的驻军之地，我军先派遣先锋军队发起猛烈的进攻，但后续的主力军队暂时按兵不动等待接应。这时候，环涂的魏军必定会攻破我军而极力在我们身后紧追不舍，当然，这两位将军定会打败仗，甚至可能会牺牲啊。"就这样，田忌采纳了孙膑的计策而兵分两路，从齐城、高唐直向平陵进军，士卒们像蚂蚁一样勇猛地攀登城墙攻打平陵。结果正如孙膑所料，挟荓与环涂两处的魏军果然从后面一起夹击齐军，致使两路齐军大败。田忌急忙问孙膑："我军还没攻下平陵，反而是齐城和高唐的军队在行军的道路途中就被打败，我们遭受如此损失，现在该怎么办呢？"

孙膑说："请将军您立即派出轻装甲兵驱赶战车，向西疾驰直捣魏国都城的城郊，而庞涓知道后必然会被激怒。那么庞涓一定会马上带兵回去救援魏国国都，而此刻我军只需要派出一小部分军队与庞涓交战，以显示我军兵力很单薄就可以了。"于是，田忌——照办。果然，庞涓丢掉了辎重，急速昼夜兼程地率领大军赶往魏国国都。然而此时，孙膑已经带领主力部队马不停蹄地赶在庞涓之前埋伏在桂陵，待到庞涓到了桂陵，孙膑率伏兵出击打了庞涓的大军一个措手不及而一举俘虏了庞涓。所以说，人们都赞叹孙膑如此用兵，真是妙到极致了。

见威王

【题解】

文中孙膑以进见威王，陈述个人见解的方式，表达了自己对战争的宏观看法。

具体主要表述了以下几个观点：一、在一定形势下，战争是不可避免的，只有靠战争，并且取得胜利，才能解决问题。即"战胜，则所以在亡国而继绝世也。战不胜，则所以削地而危社稷也"。二、孙膑指出"事备而后动"，主张必须有充分的准备才能用兵作战。他还提出了"城小而守固者，有委也"，并举出尧能让天下归服的原因是"素佚而致利"。孙膑的这些主张，无不体现了于用兵作战之中的重要性，只有充分知晓敌势、我势、地势等作战因素，才能提出切实可行的作战计划，从而保证作战胜利。"不打无准备之仗"，这是有见识的军事家们的共识。三、"卒寡而兵强者，有义也。""乐兵者亡，而利胜者辱。"这都是孙膑所提出的作战根本原则"义"。战争本身可分为正义战争和非正义战争。进行正义的战争，可以变弱小为强大，最后战胜敌人；进行非正义战争，即使一时强大，最终仍不能逃脱失败的命运。这是人类历史上不可篡改的真理。

孙膑关于战争所论述的观点并不难理解，也不乏诸多真实例证证明了他是正确的，更是值得我们现代人深入思考，细心领会的。因此，这也足以证明他是一位伟大的思想家，以及一位杰出的军事家。

【原文】

孙子见威王，曰："夫兵者，非士①恒势也。此先王之傅②道也。战胜，则所以在亡国而继绝世也。战不胜，则所以削地而危社稷也。是故兵者不可不察。然夫乐兵者亡，而利胜③者辱。兵非所乐也，而胜非所利也。事备④而后动，故城小而守固者，有委⑤也；卒寡而兵强者，有义也。夫守而无委，战而无义，天下无能以固且强者。

【注释】

①士：此处假借用作"恃"，依赖之意。
②傅：此处通"布"，传扬，散布。
③利胜：贪图胜利。
④事备：做好战争的准备。
⑤委：这里指物资储备。

【译文】

孙膑拜见齐威王，说："那种所谓的用兵之道，并没有可以依赖的永恒不变的有利形势。这是先王所传布至今的道理。战争的胜负，关系到国家的存亡。如果取得战争的胜利，就可以避免亡国，从而使社稷能够世代继承下去而不至于灭绝。如果不能取得战争的胜利，就会被迫割让土地，以至于危及国家的生存了。所以，如何用兵不能不认真明察。那些轻率用兵的人就会面临败亡，而贪图胜利的人则经常遭受屈辱。所以说，用兵作战之事决不可轻率，而战争的胜利也不是靠贪求胜利就能得到的。用兵作战必须要做好充分的准备之后才能付诸行动，这样，即使城池很小，也能够坚持守住，这正是因为有充足的物资储备；即使兵力不足，但将士们的战斗力依然很强，因为这是在为正义而战。如果物资储备不足却依然坚守，或者不是为了主持正义而发起战争，那么世上就没有谁能够坚守不败，而且也没有任何人能够取得战争的胜利。

【原文】

"尧①有天下之时，黜王命而弗行者七，夷有二，中国四，……素佚②而致利也。战胜而强立，故天下服矣。昔者，神戎战斧遂③；黄帝战蜀禄④；尧伐共工⑤；舜伐厥⑥管；汤放桀；武王伐纣；帝奄反，故周公浅⑦之。故曰，德不若五帝⑧，而能不及三王⑨，智不若周公，曰我将欲责仁义，式礼乐，垂衣裳，以禁争夺。此尧舜非弗欲也，不可得，故举兵绳⑩之。"

【注释】

①尧（yáo）：尧帝，名放勋，古唐国人。中国上古时期部落联盟首领，"五帝"之一。

②佚：此处的佚通"逸"，安逸。

③神戎：这里指神农即炎帝，中国远古传说中的太阳神。姜姓，号神农氏。斧遂（suì）：上古部落的名字。

④蜀禄：地名，即涿鹿。

⑤共工：传说中的部落首领，共工为氏族名，又称共工氏。为中国古代神话中的水神，掌控洪水。

⑥厥：音 jué。

⑦浅：此处通"践"，征服。

⑧五帝：这里指上古时代中国传说中的五位部落首领，说法不一，一般分别指黄帝、颛顼（zhuān xū）、帝喾（kù）、尧、舜。

⑨三王：这里指夏、商、周三代开国的君主，即夏禹、商汤、周文王和周武王。

⑩绳：纠正。这里指用

战争解决问题。

【译文】

"尧帝治理天下的那个时期，一贯废黜帝王之命而不执行的部落有七个，其中有两个是蛮夷地区的，有四个是中原地区的……因为尧帝平时注重休养生息，善于积蓄力量，从而创造了发动战争的有利条件。所以，他战胜了那些不听从命令的部落，最终成为天下霸主，令天下人都臣服于他。

以前，曾经发生过神农氏和斧遂作战，黄帝与蜀禄交锋，唐尧讨伐共工，虞舜征讨厥管，商汤驱逐夏桀，周武王讨伐商纣王等战役，就连商奄反叛，周公都能很快就将这些祸乱平定。然而现在，有一些人，功德不如五帝，才能不如三王，智慧不如周公，却还大言不惭地叫嚷着想通过实行仁义和礼乐制度来制止争斗。其实，这种办法，并不是尧和舜不想实行，而是这种办法根本无法得以解决，所以，只好发兵利用战争去制止战争。"

威王问

【题解】

这篇文章以孙膑与齐威王和田忌问答的形式,详尽地论述了用兵的一系列战略原则,从用兵的主导战略思想,到两军对垒时各种情况下的战略战术,孙膑都能有问必答,而且足以解决作战所遇到的诸多疑难问题。

孙膑回答齐威王的九个问题,说明的是各种情况下应敌取胜的办法,对于用兵作战当然都有指导作用,但其中最值得一提的是"攻其无备,出其不意"和坚持"素信"这两条规则。

作者从宏观上谈论用兵战略,而且具体到领兵作战的问题上谈论了七个问题,其中最核心的是"兵之急",也就是带兵作战最首要最急迫的是什么。文中十分巧妙地用"排他法",或者叫"穷举法",提及了带兵当中很重要的赏、罚、权、势、谋、诈,但孙膑话锋一转,从容不迫地说出了料敌计险的重要性,指出了"必攻不守,兵之急者也"。文章以这种方式摆出观点,一方面突出了论点,同时更显出了这个论点不同寻常,超出常人的认识。文中田忌作为一名知名将领,把他所知道的善于用兵者认为十分重要的六项全举了出来,孙膑却一一否定,从而有力地证明了自己的认识和观点。孙膑主张积极主动进攻,反对消极防守。在军事上,这种主动进攻是十分有效的制胜战略。正所谓"进攻是最好的防守",也就是说,先发制人,常常可以收到意想不到的效果,而消极防守则是用兵布阵之中的大忌,必败无疑。

【原文】

齐威王问用兵孙子曰:"两军相当,两将相望,皆坚而固,莫敢先举,为之奈何？"

孙子答曰："以轻卒尝①之，贱而勇者将之，期于北②，毋期于得。为之微阵以触其侧③。是谓大得。"

威王曰："用众用寡有道乎？"孙子曰："有。"

威王曰："我强敌弱，我众敌寡，用之奈何？"

孙子再拜曰："明王之问！夫众且强，犹问用之，则安国之道也。命之曰赞师。毁卒乱行，以顺其志，则必战矣。"

威王曰："敌众我寡，敌强我弱，用之奈何？"

孙子曰："命曰让威。必臧其尾④，令之能归。长兵在前，短兵在□，为之流弩⑤，以助其急者。□□毋动，以待敌能。"

威王曰："我出敌出，未知众少，用之奈何？"

孙子曰："命曰险成。险成，敌将为正，出为三阵，一□能相助，可以止而止，可以行而行，毋求……"

威王曰："击穷寇奈何？"

孙子曰："……可以待生计矣。"

威王曰："击钧⑥奈何？"

孙子曰："营而离之⑦，我并卒而击之，毋令敌知之。然而不离，按而止。毋击疑。"

威王曰："以一击十，有道乎？"

孙子曰："有。攻其无备，出其不意。"

威王曰："地平卒齐⑧，合而北者，

何也？"

孙子曰："其阵无锋也。"

威王曰："令民素听，奈何？"

孙子曰："素信⑨。"

威王曰："善哉！言兵势不穷。"

【注释】

①轻卒：轻装军队，指很少的一部分兵力。尝：试探。

②将：率领。期：预期，预先。北：败北。

③微阵：隐蔽的阵队。微：隐蔽的。侧：侧翼。

④臧：疑借为"藏"，意谓隐蔽好后面的部队，以便撤退。尾：指后续战队。

⑤长兵：长柄兵器，如戈矛。短兵：短柄兵器，如刀剑。流弩：即机动的弩兵。意谓在危急的时候，以机动的弩兵救应。

⑥击钧：攻击势均力敌的敌人。钧：通"均"。

⑦营而离之：意为迷惑敌人，使他们分散兵力。营：迷惑之意。离：分离。

⑧地平卒齐：地势平整，兵力相当。

⑨素：平时，一贯。信：信用，守信。

【译文】

齐威王向孙膑询问用兵作战的方法时说："如果两军旗鼓相当，双方的将领对阵而望，双方的阵势都十分坚固，致使谁也不敢先发动攻击，应该怎么办呢？"

孙膑回答道："可以先派遣少量兵力，由低级而勇敢的将领率领他们去试探敌军，要预先做好失败的准备，不要期望取胜。这支试探的军队行动要隐蔽，而且一定要从敌阵的侧翼予以猛烈的攻击。这就是取得大胜的方法。"

威王问："作战时，用兵多与少有一定的规律吗？"孙膑说："有。"

威王问："那么在我方兵力强而敌军弱，或者我方兵士多而敌方兵士少时，该怎么办呢？"

孙膑再次向齐威王行礼后回答道："这真是英明君王所提出的问题啊！在我方兵多将广阵势强大的形势下，还能问及如何用兵，这种谨慎的态度，确实是定国安邦的根本。在这种形势下，可以采用诱敌之计，这种策略叫作'赞师'。就是故意让我方军队队形散乱，以此示弱骄敌而去迎合敌方贪胜心理，那么敌军一定会主动和我方交战了，而我方必胜无疑。"

威王又问："如果敌方兵多将广而我方将士不多，明显的敌强我弱，这种情况下我们应该怎么办呢？"

孙膑说："这种情况下就要采取退避战术，叫作'退威'。就是要避过敌军的锋锐，但一定要隐蔽好后续主力军队，以便在必要的时候能够保证自己的军队顺利撤退。撤退军队的队列一定要让持长兵器的军兵在前，持短兵器的军兵在后，并配备机动的弓弩兵，以便作为应急之用。……我方的主力军队要按兵不动，等待敌军疲惫时再伺机出击。"

威王问："如果我军和敌军同时出动，可又不知道敌军兵力是多是少时，应该怎么办呢？"

孙膑说："这种情况下采用的策略是叫作'险成'。在'险成'的情况下，敌方按常规部阵，我方就摆出三阵，一阵……使彼此能够互相支援，可以停止时就停止，可以出动时就出动，不要强求……"

威王问："交战以后，应该如何追击溃败而逃穷途末路的敌人呢？"

孙膑说："……敌人在被追击面临绝境之时，定会殊死搏斗，为了避免我方将士伤亡，可以假装放他们一条生路，这样他们只顾争先逃生就会丧失斗志，在他们疲于奔命之际就能轻而易举地按计划将他们全部消灭了。"

威王问："攻击势均力敌的敌军时，我们应该怎么办？"

孙膑回答道："这种情况下就要迷惑敌军，使其兵力分散，然后我军乘势抓住战机，集中兵力，在敌军尚未察明我军意图之前给以突然袭击。但是，在敌军尚未中计而还没有分散兵力之时，我们就要按兵不动，耐心等待战机。千万不要盲目出击攻打对我军起疑心而已有防备的敌军。"

威王问："如果我军和敌军的兵力为一比十时，在这种兵力悬殊的情况下有攻击敌军而制胜的办法吗？"

孙膑回答道："有！可以采用'攻其无备，出其不意'的战术，对敌军发动突然袭击。"

威王问："在地势平整，敌我双方兵力相当的情况下，两军交战却打了败仗，又是什么原因呢？"

孙膑回答说："这是由于自己的军阵之中没有精锐的先锋阵队。"

威王问："想让军兵都能一贯地听从命令，应该怎么办呢？"

孙膑答道："这就要求将领在平时能够对军兵严守信用，建立威信了。"

威王说："你说得太好了！你所讲的用兵的奥妙真是让人受用无穷啊！"

【原文】

田忌问孙子曰："患兵者何也？困敌者何也？壁延不得①者何也？失天

者何也？失地者何也？失人者何也？请问此六者有道乎？"

孙子曰："有。患兵者地也，困敌者险也。故曰，三里沮洳将患军②……涉将留大甲③。故曰，患兵者地也，困敌者险也，壁延不得者渠④寒也，……"

田忌曰："……奈何？"

孙子曰："鼓而坐之，十而揄之⑤。"

田忌曰："行阵已定，动而令士必听，奈何？"

孙子曰："严而示之利。"

田忌曰："赏罚者，兵之急者耶？"

孙子曰："非。夫赏者，所以喜众，令士忘死也。罚者，所以正乱⑥，令民畏上也。可以益胜⑦，非其急者也。"

田忌曰："权、势、谋、诈，兵之急者耶？"

孙子曰："非也。夫权者，所以聚众也；势者，所以令士必斗也；谋者，所以令敌无备也；诈者，所以困敌也。可以益胜，非其急者也。"

田忌忿然作色："此六者，皆善者所用，而子大夫⑧曰非其急者也。然则其急者何也？"

孙子曰："料敌计险⑨，必察远近，……将之道也。必攻不守，兵之急者也。……骨也。"

【注释】

①壁延：壁垒沟堑。不得：不能攻占，不能取胜。

②沮洳（jù rù）将患军：意谓周围若有三里沼泽泥泞地带，则将为军队的患害。沮洳：沼泽泥泞地带。

③大甲：疑指全副武装、铠甲坚厚的大军。

④渠寒：疑指"渠答"，又称"铁蒺藜"，是张在城上防矢石的设备，属于守城御敌的战具。

⑤十：指采取多种方法，千方百计。揄（yú）：拉，引。

⑥正乱：整饬军纪。

⑦益胜：有助于取胜。益：有助于，有益于。

⑧子大夫：敬称，此处指孙膑。
⑨料敌计险：预料分析敌情，审察地形的险易。

[译文]

田忌问孙膑说："用兵的忧虑是什么？使敌军陷入困境的办法是什么？不能攻占壁垒壕沟的原因是什么？失去天时的原因是什么？失去地利的原因是什么？失去人心的原因是什么？请问，改变这六项作战要素有没有规律可循呢？"

孙膑回答说："有。用兵最大的忧虑是不得地利。使敌军落入困境的办法是抢先占据险要地势。所以说，有数里远的沼泽地带就能妨碍军队行动……横渡江河湖泊之时便能阻滞全副武装的大军行进。由此可见，用兵的忧虑是不得地利，使敌人陷入困境的办法是率先据险。不能攻克壁垒壕沟的原因则在于没能破坏敌军守城御敌的战具……"

田忌问孙膑："（如果敌军坚守城池不出来迎战），我们应该怎么办呢？"

孙膑说："这种情况下就要击鼓作出进军的样子而实际上不行动，坐待敌军来攻，如果敌人按兵不动，就千方百计引诱敌军开城出战。"

田忌问孙膑："进军部署已经确定，在行动中想让军兵完全听从命令，应该怎么办呢？"

孙膑回答说："这时就要严明军纪，同时还要重申明令悬赏制度，让他们看到利益。"

田忌问："赏罚是用兵作战当中最要紧的事项吗？"

孙膑说："不是。赏赐是为了提高士气，是促使军兵能够舍生忘死英勇作战的手段；施行处罚，是为了整饬军纪，促使军兵对上级将领能够畏服的手段。赏罚有助于取得胜利，但不是用兵最要紧的事项。"

田忌又问："那么，权力、威势、智谋、诡诈是用兵最紧要的事项吗？"

孙膑回答："不是的。所谓的权力，是用来聚集士卒而保证军队中整体指挥能够顺利服从的；所谓的威势，是促使士卒奋勇作战的必备条件；所谓的智谋，运用得当就能使敌军无从防备；所谓的诡诈，是用来迫使敌军落入困境的。这些都有助于取得胜利，但又都不是用兵作战中最要紧的事项。"

田忌气得变了脸色，说："这六项都是善于用兵的人常用的，而你却说这些都不是最要紧的事项，那么你说什么才是用兵之中最要紧的事项呢？"

孙膑回答说："充分预料分析敌情，审察地形的险易，同时必须要察明敌我双方距离的远近……根据当时形势和战局将会出现的变化随机应变，这就是领兵打仗的规律。善于进攻，把握进攻的主动权而不是消极防守。……这才是用兵作战当中最要紧的事项。"

【原文】

田忌问孙子曰："张军毋战，有道？"

孙子曰："有。倅险增垒①，诤戒②毋动，毋可□□，毋可怒。"

田忌曰："敌众且武，必战有道乎？"

孙子曰："有。埤垒广志③，严正辑众④，避而骄之，引而劳之，攻其无备，出其不意，必以为久。"

田忌问孙子曰："锥行者何也？雁行⑤者何也？篡卒力士者何也⑥？劲弩趋发者何也？飘风⑦之阵者何也？众卒者何也？"

孙子曰："锥行者，所以冲坚毁锐也；雁行者，所以触侧应□也；篡卒力士者，所以绝阵取将⑧也；劲弩趋发者，所以甘战持久也；飘风之阵者，所以回□□□也；众卒者，所以分攻有胜也。"

孙子曰："明主、知道之将，不以众卒⑨几功。"

【注释】

①倅险增垒：意谓凭据险要，增高壁垒。倅（cuì）：借为"萃"，居止的意思。

②诤戒：本意告诫。诤：或借为"静"。戒：戒备。意谓加强戒备，按兵不动。

③埤（pì）：同"卑"，低下，矮小。广志：发扬士气。埤垒广志：意谓修筑低垒，表示无所畏惧，以激励士气。

④正：疑借为"政"。辑：团结。严正辑众：意谓严明法令，以团结

士卒。

⑤雁行：指战阵名。

⑥篡（cuàn）：借为"选"，选拔。篡卒力士者：经过挑选的善战的士卒。

⑦飘风：旋风，暴风。

⑧绝阵取将：攻破敌阵，擒拿敌将。绝：攻破之意。

⑨众卒：普通士卒，一般士卒。

【译文】

田忌问孙膑说："敌军摆开阵势却不进攻，有办法对付吗？"孙膑说："有办法。利用险要地形增高堡垒，告诫士兵安静地严加防守，不许轻举妄动，不要……不要被敌军的蓄意挑衅所激怒。"田忌问："敌军兵多将广而且勇武凶猛，这种情况下有战胜敌军的办法吗？"孙膑说："有。要在城池内修筑低垒，表示无所畏惧，以此来激励士气，广设旗帜，用以迷惑敌军，并且严明军令，以团结士卒，有意避开敌人的锐气，使敌军骄傲自大，并设法牵引敌军，使敌军疲劳倦怠，然后出其不意，攻其无备，使敌人防不胜防，同时还要做好打持久战的准备。"

田忌问孙膑："采用锥形战阵有什么作用？用雁形战阵有什么作用？

215

选拔强壮善战的士兵有什么作用？作战时配备能够发射强弩利箭的士兵有什么作用？采用旋风一般快速移动的阵形有什么作用？那些普通士兵在战阵中又有什么作用？"

孙膑说："使用锥形战阵，是为了冲破敌军坚固的阵地，同时摧毁敌军的精锐部队；运用雁形战阵是为了与敌人对战之时便于本方军队相互策应；选拔强壮善战的士兵是为了决战时擒拿敌军将领；作战时配备能够发射强弩利箭的士兵，是为了在双方相持不下时能够持久作战；采用旋风一般快速移动的队形，是用来迂回包抄敌人的……；普通士兵则是用来配合作战，保障战斗胜利的。"

孙膑接着又说："明智的君王和精通兵法的将领，都不会使用普通士兵去完成关键任务，更不会指望他们能夺取战斗胜利。"

【原文】

孙子出，而弟子问曰："威王、田忌臣主之问何如？"

孙子曰："威王问九，田忌问七，几①知兵矣，而未达于道②也。吾闻素信者昌③，立义……用兵无备者伤，穷兵④者亡。齐三世⑤其忧矣。"

【注释】

①几：接近。

②未达于道：意谓还没能达到掌握战争规律的境地。

③素信：一贯讲信用。昌：昌盛。

④穷兵：指穷兵黩武。

⑤齐三世：齐国经历了三代。齐国在威王、宣王时，国势很强，至湣王末年为燕国所败之后，国势遂衰。自威王至湣王，恰为三世。由此看来，孙膑兵法有可能是孙膑后学在湣王以后写定的。

【译文】

经过一番问答后，孙膑走了出来，他的弟子问道："威王和田忌君臣二人的问策情况，是怎样的呢？"

孙膑说："威王问了九个问题，田忌问了七个问题，他们可以算是懂得用兵之道了，但还没有达到完全掌握战争规律的程度。我听说，一贯讲信用的君王，他所治理的国家必然会昌盛，树立正义的……没有做好准备而用兵的人必定会失败，穷兵黩武的人必定会灭亡。齐国已传了三代，应该有忧患意识啊！"

陈忌问垒①

【题解】

陈忌即齐国大将田忌，古时"陈"与"田"相同。问垒就是询问堡垒战法之意。这篇文章用田忌向孙膑请教在半路突然遭遇敌军而未能构筑壁垒的情况下，应该如何布阵设垒的战法，引出孙膑对马陵之战的补叙，从而阐述了如何在敌强我弱的情况下布阵设垒，怎样积极防御，以至伺机消灭敌军的战略战术。

事实上，不仅在古代用兵方面经常会有这样的情况发生，现代生活中的各行各业无不是如此，总会有猝不及防的事情发生，那么，应对突发状况的应变能力就显得尤为重要了。可见，做任何事情都离不开如此用兵之道，不仅要掌握理论阵法，更可贵的是能够因时、因地、因人而异的巧妙运用。

【原文】

田忌问孙子曰："吾卒……不禁，为之奈何？"孙子曰："明将之问也。此者人之所过而不急也。此□之所以疾……志也。"田忌曰："可得闻乎？"曰："可。用此者，所以应猝窘处隘塞死地之中也。是吾所以取庞□而擒太子申②也。"田忌曰："善。事已往而形不见。"孙子曰："蒺藜③者，所以当沟池④也。车者，所以当垒也。□□者，所以当堞⑤也。发⑥者，所以当埤堄⑦也。长兵次之，所以救其隋也。钑⑧次之者，所以为长兵□也。短兵次之者，所以难其归而徼其衰⑨也。弩次之者，所以当投机⑩也。中央无人，故盈之以……卒已定，乃具其法。制曰：以弩次蒺藜，然后以其法射之。垒上弩戟分。法曰：见使谍来言而动……去守五里置候，令相见也。高则方之，下则圆之。夜则举鼓，昼则举旗。"

【注释】

①陈忌：这里指田忌，古时"陈"与"田"相同。问垒：就是询问布阵设垒的战法。

②太子申：魏惠王的长子。

③蒺藜（jí lí）：古代用木或金属制成的带刺的障碍物，布在地面以阻碍敌军前进。因与蒺藜果实形似，故名蒺藜。

④池：这里指护城河。此句意谓蒺藜的作用相当于沟池；

⑤堞（dié）：城墙上向外一侧所设墙垛，战时可抵挡敌人的矢石攻击。从孔隙中则可对敌人射箭发炮。城墙向内一侧则可设矮墙，防止人马下坠。

⑥发：这里指盾。

⑦埤堄（pì nì）：城上呈凹凸形而有孔的矮墙，泛指城墙、围墙。

⑧鏦（cōng）：古代的一种小矛。

⑨徼（jiǎo）：截击。衰：疲惫。

⑩投机：抛石机。

【译文】

田忌问孙膑："如果我军兵力

薄弱，半路突然遇到敌人，自知很难抵挡住敌军的进攻，在这种情况下应该怎么办呢？"孙膑回答道："这是明智的将领才能提出的问题。同时这也是一个人们常常忽略而没有看重的问题。这是用来迅速……"田忌说："那您能讲给我听吗？"孙膑说："可以。这个办法，可以在猝不及防突然陷入困境，或者是进入地形不利的死地时使用。也是我用以战胜庞涓并活捉魏太子申的阵法。"田忌说："太好了！只可惜这场战役已经结束很久了，没能看见当时布阵设垒的情形。"孙膑说："当时，我用蒺藜布阵，将大量蒺藜排布在地面上作阻碍物充当城池下的沟壑以及护城河。用战车排列布阵，当作城墙壁垒，起着抵挡的作用。……放在车上，可以当作城墙上的墙垛矮墙。将盾牌依次排列当作城头上有孔可以射击的围墙，这样既可以防御，又可以向外射箭。后面部署一些使用长兵器的阵队，用来紧急救援被敌军突破的地方。在长兵器阵队后面部署一支使用小矛的队伍，用以支持使用长兵器的部队。而派遣一支使用短兵器的队伍，则用来阻断敌军回归的后路，以及截击疲惫衰竭的敌军。在最后边布置一支弓弩兵队伍，这些强劲

的弓弩兵可以发挥抛石机的作用。阵地中央没有士兵，因此布满它以便……，就这样一切都按计划部署完成，就完全符合兵法要求了。兵法上规定说：把弓弩兵部署在蒺藜后面，然后让他们听从指挥去射击敌军。在堡垒中，弓弩兵和使用戟的士兵要保持各占一半。兵法上又说：要等到派出去侦察的间谍回来报告敌情后方可依照谋略出击……要在距离守卫阵地五里远的地方设置瞭望的岗哨，必须使瞭望哨和所守卫的阵地能够相互看得见。如果岗哨是在高处，就设置方形的瞭望台；如果岗哨在低处，则设置圆形瞭望台。夜间利用击鼓声相互联络，白天就以举旗相互联络，以便发生突发状况而能及时应对。"

篡卒

【题解】

篡借为选，篡卒即选卒。这篇文章虽然篇幅不长，字数不多，但内容却十分丰富。集中论述了用兵作战的一系列重要问题，字字珠玑，值得细细品味。

文中提出了"兵之胜在于篡卒"的观点，在进行了一系列论述之后，孙膑又突出强调"明赏、选卒……是谓太武之葆"。

这个故事说明了作为统兵作战的将帅，要有"敢去不善"的决断，注重选拔贤能之人，可以说是直接关系到战争胜利与否的重要因素。

【原文】

孙子曰：兵之胜在于篡卒①，其勇在于制②，其巧在于势，其利在于信，其德在于道，其富在于亟归③，其强在于休民④，其伤在于数战⑤。

孙子曰：德行者，兵之厚积也。信者，兵之明赏也。恶战者，兵之王器也。取众者，胜□□□也。

孙子曰：恒胜有五：得主专制，胜。知道，胜。得众，胜。左右和，胜。量敌计险，胜。

孙子曰：恒不胜有五：御将，不胜。不知道，不胜。乖将⑥，不胜。不用间⑦，不胜。不得众，不胜。

孙子曰：胜在尽□，明赏，选卒，乘敌之□。是谓太武之葆⑧。

孙子曰：不得主弗将也……

＊＊＊＊＊

（以下为散简、缺文）……令，一曰信，二曰忠，三曰敢。安忠？忠王。安信？信赏。安敢？敢去不善。不忠于王，不敢用其兵。不信于赏，百姓弗德。不敢去不善，百姓弗畏。

【注释】

①篡卒：篡，假借为"选"，即选拔士卒。

②制：军法严明。

③亟（jí）：此处通"急"。亟归：指速战速决。

④休民：养精蓄锐。

⑤数战：频繁作战。

⑥乖将：指将士不和。乖：离弃，不和。

⑦间：间谍。

⑧太武：强大的武力。葆：此处借为"宝"。

【译文】

孙膑说："用兵作战能够取得胜利的关键在于如何选用士兵。选拔精锐的士兵就能够勇敢地作战，而要想士卒勇猛善战，在于军法严明，若想让士卒能够机动灵活作战，则在于将领能够审时度势指挥得当，若想士卒的战斗力更加强大而锐不可当，则在于军中的将领奖罚分明持有威信，若想士卒拥有良好的德行素养，则在于将领的教导有方，若想军需物资充足，则在于作战时能够速战速决减少损耗，若想军队的战备实力强大，则在于能够合理妥善地休养生息养精蓄锐，军中士气削弱，明显的损伤过大，则在于太过频繁的征讨作战。"

孙膑说："士卒能够具有高尚的德行操守，是军队巩固的深厚基础。将帅言而有信，是对士兵施行奖罚分明的有力保证。国君和将帅不孤傲好战，是用兵的最高原则。能够得到众人的拥护，就能取得战争的胜利。"

孙膑说："在战争中，能经常取得胜利的方法有五条：如果将领能够深得国君的信任并赐予独有的军权，能够取胜。将领懂得用兵之道，能够取胜。将领能够得到士卒们的拥戴，能够取胜。军中将士能够保持上下团结一致、同心同德，可以取胜。将领能够充分衡量分析敌情，懂得利用地形的优势布阵，能够取胜。

孙膑说："在战争中，总是不能取胜的原因有五点：将领受到君王的制约，不能独立指挥军队，不能取胜。将领不懂得用兵之道，不能取胜。军中的将士不和，不能取胜。将领不善于在敌军安放间谍为自己提供情报，不能取胜。将领得不到士兵们的真诚拥护，不能取胜。

孙膑说："要想取得胜利，关键在于将帅士卒都能尽心尽力……，还要严明军中的赏罚制度，善于选拔精锐士卒，能够看准时机乘敌军部署间隙而进。这才是用兵制胜，建立战功的法宝。

孙膑说："得不到国君信任的将领，是无法统领士兵作战的……"

军中针对将领的法令有三条：第一条是信，第二条是忠，第三条是敢。什么是忠？就是将领要忠于国君。什么是信？就是要求军中将领对于奖赏制度的实施要言而有信。什么是敢？就是要敢于抛弃错误的东西。将帅如果不能忠于国君，就没有资格统领国家的军队。如果对奖赏不能做到言而有信，就得不到士兵们的真心拥护。如果不能抛弃不正确的东西，士兵们就不可能敬畏他的将领。

月战

【题解】

这篇文章从篇题上可以这样理解：战争如同月亮运行一样，是有规律可循的。也就是说，统兵作战就要掌握战争的规律，懂得运用自然规律以及占据地理优势，然后再调整好全军将士上下一心地去用兵作战，只有这样才能立于不败之地。因此，文中首先指出了"间于天地之间，莫贵于人"。接着又进一步指出："天时、地利、人和，三者不得，虽胜有殃。"这些用兵的规律，无不体现了孙膑作为军事家的眼界和智慧，而且他把人为的因素放在最重要的位置，说明只有掌握了太阳、日月星辰的运行规律，才能算是一个有智慧的军事家，才能百战百胜，这无疑是一个智者对于用兵作战的独到见解。

对于天时、地利、人和这三要素的综合利用，不仅古代用兵要讲求，当今社会上的从政、经商等与我们息息相关的事情当中，也都是必不可少的，身为主事之人更应该学会注重顺应时势，合乎民心，因势利导，才能取得成功，而不顾及客观规律，是很难取得胜利的。

【原文】

孙子曰：间于天地之间，莫贵于人。战□□□不单。天时、地利、人和，三者不得[1]，虽胜有殃。是以必付与而□战，不得已而后战。故抚时[2]而战，不复使其众。无方而战者小胜以付磿[3]者也。

孙子曰：十战而六胜，以星也。十战而七胜，以日者也。十战而八胜，以月者也。十战而九胜，月有……十战而十胜，将善而生过者也。一单……

★★★ ★★★

（以下为散简、缺文）……所不胜者也五，五者有所壹，不胜。故战之道，有多杀人而不得将卒者，有得将卒而不得舍④者，有得舍而不得将军者，有覆军杀将⑤者。故得其道，则虽欲生不可得也。

【注释】

①得：具备。

②抚时：此指把握好时机出战。

③曆（lì）：古同"历"。历法，天时。

④舍：军舍，营垒。

⑤覆军杀将：覆灭全部敌军，擒杀敌将。

【译文】

孙膑说："在天地之间的万物，没有比人更宝贵的了。行军作战不是靠单一的条件取胜的。如果天时、地利、人和，这三项条件缺了其中任何一项，都不能取胜，即使暂时获得了胜利，也必定会后患无穷。所以，这三项条件必须要同时具备才能作战。如果这三项条件不能同时具备，不到万不得已的时候，就绝不要出兵。所以，只要能够做到把握好时机再出战，那么只需一战就能取得最终的胜利，无需派遣士兵再去打第二仗。如果没制定好作战计划就出兵，却又能取得小胜，这是由于出兵的时机与天时相符合。"

孙膑说："经历十场战争，能取得六场胜利，这是掌握了星辰变化的规律。经历十场战争，能取得七场胜利，这是掌握了太阳运行的规律。经历十场战争，能取得八场胜利，这是掌握了月亮运行的规律。经历十场战争，能取得九场胜利，月亮有……经历十场战争，而能取得十场胜利，那样则是因为将领善于用兵，而且我军将士生龙活虎的战斗力又胜过敌军的缘故了。"

★★★★★★

……作战不能取胜的原因有五种，而这五种原因只要占有任何一种，都不能取得胜利。所以说，指挥作战是有一定规律的，有些将领指挥作战时虽然能够杀死很多敌军，却不能俘获敌军的将领和士兵，有些将领指挥作战能够俘获敌军的将领，却不能占领敌军的营垒，有些将领指挥作战能够占领敌军的营垒，却不能擒获敌军的将领，有些将领指挥作战不但能够覆灭全部敌军，而且还能斩杀敌将。所以说，用兵是有规律的，只要掌握了用兵的规律，就能出奇制胜，那么即使敌军想求生也都做不到了。

八阵①

【题解】

本篇从宏观上论述了战场之上用兵布阵的基本规律，着重于对将领的要求和使用阵法的基本原则。

文章具体分为两部分。第一部分集中论述对统兵将领的基本要求，第二部分则重点论述了如何布置和使用阵法。文中从"智、勇、道"三个方面论述统兵作战的将领所必须具备的基本素养，同时又从反面，以对比的方法先说明"智不足""勇不足""不知道"三者的后果，接着又以排比的句式，一气呵成，突出强调唯有知"道"才能成为担当重任的将领。而且具体把"知道"归结为七项具体内容："上知天之道，下知地之理，内得其民之心，外知敌之情，阵则知八阵之经，见胜而战，弗见而诤。"最后强调说明"智"和"勇"，是统兵将领必不可少的军事素养，但很少有带兵将领敢于承认自己"智"或"勇"不足。

文中对于八阵的布置也做了详细说明，阐明了只有根据地形的有利条件，选用合适的阵势，再加上将帅审时度势地作出正确的决策和指挥，才是最终胜利的保障。

【原文】

孙子曰：智不足，将兵，自恃也。勇不足，将兵，自广也。不知道，数战不足，将兵，幸也。夫安万乘国②，广万乘王，全万乘之民命者，唯知道。知道者，上知天之道，下知地之理，内得其民之心，外知敌之情，阵则知八阵之经，见胜而战，弗见而诤③，此王者之将也。

孙子曰：用八阵战者，因地之利，用八阵之宜。用阵三分，每阵有锋，诲锋有后④，皆侍令而动。斗一⑤，守二⑥。以一侵敌，以二收。敌弱以乱，先其选卒以乘⑦之。敌强以治，先其下卒⑧以诱之。车骑与战者，分以为三，一在于右，一在于左，一在于后。易⑨则多其车，险则多其骑，厄⑩则多其弩。险易必知生地、死地，居生击死。

【注释】

①八阵：本义是八种兵阵的布阵方法和具体运用，这里指用兵的基本规律。

②万乘国：拥有万辆战车的大国。

③诤（zhèng）：此处通"静"。这里指没有取胜的把握就按兵不动。

④诲：此处通"每"。锋：先锋部队。后：后续部队。

⑤斗一：以三分之一的兵力与敌交战。

⑥守二：意为三分之二的兵力守阵以等待时机。

⑦乘：这里指攻击。

⑧下卒：老弱残兵。

⑨易：地势平坦的地方。

⑩厄：指两边高峻道路狭窄的地形。

【译文】

孙膑说："任用智谋不足

的人，统领士兵去作战，其实很容易就显露出自以为是的高傲了。任用勇力不足的人，去统领士兵，也只有他自己觉得自己神通广大罢了。任用不懂作战用兵之法，又没有一定实战经验的人去领兵作战，那就只能靠侥幸取胜了。要想保证一个拥有万辆战车的大国内外安定，能够扩大国家声势而能够在大国之中称王称霸，而且还能保全自己国家人民财产性命，只有依靠懂得用兵之道的人才能实现。所谓懂得用兵之道的人，就是要上知天文变换，下知地理万物更迭，内能深得民心，外能了解敌情，而且布阵要懂得各种布阵的规律和具体运用，如果能预见到开战必胜就果断出战，在没有胜利把握的情况下就按兵不动，只有这样的人才是能够担当重任的将领。"

　　孙膑说："用八种兵阵作战的将领，要善于根据地形的有利条件去选用合适的阵势。布阵时要把兵力分成三部分，每个战阵都要有先锋军队，在先锋军队之后一定要有后续军队，所有士兵都要等到将领发号施令后才能行动。两军交战时，先用三分之一的兵力去进攻，再用剩下三分之二的兵力守候原地等待时机。攻城时，用三分之一的兵力攻破敌军城池，用三分之二的兵力负责歼灭敌军残余兵力。敌军兵力薄弱而且阵势混乱的时候，就先选用精兵去击杀他们。敌军兵力强大而且阵势严谨的时候，就先派遣老弱残兵前去引诱敌军。当利用战车和骑兵出战时，就要把兵力分为三部分，一部分在右侧，一部分在左侧，一部分负责断后。在地势平坦的地方作战时，就多使用战车，在地势险阻的地方作战时，就多用骑兵，在地势狭窄险要的地方作战时，就多用弓弩手。但无论在地势险要还是平坦的地方，都必须先弄清楚，哪里是生地，哪里是死地，要率先占据生地，然后把敌军一步步逼到死地，就可以将他们一举消灭了。"

地葆

【题解】

葆,通"宝"。本篇是从军事角度论述各种地形的优劣。地利是用兵作战的三要素之一,而善于利用地形则是"地利"的核心。

文中对各种地形在用兵作战中的利弊作了详细的论述,特别详细地指出了"死地""杀地"的地形特点,告诫统兵将领勿入"死地",勿陷"杀地"。这些论述和告诫可以说对统兵将领取得胜利尤为重要。

两个实例告述人们,占据地形优势以后,能够灵活运用战术才是制胜的关键。事实上,发挥地利优势并不是简单地选择一个有利地形就能奏效的,更主要的还在于用兵之时善于施以巧计诱敌上钩,才能充分发挥地利,也只有做到知己知彼,审时度势纵观全局,巧妙运用智勇才算是获得了制胜的法宝。

【原文】

孙子曰:凡地之道,阳为表,阴为里①,直者为纲,术②者为纪。纪纲则得,阵乃不惑。直者毛产,术者半死。凡战地也,日其精也,八风③将来,必勿忘也。绝水④、迎陵⑤、逆流⑥、居杀地⑦、迎众树⑧者,钧举也,五者皆不胜。南阵之山,生山也。东阵之山,死山也。东注之水,生水也。北注之水,死水。不流,死水也。

【注释】

①阳:此指明亮向阳的地形。阴:这里指背阴幽暗的地形。

②术:本意为城邑中的道路。这里指小路。

③八风:四面八方的风。古人认为风的方向与战争的胜负有关。

④绝水：横渡江河水。

⑤迎陵：面向山陵。

⑥逆流：军阵处在河流的下游。

⑦杀地：死地。此指非常不利的地形。

⑧迎众树：迎面对着繁茂的树林。

【译文】

孙膑说："根据地形的大概状况来说，向阳明敞的地形为表，背阴幽暗的地形为里，通直的大路为纲，形同里巷的小路为纪。掌握了大小道路的分布状况，就可以运用自如地布阵用兵了。通直的道路畅通，这样的地形有利于流动作战，崎岖难行的小路，不便于流动作战，反而多半会陷于死路。凡是用于作战的地方，日照条件很重要，对于来自四面八方的风向变化，千万不能忘记要进行仔细观察。渡河涉水、面向山陵、处在河流的下游、居处在不利的地形下扎营驻守、迎面对着繁茂的树林，诸如列举的这五种情况，都容易导致战争的失败。在用兵时还要特别注意的是，适于南面布阵的山，就是生山了。紧靠东面布阵的山，就是死山了。向东流的水，属于源源不断的生水。向北流的水，就可以称作是死水了。不流动的水，自然也是属于死水了。

【原文】

"五地之胜曰：山胜陵，陵胜阜①，阜胜陈丘②，陈丘胜林平地。五草之胜曰：藩、棘、椐、茅、莎。五壤之胜：青胜黄，黄胜黑，黑胜赤，赤胜白，白胜青。五地之败③曰：豀、川、泽、斥。五地之杀④曰：天井、天宛、天离、天隙、天柖⑤。五墓⑥，杀地也，勿居也，勿□也。春毋⑦降，秋毋登，军与阵皆毋政前右，右周毋左周⑧。"

【注释】

①阜：土山。

②陈丘：绵延起伏的小山丘。

③五地之败：五种败地。此下简文仅列举四地，疑漏抄一字。

④五地之杀：五种杀地。

⑤天井：指四边高中间低洼之地。天宛：像天牢一样。天离：指草木茂密如罗网之地。天隙：指出路少而狭的地形。天柖（sháo）：柖，此处通"沼"，指沼泽地。

⑥五墓：疑即指天井、天宛等五种杀地。

⑦毋：不要，不能。

⑧右周毋左周：周，环绕。这里指山陵高地在军阵的左侧或右侧。古兵书多认为军阵右背山陵为有利。

【译文】

"就五种地形对用兵的优劣之势比较而言：山地胜过丘陵，丘陵胜过土山，土山胜过绵延起伏的小山丘，绵延起伏的小山丘又胜过有树林的平地。对于五种野草类的优劣状况依次是：知母草、荆棘、灵寿木、茅草、莎草。对于五种土壤的优劣比较是：青土胜过黄土，黄土胜过黑土，黑土胜过红土，红土胜过白土，白土又胜过青土。至于五种可能导致作战失败的地形是：山溪、川流、沼泽、盐碱地……。至于五种可能导致全军覆没的地形是：似天井般四周封闭的洼地，像天牢一样四周是高山而易进难出的地方，草木丛生如罗网的地方，两面有高山夹峙的狭窄山道，荒僻的沼泽之地。这五种地形犹如军队的坟墓一般，都是凶多吉少的杀地，不能在这里驻扎营地……。春天不能在低洼的地形里扎营驻军，秋天不能登到高处扎营驻军。在驻军和布阵时，都不要轻易改变占据右前方有利地形的策略，要选择右翼有丘陵或高地环绕作为屏障，而不要选择左翼有屏障的地势。"

233

势备

【题解】

本篇以剑、弓弩、舟车、长兵为比喻，说明阵、势、变、权四者在军事上的重要作用。然后借用长有角、齿、爪、距的野兽时聚时斗，生动形象地说明了人类社会中也难免会有争斗现象，以此论述了人类作战手段演变的过程，从而引出了用兵作战的四项基本原则。

文中以剑作比喻，说明兵阵的重要和布阵的要点；用弓弩发射说明兵势的作用；用舟车的灵活说明用兵的机智；用长兵器说明兵权的重要。文章最后强调指出，只有懂得这四项根本，才能破敌擒将。所有这些都是在要求统兵将领必须懂得兵阵，善蓄兵势，能机智指挥，会牢牢掌握兵权。所以说领兵作战对于兵阵、兵势、机变、兵权的掌握与运用，是用兵取胜的根本，更是作战胜利的保证，但必须要相辅相成才能发挥到极致，正如孙膑所说："察此四者，所以破强敌，取猛将也。"

【原文】

孙子曰：夫陷齿戴角，前爪后距①，喜而合，怒而斗，天之道也，不可止也。故无天兵者②自为备，圣人之事也。黄帝作③剑，以阵象之。羿④作弓弩，以势象之。禹作舟车，以变象之。汤、武⑤作长兵，以权象之。凡此四者，兵之用也。

何以知剑之为阵也？且暮服⑥之，未必用也。故曰，阵而不战，剑之为阵也。剑无锋，虽孟贲⑦之勇，不敢□□□。阵无锋，非孟贲之勇也敢将而进者，不知兵之至也。剑无首铤⑧，虽巧士不能进□□。阵无后，非巧士敢将而进者，不知兵之情者。故有锋有后，相信不动，敌人必走。无锋无后,……券不道。

何以知弓弩之为势也?发于肩膺⑨之间,杀人百步之外,不识其所道至。故曰,弓弩势也。何以知舟车之为变也?高则……何以知长兵之为权也?击非高下非……卢毁肩。故曰,长兵权也。凡此四……中之近……也,视之近,中之远。权者,昼多旗,夜多鼓,所以送战也。凡此四者,兵之用也。口皆以为用,而莫彻其道。……功。凡兵之道四:曰阵,曰势,曰变,曰权。察此四者,所以破强敌,取猛将也⑩。

【注释】

①䏟:同"含",包含,暗含,暗长着。距:这里指动物后面突出的像脚趾的部分。

②天兵:这里指齿、角、爪、距是大自然赋予动物的武器。无天兵者:指代人类。

③作:制造。

④羿:后羿,夏代有穷国的君主。

⑤汤、武:指商汤和周武王。

⑥服:佩戴。

⑦孟贲(bēn):战国时人,是古代著名的

武士。

⑧首铤（dìng）：剑的把柄。

⑨膺（yīng）：胸。

⑩自"……功。凡兵之道四"到最后是一段残简。这一简的位置有可能在上文"凡此四……"与"中之近……也"之间。

【译文】

孙膑说："凡是口中暗含牙齿、头上长角、四肢有锐爪、而且有硬距的禽兽，都是喜欢高兴的时候聚集在一起嬉戏，发怒的时候就会凶相毕露互相争斗，这是自然的普遍规律，是无法制止的。从远古时候至今的人类，虽然没有牙齿、角、爪和距这些天生的武器作为自身的防备之用，却可以制造这些武器，古代的圣人们就是这样做的。黄帝时期制造剑，而兵阵的作用就像剑一样锐不可当。后羿制作弓弩，而兵势就像万箭齐发一样，一往无前。夏禹制造车和船，而用兵的变化也像车和船一样灵活多样。商汤、周武王制作长兵器，而兵权就像手拿长兵器一样紧紧地握在手里，运用自如。以上说的这四点，都可以应用到军队作战上去。

"因为什么而说布阵要像剑一样呢？因为剑，是从早到晚都要佩戴在身上的，也许佩戴了一天，也未必能够用得上。所以说，即使没有战事，军队也要时刻保持着阵形而不可懈怠，从这一点上来说，佩剑和布阵是一样的道理。佩剑如果不锋利，即使是像孟贲那样的勇士，也不敢用这把剑去跟那卑贱的奴仆决斗。作战布阵时如果没有先锋军队，不能像孟贲那样勇猛却敢率兵前去进攻敌人，那简直是不明智地用兵到了极点。剑如果没有剑柄，即使是剑术再高超的人，也不敢用这把剑去杀敌。战阵如果没有后续部队接应，又不是善于用兵作战的人却敢带兵进攻敌人，这样做就是完全不懂用兵道理的人。所以说，军阵中应该既有先锋军队，又有后续军队支援，这样就会保持战阵相互信任的协调一致和稳定性，这种情况下，敌军如果进攻我们，就一定会失败而逃。如果军阵中既没有先锋军队，又没有后续军队接应，那么就很有可能腹背受敌而失去胜券，这完全是不懂用兵之道。

"凭什么说兵势和弓弩是一样的道理呢？弓弩是从肩和胸部之间发射出去的，能杀伤百步开外的敌人，而且敌人还不知弓弩是从哪里射来的。所以说，兵势要像弓弩一样，在敌军浑然不知的情况下给予迅速重创。如何弄懂用兵的机变要像车和船一样的灵活呢？……如何知道掌握兵权要像手持长兵器一样运用自如呢？使用长兵器攻击敌人，既不能过高，也不能太低，必须看准目标，猛击敌人的头颅，摧毁敌人的肩甲。所以说，手中握着长兵器就像掌握兵权一样。但凡这四项……作战之中距离的近……了，战场之上，看起来近，其实所要击中的目标却很远。灵活运用兵权，白天多用旗帜，晚上多用金鼓，用以传达命令指挥作战。凡是以上这四点，都堪称是用兵的根本了。人们常常以为会运用了，其实并没有完全懂得其中奥妙。……往往是徒劳无功。凡是用兵的规则有四项：第一叫兵阵，第二叫局势，第三叫机变，第四叫兵权。只有审察清楚而知道如何运用这四项原则，才能用来击败强敌，擒拿敌军的猛将。"

兵情

【题解】

本篇以矢、弩、发者，分别比喻士卒、将帅和君主，认为只有三方面都合乎要求，才能胜敌。此篇字体与《势备》篇相同，文章思路也近似，有可能就是《势备》篇的后半部。

文中分别从兵士、将领和君王这三个层次论述了军队的内部联系，并从各自的特点出发提出了应该注意处理好相互的依存关系。作者简要地抓住如何用兵取胜这一重点进行分析阐述，使问题的关键更加明显突出。

由此可见，孙膑很善于运用比喻来论述抽象而深奥的道理，能非常形象而生动地说明问题，给人留下鲜明而深刻的印象。文中巧妙地借用弓箭以及开弓放箭为比喻，以此来说明军队内部的各种协作关系，形象而贴切地说明了用兵作战的道理。而"矢，卒也"，非常肯定地说出士兵好比是箭，并从箭的结构说明该如何配置士兵。他以箭头是金属、箭尾是箭翎的箭才能锐利、迅速、射程远的道理，说明了兵力配置必须前"重"后"轻"，就是说，一定要把精锐主力放在前锋。同时，从反面论证了用兵只注重"后重而前轻"的错误，并肯定地说，"犹不胜敌也"。凡此种种，无不说明了作战之中排兵布阵的重要性。

【原文】

孙子曰：若欲知兵之情，弩矢其法也。矢，卒也。弩，将也。发者①，主②也。矢，金③在前，羽④在后，故犀而善走⑤。前……今治卒则后重而前轻，阵之则辨，趣⑥之敌则不听，人治卒不法矢也。

弩者，将也。弩张柄⑦不正，偏强偏弱而不和，其两洋之送矢也不壹，矢虽轻重得，前后适，犹不中招也……将之用心不和……得，犹不胜敌也。矢轻重得，前后适，而弩张正，其送矢壹，发者非也，犹不中招也。卒轻重得，前……兵……犹不胜敌也。故曰，弩之中彀⑧合于四，兵有功……将也，卒也，口也。故曰，兵胜敌也，不异于弩之中招也。此兵之道也。

（以下为散简）……所循以成道也，知其道者，兵有功，主有名。

【注释】

①发者：指使用弓弩发射的人。

②主：这里指国君。

③金：金属的箭头。

④羽：箭羽，即加在箭杆末梢部分的羽毛。

⑤犀：锐利。走：疾行。

⑥趣：进攻。

⑦弩：是古代的一种冷兵器，是古代兵车战法中的重要组成部分，是步兵有效克制骑兵的一种武器。弩也被称作"窝弓""十字弓"。柄：弓柄，弓把，弓臂。

⑧彀（gòu）：这里指箭靶。

【译文】

孙膑说："如果想真正懂得用兵之道，就去体会弓弩发射的道理就行了。箭矢，就好比是士兵。弓弩，就好比是将领。使用弓射箭的人，就是国君。箭矢的结构是前边为金属箭头，后边是禽鸟的长羽毛做成的箭翎，因为这个前重后轻的构造，所以箭才能锐利、迅速，而且还能射得很远，……而如今，许多人在用兵作战时，却没有遵照弓箭前重后轻的原理，他们的部署却是后重而前轻，如此把精锐的重力阵队放在后边，却把老弱病残的兵力放在前面，这样的用兵布阵，只会造成阵队难以分辨主次而显得异常混乱，如果这样去追逐攻打敌军，就会导致阵形调动不灵，士卒难以听从号令，因而只能打败仗，而出现这种状况的原因就在于用兵的人没有效法箭矢的构造原理。

弓弩就好比是将领。弓弩张开射箭之前，如果弓柄没有摆正，在用力过大或太小的时候都会导致两端的发力不协调，弓弩的两端协助发射箭矢的力量也不一致，在这种情况下，即使箭头和箭尾的轻重比例得当，前后顺序适宜，还是不能射中目标……这个道理，将领在用兵上也是如此，如果军中的将士思想不和……得，这样还是不能战胜敌人。如果箭头的重量和箭尾的重量比例得当，前后的顺序也适宜，而且弓柄张开时也能端正，弓弩两端的发射力量也协调一致，可是使用弓弩射箭的人却不得要领，如此还是射不中箭靶。这就好比用兵作战时，虽然士兵配置轻重得当，军队上下一心，前后距离适宜，但是……不能正确使用这支军队，也还是不能战胜敌军的。所以说，要想箭矢射中目标，就必须全都符合这四项要求，而军队想要战胜敌军，也必须要同时做到士兵配置得当，全军上下同心协力……能正确使用军队这三项条件。由此可见，善于用兵战胜敌军，和用箭射中箭靶是同一个道理。这也正是用兵作战所要遵循的规律。

（以下为散简）……如能从弓箭发射之中悟出用兵的道理，就会懂得用兵之道，如果按照这个用兵之道去用兵作战，就一定能建立功勋，国君也能因此而威震天下，声名远播。

行篡

【题解】

这篇文章开篇就提到了"移民之道"重在权衡"篡贤取良"的重要性。文中就此主要论述了用兵作战的基本保障,即战争需用的民力、民财问题,以及如何使士卒和百姓在战争中为统治者尽力。具体说明了如果没有兵员补充,没有物资保障,任何杰出的军事家都是无法施展其才能而取得胜利的。本篇主要论述了以下几个观点:一是选拔任用贤德之人;二是聚集民众的力量齐心合力去抗击敌人;三是要恰当地使用民力;四是动用民力时必须大公无私,对亲、疏的人一视同仁;五是要爱护和积蓄财力。只有做到这五项才能保证长时间用兵作战,说明了这些因素对于用兵作战的重要意义。

【原文】

孙子曰:用兵移民①之道,权衡也。权衡,所以篡贤取良也。阴阳,所以聚众合敌也②。正衡再累……既忠,是谓不穷。称乡悬衡,唯其宜也。

私公之财壹也,夫民有不足于寿而有余于货者③,有不足于货而有余于寿者④。唯明王圣人知之,故能留之。死者不毒⑤,夺者不愠⑥。此无穷……□□□□民皆尽力。近者弗则,远者无能。货多则辨,辨则民不德其上。货少则□,□则天下以为尊。然则为民赇⑦也,吾所以为赇也,此兵之久也。用兵之……

【注释】

①移民:使民众前来归附之意。
②聚众:集结兵力。合敌:同敌人交战。

③货者：这里指富有而贪生的人。

④寿者：这里指因贫困而轻生的人。

⑤毒：痛恨。

⑥愠：抱怨。

⑦赇（qiú）：此处疑指为积聚财物。

【译文】

孙膑说："关于动用民力去作战而使民众一心归附自己这件事，就像用天平称量东西一样去权衡轻重利弊。之所以要反复权衡轻重利弊，是为了选拔任用德才兼备的贤能之人。所谓运用阴阳变化配合的规律，是为了集结百姓的力量，齐心协力地去与敌人交战。一定要反复准确地权衡利弊以后再连续……在动用民力作战之前，要根据这个地方实际的贫富情况，权衡利弊，比较人才的德行操守，只要具有真才实学，就要毫不迟疑地任用他们。

"私人和公有的财物要统一安排使用，像那些百姓之中，有的人拥有很多财物，却贪生怕死，有的人没有多少财物，但却从不畏惧死亡。对于这种情况，只有圣明的国君和贤明的人才知道如何去处理，所以，他们才能留住百姓，能让百姓愿意依附他们，能让牺牲生命的百姓不怨恨，被征用财物的百姓不生气。……从而使百姓都会尽自己的力量。亲近的人不敢违犯法纪，关系疏远的人不敢消极怠慢。如果国家征收的财物过多，就会伤害到百姓，百姓们也会因此而怨恨国君。如果征用财物适量减少，那么百姓就会高兴，国君也会因此而得到百姓们的拥护。既然如此，就应该让百姓们积累财物。我之所以主张让百姓们积累财物，是因为只有这样，才能保证旷日持久的用兵作战。而用兵作战的……"

杀士

【题解】

本题意为善于用兵的将帅能使士卒为之效死。从内容上看，这是一篇残缺严重的文章。不过，仅从标题和两小段残缺文字，我们仍可以意会出文中具有启发意义的战略思想。文章以"杀士"为标题并加以论述，可见是一个十分重要的作战思想。

事实上，纵观古今中外，军队要想取得胜利，国家要想强盛不衰，必须拥有忠贞不渝，甘愿拼死效忠的贤士。

【原文】

孙子曰：明爵禄而……

……杀士则士□□□□……

知之……知士可信①，毋令人离②之。必胜乃战，毋令人知之。当战毋忘旁毋……

必审而行③之。士死……

【注释】

①信：信任。

②毋：不要。人：敌人。离：离间。

③审：慎重审察。行：行动，去做。

【译文】

孙膑说：要事先明确并颁示赏赐官职的等级，以及财物的数量，而……

……士卒一旦拼死效力，就会士气……

……要善于了解贤士。了解贤士才可以信任他，不要让敌人有机会离间贤士，从而使贤士因不得信任而愤然离去。有必胜的把握才可以出战，但不能让敌人事先得知我们的计谋。正当作战期间，务必要忘掉私心杂念……

必须要经过慎重审察，然后才能付诸行动。士卒争先拼死作战……

延气

【题解】

这篇文章是专门论述士气问题的。篇中列举了激气、利气、厉气、断气、延气，反复强调激励士气、鼓舞斗志的重要性。篇中提到了"合军聚众，务在激气"，就是说在集结军兵，准备进军作战的时候，务必要有得力措施，激发全军将士的士气。因此，军队的士气在军队交战中往往是起决定作用的。军队之中的士气高昂，其士兵的勇猛就可以以一当十，以一当百；而当军队士气低落时，则斗志全无，不堪一击。

【原文】

孙子曰：合军聚众，务在激气①。复徙②合军，务在治兵利气③。临境近敌，务在厉气④。战日有期，务在断气⑤。今日将战，务在延气⑥。

……以威三军之士，所以激气也。将军令……其令，所以利气也。将军乃……短衣絜裘⑦，以劝⑧士志，所以厉气也。将军令，令军人人为三日粮，国人家为……所以断气也。将军召将卫人者而告之曰：饮食毋……所以延气……也。

（以下为散简）

……营也。以易营之，众而贵武，敌必败。气不利则拙，拙则不及，不及则失利，失利……

……气不厉则慑，慑则众口，众……

……而弗救，身死家残。将军召使而勉之，击……

【注释】

①激气：激发士气。

②徙：拔营。复徙：再次拔营进军。

③治兵：整治士卒。利气：使士卒有锐气。

④厉气：即励气，即鼓励士兵们的斗志。

⑤断气：使士兵行动果断，有拼死决战的决心。

⑥延气：疑指使士卒有持续作战的精神准备。

⑦絜（jié）袤：这里指粗布衣服。

⑧劝：勉励。

【译文】

孙膑说："集结民众，组编军队准备打仗之前，一定要先去激发军中将士的士气。再次集合军队拔营进军的时候，一定要先整治军中制度，增强士兵的锐气。当军队临近敌军阵地之时，务必要在战前鼓励士兵的斗志。当决战日期确定之后，务必教导士兵行动要果断，要有拼死决战的决心。在即将交战的当天，务必要让士兵们有持续作战的精神准备。

"……为了助威三军将士而使其声势壮大，这也正是之所以激发士气的原因。将领下令……这个命令，是为了增强军中士卒的锐气。将军于是就……穿着粗布短衣，用以鼓舞将士们的斗志。将军下令，命令全军将士每人只带三天口粮，全国的百姓每家每户……这是为了坚定将士们决一死战的决心。将军召见担任后续护卫军队的将士们，并且告诫他们说：吃饭时不要……为了保持高昂的士气……了。

（以下为散简）

"……这就是有关营地驻扎的问题了。以经常变化营地的策略，故意向敌人示弱来迷惑敌人。由于敌军士兵众多而又骁勇善战，就会自恃武力勇猛而轻视我军，那么他们就必定会失败。如果军中将士们的士气不高，行动就会迟缓，行动迟缓就有可能贻误战机，而贻误战机就必然会导致失利，而一旦失利就会……

"……如果将帅没有很好地激励士气，那么士卒就会心生恐惧，心生恐惧就会使众位将士们无限恐慌而退缩，众位将士们无限恐慌退缩就会……

"……而不能救治,像这样出现将士阵亡,而且家庭残破的情况。将领就要派遣使者去慰问,攻击……"

官一

【题解】

本篇篇后所附残简文字均与本篇重复，可见此篇原有两本。"官一"疑指两本中的第一本。篇后所附残简疑为"官二"，因残缺严重，所以将此篇附于《官一》篇后。这是一篇综合论述临敌战术的文章，由于本篇文字艰涩费解，简文次序不易确定。

文中主要论述了各种军事措施及阵法的应用场合，并对多种情况下的战术，作了详尽的具体的分析。军队的编组保证组织严密，以及将领能够灵活运用战术正确指挥，是军队能否充分发挥战斗力取得胜利的关键因素。军队可以按士兵籍贯编组，由本地人担任吏官，这样就便于相互迅速熟悉，易于沟通，而且当时人们的乡土观念、宗族观念都很浓，所以按籍贯编队，更容易管理，能够形成有机的整体，发挥更大的作战威力，这在那个战争年代不失为一条可行性极强的作战原则。

【原文】

孙子曰：凡处卒利阵体甲兵者①，立官则以身宜，贱令以采章②，乘削以伦物③，序行以□□，制卒以州闾，授正以乡曲④，辨疑以旌舆⑤，申令以金鼓，齐兵以从迹，庵结以人雄，邋军以索阵⑥，茭肄以囚逆，陈师以危□，射战以云阵，御裹⑦以嬴渭，取喙以阖燧，即败以包□，奔救以皮傅，燥战以错行。用□以正□，用轻以正散，攻兼用行城，□地□□用方，迎陵而阵用封⑧，险□□□用圜，交易武退用兵，□□阵临用方翼，泛战接厝用喙⑨逢，囚险解谷以□远，草驵沙荼⑩以阳削，战胜而阵以奋国，而……

【注释】

①处卒：疑指选择有利地形驻军。利阵：疑谓使其阵坚利。体甲兵：疑指统帅军队。

②贱：疑借为"践"，践行，实行。采章：指彩色的旗帜、车服等物。

③乘削：指升职或降职。伦物：指人之常情，事物的常理；标准。

④州间：州里。州里、乡曲，都是古代地方基层行政单位。正：长。以上两句意谓按地方行政组织编制士卒，任命官长。

⑤舆：疑借为旟，古代绘有鸟纹的旗。

⑥邋（lā）：不利落，不整洁。索阵：与下文之囚逆、云阵、赢渭、阖燧、皮傅、错行等，疑皆是阵名。

⑦御：抵御。裹：包围。

⑧刲（kuī）：犹"搔"，抓搔；刺杀；割取。

⑨接厝（cuò）：迎战，交兵。喙：原指鸟嘴。这里指军队的先锋部队。

⑩草驵沙荼：即"苴草莎荼"，泛指杂草荆棘。

【译文】

孙膑说：凡是治理士卒，布阵统兵，用兵作战的将领，在设官分职的时候一定要与被选人的才能相匹配，而且必须选用有责任心的人，在他们接受委任履行命令的时候，要授给他们彩色旗帜以及配套的车辆和服装，升官或降级都要遵循统一的常理标准，规定队列的前后次序要依照……在编制军中队列的时候，要按照不同的州里分别给士兵编队，将同一地区的人编制到同一个队伍，然后从乡曲中选拔出有才能的人作为统领他们的官长，并用不同颜色的旗帜和不同的图形作为区分各部队的标志，申明命令时就以击打金鼓的方式传达，行军时队形要严整，前后跟从步调一致，必须按照次序行进。安营扎寨的时候，要选用精明强干的士兵担任警戒，向敌军进攻时可以先用散乱不整齐的索阵，以便引诱迷惑敌军。布阵时也可以像绳索一样肆意将敌军困住，这就是所说的囚逆阵，在要隘之地部署重兵以威慑敌军，可以使用以楼车弓弩发射为主的云阵出战，抵御敌军的围攻就要采用迂回流动反击的赢渭阵，攻取敌人的先锋部队，就要使用封锁

道路并设法隔断其主力支援的阔燧阵，火速追击溃败的敌军就要采用以包围夹击为主的……阵，快马飞奔前去救援，要使用从外围迫近突然袭击的皮傅阵，激战之时就要使用犬牙交错方式攻击的错行阵。用……以正，派遣轻装部队追击正在溃散的敌军，反击敌军的夹击就要采用临时筑城垒的行城阵……要用方阵，面向丘陵排兵布阵就要采取搔扰突袭敌军使其疲惫的刲阵，在险要之地排兵布阵就要采用圆阵。在平易开阔、畅道无阻的地方撤军，要选用精锐部队掩护……临阵要用侧翼部队迎战，一般在临水的地方迎战只派遣先锋战队就可以了，被困险地而无法解脱……远，在杂草荆棘丛生的地方作战，要开辟出畅通无阻的光明之路，战胜归来，要保持军队阵形严整，士气高昂，以振国威，而……

【原文】

为畏以山胠①，秦佛②以逶迤，便罢以雁行，险厄以杂管，还退以蓬错，绕山林以曲次，袭国邑以水则③，辨夜退以明简，夜警以传节④。盾入内寇以棺士⑤，遇短兵以必舆，火输积以车。阵刃以锥行，阵少卒以合杂。合杂，所以御裹也。修行连削，所以结阵也。云折重杂，所权趡也。猋凡振陈⑥，所以乘疑也。隐匿谋诈，所以钓战⑦也。龙隋陈伏，所以山斗也。□□乖举，所以厌津也。

【注释】

①山胠（qū）：与下文的逶迤、雁行、杂管、蓬错、曲次等，疑皆是阵名。胠：古代军阵的右翼。

②佛（fú）：同"茀"，草多貌，这里指荆棘丛生之地。

③水则：永则阵。意思是避实就虚，突袭敌军。另一说法是，如流水一般横扫千军。

④传：符信。节：符节。意谓夜间巡逻以传节为凭证。

⑤棺士：带着棺椁的士卒，特指置之生死不顾的敢死队。

⑥猋（biāo）凡振陈：疑为"飙风振尘"。猋：古通"飙"，暴风；旋风。

⑦钓战：引诱敌人出战。

【译文】

　　抢占山地的右翼作为我方阵地便能威慑敌军。遇到榛树繁茂荆棘丛生而阻碍行军的地方，可以排列成蜿蜒曲折而行的逶迤阵，在停战休整的时候，军队要布列成雁行阵势以保安全，在地势险要的地带作战，要集中兵力配合多种兵器协同作战，反攻或者退军时要注意隐蔽，并且注意交替掩护，绕过山林地带要以曲折阵形确保队伍依次通过，袭击国都城池要避实就虚，像浩荡的水流一样横扫千军，在难以分辨路径的夜间撤退时要设有明显的标志便于识别，夜间警戒通信要有符节作为凭证，以防有敌军混入。潜入敌阵内部破敌时，如果派遣舍生忘死的士卒前去更易完成使命，遇到与敌军短兵相接时，务必要使用长兵器和战车，紧急运送囤积的军用物资要用最好的快车。要想战阵精锐就要排列成锥形阵，兵员不足时，布阵时要把各兵种混合编队，以便协同作战。此时混合编队，是为了便于防御敌军围攻，想要保持队伍整齐，就要修整阵队，使各部分队列在行军过程中也能有序连接，这也是为了更好地集结阵队。采用如同黑云压城、

各种兵器齐上阵的形势攻击敌人,是为了应对紧急突发的事变。像狂风扬尘一般冲入敌阵展开厮杀,是为了在敌人惊疑之际有机可乘。隐蔽自己的兵力,使用欺骗的谋略,是为了引诱敌军中计以后再战。我军如同龙虎一般的强兵,却在敌军面前有意垂落军威示弱,从而借助山区复杂的地形设下伏阵,是为了在山地决战之中消灭敌军。另外……是为了夺取渡口。

【原文】

□□□卒,所以□□也。不意侍卒,所以昧战也。遏沟□陈,所以合少也。疏削明旗,所以疑敌也。剽阵辖车,所以从遗也。椎下①移师,所以备强也。浮沮而翼,所以燧②斗也。禅祜繁避,所以诱蹞也。简练剽便③,所以逆喙也。坚阵敦□,所以攻櫘④也。揆断藩薄,所以眩疑也。伪遗小亡,所以聭⑤敌也。重害,所以茭□也。顺明到声,所以夜军也。佰奉离⑥积,所以利胜也。刚者,所以御劫也。更者,所以过□也。□者,所以御□也。……□者,所以厌□也。胡退□入,所以解困也。

【注释】

①椎下:指在敌军的逼迫下。

②燧(suì):古代取火器材,这里指火攻。

③简练,训练选拔。剽(piāo)便,指骁勇敏捷的士卒。剽:敏捷,轻捷。

④櫘(huì):粗陋的小棺材。

⑤聭(kuì):西汉前期文字多用作"耻",此处疑借为"饵",诱惑。这里指故意丢失一些财物引诱敌军。

⑥佰:大量,众多。奉:同"俸",俸禄,此指军用物资等财物。离:隔离,分散。

【译文】

……卒,所以……了。不把作战谋略的意向告诉身边的士卒,是为了保守作战机密。靠近沟渠排兵布阵,是为了能以少量的兵力与众多的敌军交战。疏散阵队,广列兵器,在鲜明之地多布旗帜,是为了迷惑敌军。动用快速勇猛的部队和轻便的战车，是为了必要时追击败逃的敌人。在敌军的威胁逼迫下转移部队，是为了避开强敌，保存实力。谨慎地借助一侧潮湿地带驻军，是为了更好地防范敌军使用火攻战术。故意装出行动迟缓而散漫，而且躲闪避让的样子，是为了引诱敌军追赶。挑选出有智谋而且剽悍敏捷的士兵，轻装出战，是为了迎击敌军的先锋部队。坚固阵势，激励敦促士兵奋战，是为了抗击拼命突围的敌军。故意破坏自己阵地部分不太重要的藩篱屏障，是为了迷惑敌军而引他们前来偷袭。故意遗弃一些物资军械，装出败退的样子，是为了引诱敌军中计。故意破坏自己重要的阵地，是为了……分派兵力顺着光亮，整夜巡守到天明，并设有信号互相呼应，是为了保障夜里驻军的安全。把大量军用物资分散积存，是为了防备敌军暗中破坏，从而保障军队作战胜利。使用精锐部队负责警戒防守，是为了防止敌军劫营。派遣士卒守更，是为了过……是为了能使自己的军队脱离困境。

强兵

【题解】

本篇从内容、文例和字体看,不是孙膑兵法的本文,但它记述了齐威王与孙膑之间关于富国强兵的问答,内容也十分重要。

文中以孙膑与齐威王问答的方式,论述强兵的战略。作者借威王之口,提出了人们对强兵问题的各种主张,诸如施仁政可以用来获得民心、散发粮食得以安抚民心、以清静无为而去保持社会安定。但由于原文残缺,很难知晓还有哪些强兵治国的主张,但从行文关系,字面所蕴含的深意,我们不难看出,唯有富国才能强兵,而只有强兵才能富国,这也正是治军强国所应该思索的问题。

【原文】

威王问孙子曰:"□□□……齐士教寡人强兵①者,皆不同道……有教寡人以政教者,有教寡人以……有教寡人以散粮者,有教寡人以静者……之教□□行之教奚……"

孙子曰:"……皆非强兵之急者也。"

威王……□□。

孙子曰:"富国。"

威王曰:"富国……"

□厚,威王、宣王以胜诸侯②,至于……

* * * * * *

……将胜之,此齐之所以大败燕③……

……众乃知之,此齐之所以大败楚④人反……

……大败赵⑤……

……□人于翟桑⑥而擒泥皋也……

……擒唐□也……

……擒□襄……

【注释】

①强兵：指军队强大而有战斗力。

②《史记·孟子荀卿列传》："齐威王、宣王用孙子（膑）、田忌之徒，而诸侯东面朝齐。"可参考。

③大败燕：这里指公元前314年齐宣王伐燕的那件事。

④大败楚：这里疑指齐与韩、魏等国伐楚取重丘之战。

⑤大败赵：疑指魏惠王后元十年（齐威王三十三年，公元前325年）齐败赵于平邑，俘赵将韩举。

⑥翟桑：今江苏沛县西南，战国时属宋地。

【译文】

齐威王问孙膑说："……齐国的许多谋士对我讲述了强兵的策略，他们每个人的主张都各有不同……有的人向我提出要施行仁政，以此来使军队强大而有战斗力，有的人让我以……有的人让我把国家的存粮发放给民众以此笼络人心，有的人教诲我以清静无为的理念去保证军心安定……至于这样的教条该怎样去践行……"

孙膑说："……这些都不是强兵最紧要的策略。"

威王问："什么才是强军最紧要的……"

孙膑回答说："富国。"

威王说："富国……"

……齐威王和齐宣王都听取了孙膑的强兵策略以后，积蓄起了更加雄厚的国力，因而以此战胜了众多诸侯，直到……"

* * * * * *

……将士取胜，这就是齐国之所以打败燕国的部分原因……

……众人这才知道，这就是齐国之所以能够大败楚国凯旋的原因……

……大败赵国而俘获赵将韩举……

……大败宋人于齧桑一代，并且擒获了宋朝大将范皋……

……擒获了楚国大将军唐眛……

……擒获……绝尘而去……

十阵

【题解】

在孙膑所处的战国时期，作战的主要工具是战车，然后再由步兵配合战车作战，所以，"兵阵"在当时特别重要。因此，熟知各种兵阵排列方法和威力，以及善于运用各种兵阵作战是对统兵将领最大的考验。

身为将帅如果不会排兵布阵以及灵活运用就不是合格的将帅。正是由于兵阵知识在当时如此重要，所以孙膑才如此详细地述说了十种兵阵的特点、排阵方法以及种种注意事项和运用诀窍，因此他也成为了天下将帅们所追捧的神奇的军事家。

本篇所论述的十种阵法的特点和作用，相对于兵阵的详尽述说而言，是无人可比的，但如果不懂得如何应用，还是不能取得作战胜利的。

【原文】

凡阵有十：有方阵，有圆阵，有疏阵，有数阵，有锥行之阵①，有雁行之阵②，有钩行之阵③，有玄襄之阵④，有火阵，有水阵。此皆有所利。

方阵者，所以剸⑤也。圆阵者，所以榑⑥也。疏阵者，所以吠也。数阵者，为不可掇⑦。锥行之阵者，所以决绝⑧也。雁行之阵者，所以接射⑨也。钩行之阵者，所以变质易虑也。玄襄之阵者，所以疑众难故也。火阵者，所以拔也。水阵者，所以伥固也⑩。

【注释】

①锥行之阵：前尖如锥的阵形。

②雁行之阵：横列展开如大雁飞过的斜行战阵。

③钩行之阵：左右翼弯曲如钩的阵形。

④玄襄之阵：据后文所述当是一种疑阵。

⑤剸（tuán）：截断。

⑥槫（tuán）：借为"团"，结聚。

⑦吴：疑为"吠"字，这里指虚张声势之意。掇（duō）：拾取；摘取。

⑧决绝：突出重围，切断敌军。

⑨接射：疑指用弓矢交战。

⑩伥固：伥：伥鬼，为虎作伥，引申为加强。本句意谓水阵的作用是增强防御的稳固性，或淹没敌人的防御设施。

【译文】

一般兵阵的阵式共分为十种：有方阵、有圆阵、有疏阵、有数阵、有锥形阵、有雁形阵、有钩形阵、有玄襄阵、有火阵和水阵。这些兵阵各有各的长处，各有各的作用。

方阵，是用来截击敌军的。圆阵，是集中兵力组成环形用来防守的。疏阵，是有序地疏散阵队，以此造成虚张声势迷惑敌人的。数阵，是指挥

士卒密集相连，令敌军无法趁机分割而消灭我方军队的。锥形阵，是用来突破敌军阵地并切断其相互联系的。雁形阵，是用来进行弓弩射战的。钩形阵，是在情况发生变化而改变作战计谋时使用的。玄襄阵，是用来迷惑敌军，使其难以完成既定意图的。火阵，是用来攻打、夺取敌军营寨的。水阵，是用来增强防御的稳固性，或淹没敌人的防御设施的。

【原文】

方阵之法，必薄中厚方①，居阵在后。中之薄也，将以吴也。重□其□，将以剸也。居阵在后，所以……

圆阵之法……

疏阵之法，其甲寡而人之少也，是②故坚之。武者在旌旗，是人者在兵。故必疏钜间③，多其旌旗羽旄，砥刃以为旁。疏而不可蹙④，数而不可军者，在于慎。车毋驰，徒人毋趋⑤。凡疏阵之法，在为数丑⑥，或进或退，或击或豩⑦，或与之征，或要其衰。然则疏可以取锐矣。

数阵之法，毋疏钜间，戚而行首，积刃而信之，前后相保，变□□□，甲恐则坐⑧，以声坐□，往者弗送，来者弗止，或击其迂，或辱⑨其锐，箄⑩之而无间，蚡山而退。然则数不可掇也。

【注释】

①薄中厚方：意谓方阵中间人少，周围人多。方：疑借为"旁"，四周。

②是：疑借为"示"，显示。以上三句意谓用旌旗和兵器以显示威武。

③疏钜间：加大阵列的间隔距离。钜：借为"距"，距离。

④蹙：迫促，威胁之意。

⑤徒人：步卒，步兵。趋：疾走。

⑥丑：类，群。数丑：几个小群体。

⑦豩，意义不详。银雀山所出其他竹简中或用作刚毅之毅，疑即《说文》毅字异体。

⑧坐：指军阵稳定不动。

⑨辱：借为衄（nǜ），挫折之意。

⑩笲（fán）：古代一种圆形竹器。这里用为严密之意。

【译文】

方阵布列的方法是，要求阵中心的兵力排列少，但是四周的兵力必须多而强，而将领的指挥位置就要靠后了。中间布置的兵力少是为了虚张声势，用时也便于发号施令。四周排列的兵力多而强，是为了便于截击敌人。指挥战阵的人位置靠后，是为了……

圆阵的布阵方法是……

疏阵的布列方法是，由于铠甲之兵太少而明显兵力不足的情况下，这样做就是为了显示强大，从而使阵势坚固。能够显示威武的就要多增设旗帜，为了显示兵多就要多置兵器。因此，布阵时必须加大士兵之间的行距间隔，在其间多设各种各样的旗帜羽旄，要把锋利的兵器布置在外侧。还要注意疏密适当，既不致于因为稀疏势单力薄而受到敌军的威胁，也不致于因为兵力密集使兵器无法施展而被敌军包围，能够布置得当的关键就在于将帅能够周密部署，谨慎施行。发起进攻的时候，战车不能急驶，步兵不要急行。但凡疏阵使用的规律方法在于，把士兵编制为若干个作战小群体，这样既可轻松前进，也可迅速后退，既可发起进攻又可退后防守，既可火速与敌军对战，也可迂回截击疲弱的敌军。那么不难看出，倘若能够灵活运用疏阵，就可以用来战胜精锐的敌军了。

数阵的布列方法是，不要过于疏散而加大士兵之间的行列间隔，行列要相互靠近，其间只容一人穿行即可，如此依次排列有序，使兵器密集但又便于施展，前后距离得当而便于互相保护，变换……，当本方士兵有恐慌情绪时，要停止行动，然后用和善的语气分析战况从而稳定军心，当敌军退走时，不要贸然追击，敌军来犯时，不要轻易堵截，可以审察清楚敌情之后再选择适当的时机，或者迂回过去对敌军的弱点发起进攻，或是速战速决狠狠地挫败敌军的锐气，一定要布置严密周详，不给敌军任何可乘之机，如此便让敌军在阵前如遇高山横亘一般不可逾越，只好败退而逃。这样一来，那么数阵就堪称是坚不可破了。

【原文】

锥行之阵，卑①之若剑，末不锐则不入②，刃不薄则不剸，本不厚③则不可以列阵。是故末必锐，刃必薄，本必鸿。然则锥行之阵可以决绝矣。

雁行之阵，……中，此谓雁阵之任④。前列著觿，后列若貍⑤，三……阙罗而自存。此之谓雁阵之任。

钩行之阵，前列必方，左右之和⑥必钩。三声⑦既全，五彩⑧必具，辨吾号声，知五旗。无前无后，无……

玄襄之阵，必多旌旗羽旄，鼓翟翟庄，甲乱则坐，车乱则行，已治者□，楷楷啐啐⑨，若从天下，若从地出，徒来而不屈⑩，终日不拙。此之谓玄襄之阵。

【注释】

①卑：借为"譬"。

②不入：不能攻入敌营。

③本：指剑身。这里指主力部队。不厚：不雄厚。

④任：作用。

⑤觿：疑借为貛，兽类，形似猿。貍：哺乳动物，形状与猫相似，毛皮可制衣物。亦称狸子、狸猫、野猫。

⑥左右之和：指军阵的左右两翼。

⑦三声：指军中金鼓笳铎的声音。

⑧五彩：指各种颜色的军旗。

⑨楷楷啐啐（kē kē cuì cuì）：形容大声吵吵闹闹的样子。这里疑指士卒鼓噪之声。

⑩徒：步兵。屈：穷尽。"徒来"之语见《孙子·行军》："尘高而锐者，车来也。卑而广者，徒来也。"

【译文】

锥形阵的布列，譬如想让它像宝剑一般锋利，而战阵的前锋如果不锐利，后续军队就无法顺利攻入敌阵，战阵的两翼如果不像剑刃一样锐气十足逼迫而来，就无法截断敌军，战阵的主体如果不雄厚，就不能依赖排布而列成庞大的锥形阵。因此，锥形阵的前锋阵队必须锐利，两翼阵队必须轻灵而且锐气十足，主体必须兵力雄厚而且鸿大有力。这样，锥形阵就可以突破敌阵，截断敌军了。

雁形阵的布列，……中，这就是雁形阵的作用。雁形阵前面的阵队要像猿猴一样灵活迅速，而后面的阵队则像安详地卧伏在那里的狸猫一样，可一旦发现食物，就会猛然扑过去。三……使敌人无法突破罗网而自保生命逃生。这就是雁形阵独到的作用。

钩形阵的布列，首先前面必须排成方阵形，战阵的左右两翼相对应而且必须布列成钩形。指挥阵队所用的金、鼓、角三种发声器具要事先准备齐全，五种颜色的旗帜必须齐备，要让自己的士兵能够迅速辨别本军指挥号令的响声和知晓指挥旗帜所代表的用意。无论是向前还是向后，无论是向左还是右……

玄襄阵的布列，必须多设置各种旗帜，鼓声要密集而雄壮，铁甲之兵要在表面上表现出散漫混乱，而实际上却很稳定，战车表面杂乱而实际上行进有序，已经整顿好的部队……让士兵的鼓噪之声，喧闹杂乱的车马之声，如同从天而降，又像是从地里冒出来一样，可以让步卒往来不绝，整日不断。这样的布阵方法就叫作玄襄阵。

【原文】

火战之法，沟垒已成，重为沟堑，五步积薪，必均疏数，从役有数，令人为属枇①，必轻必利，风辟……火既自覆，与之战弗克，坐行而北。火战之法，下而衍以苏，三军之士无所出泄②。若此，则可火也。陵焱蒋苏③，薪荛④既积，营窟未谨⑤。如此者，可火也。以火乱之，以矢雨之，鼓噪敦兵⑥，以势助之。火战之法。

水战之法，必众其徒而寡其车，令之为钩楷杙柤贰辑□绛皆具⑦。进则必遂，退则不蹙，方蹙从流，以敌之人为招⑧。水战之法，便舟以为旗，驰舟以为使。敌往则遂，敌来则蹙，推攘因慎而饬之，移而革之，阵而□之，规⑨而离之。故兵有误车有御徒，必察其众少，击舟飐津，示民徒来⑩。水

战之法也。

【注释】

①属枚：点火用的火把。

②无所出泄：无处逃脱。

③猋（biāo）：古通"飙"，暴风；旋风。苁，这里指野草丛生。

④薪荛（ráo）：柴草。

⑤营窟未谨：营地整治不周密。意思是军营戒备不严谨。

⑥敦：敦促，劝勉。意谓鸣鼓喧噪，以激励士卒的斗志。

⑦钩：捞钩。楷：疑为船桨。苁（cōng）：野生植物名。柤：疑为"苴"，野生植物名，这里指枯草。贰辑：小舟楫。

⑧招：箭靶。

⑨规：疑借为"窥"。一说为"集中规范"。

⑩示民徒来：调动步兵在陆路配合作战。一说为"以此向民众公布战事将起的消息"。

【译文】

使用火阵的战法是，在壕沟和营垒修筑完成以后，再在其外围修筑一些堑壕，每隔五步就堆积一些柴草，注意要疏密均匀，然后分派前去点火的士兵人数要适宜，命令他们准备好点火用的火把，点火时动作必须要轻灵利落，同时要注意避开风向……如果大火烧向本方阵队，必然会损伤自己，那么与敌军交战是无法取胜的，必须立即停止行动而迅速向后撤退。使用火战之术的条件是，敌军所处的位置在下风口，而且他们营地的地势低平，野草丛生，那么我军燃起大火后敌人的三军将士就会无处可逃。所以说，如果具备这些条件就可使用火攻了。如果遇上大风天气，而且敌军阵地附近野草丛生，军用的柴草以及蓄积的粮食都已经堆积妥当，况且敌军营地戒备不严谨。那么像这种情况下，也可以采取火攻了。这时，就可以使用火攻造成敌军混乱，再用如雨一样密集的箭射杀敌军，并擂鼓呐喊，督促士兵发起猛烈攻击，以火势辅助兵势，而兵势借助火势一举消灭敌人。这就是火战的方法。

使用水战的方法是，多用步兵而少用战车，命令军中部分士卒准备好捞钩、船桨、枯草、缆绳和小船等用具。船队前进时必须要行动迅速而且还要保持前后紧紧相随，后退时则不可仓促拥挤，要适时收拢队形顺流而下，以敌军士卒为射杀目标。使用水战之术的要旨在于，选用轻便的船只作为旗帜指挥船，选用快船当作本军的联络船。如果敌军后退时就随后追击，敌军进攻时就快速收拢队形奋力迎战，要根据当时的形势变化而谨慎地指挥战船进退，全力应战的同时不忘忽视整治船队秩序。发现敌军移动就加以钳制他们，敌军战阵紊乱就……他们，发现敌军战船集中就想办法隔离他们。由于敌军中常有隐蔽的备用战车和抵御侵犯的精锐步兵，所以务必要察清他们是多是少，然后才能开始攻打他们的船只，尽力控制渡口的局势，同时还要调动陆路上的步兵随时乘船填补进来配合作战。这就是水战的作战方法。

十问

【题解】

本篇用问答形式就敌我双方力量对比的不同情况，提出了不同的攻敌方法。本篇共十组问答，除第一组和第十组的位置可以肯定以外，其它各组的前后顺序是整理者编次的。

《十问》是临敌用兵的战术总汇，主要讲述了在两军对垒的各种情势下，如何用兵取胜的破敌战术原则以及具体办法，针对"敌强我弱"具体划分为十种情况，逐一解答，而且除第七种因竹简残缺，不知原文外，其余九种情况都提出了切实有效的对策，足以供统兵将领临敌效仿。当然，再好的策略也切记应用到实战中，都要按照当时的战场情况，灵活运用，绝不能生搬硬套，否则，依然不能获取成功。所以说，这篇临敌用兵的战术总汇对实战很有参考价值和指导意义，但关键还在于统帅的机智指挥，灵活运用。

【原文】

兵问曰：交和而舍①，粮食均足，人兵敌衡②，客主③两惧，敌人圆阵以胥④，因以为固，击之奈何？曰：击此者，三军之众分而为四五，或傅而佯北⑤，而示之惧。彼见我惧，则遂分而不顾。因以乱毁其固。驷鼓同举，五遂俱傅。五遂俱至，三军同利。此击圆之道也。

问曰：交和而舍，敌富我贫，敌众我少，敌强我弱，其来有方，击之奈何？曰：击此者，□阵而□之，规而离之，合而佯北，杀将其后，勿令知之。此击方之道也。

交和而舍，敌人气众以强，劲捷⑥以刚，锐阵以胥，击之奈何？答曰：

265

击此者,必三而离之,一者延而衡⑦,二者□□□□恐而下惑,下上既乱,三军大北。此击锐之道也。

【注释】

①交和而舍:意谓两军相对扎营,准备交战。和:军队左右垒门。舍:扎营。

②人兵敌衡:意谓双方人力和武器相当。敌:匹敌,相当。

③客:指进攻的一方。主:指守御的一方。

④胥:等待。

⑤傅:借为"薄",迫近,接触之意。伴:假装。

⑥劲捷:强劲敏捷而有力。

⑦延而衡:与下文"延阵以衡"同义,指把军阵延长,横着摆开。

【译文】

兵家问:"两军相对扎营而准备交战时,在双方粮食彼此都很充足,兵力和武器数量不相上下,敌我双方互相畏惧的情况下,如果敌军布下圆阵固守待战,我军该用什么方法攻打敌军呢?"孙膑说:"攻击这样的敌军,我们可以将三军将士分成四五路,其中一路士兵在迫近敌军交战不久之后就假装败逃,装出十分畏惧敌军的样子。这个时候,敌军见到我军畏惧他们,就会毫不顾忌地分兵追击我军阵队。由于敌军出兵追击,就会致使他们原本坚固的阵队

混乱，这时我军就可以趁虚而入，轻而易举地摧毁敌军坚固的营垒。然后，发动驷马战车，擂响战鼓，五路兵马同时迫近敌军。共同发起猛烈攻击。这就是击破敌军圆阵的办法。"

兵家问："两军相对扎营而准备交战时，如果敌方装备富足而我方却很贫乏，敌军兵力多而我军兵力少，敌军战斗力强而我军战斗力弱，而且敌军采用方阵向我军进攻，这样的状况下，我军该如何抗击敌军呢？"孙膑回答说："抗击这样的敌军，就用……攻打他们，迫使兵力集中的敌军分散，我军士兵在迫近敌军交战不久之后就假装败逃，装出十分畏惧敌军的样子，然后伺机绕到敌军后面攻击他们，但一定要注意不能让敌军察觉出我军的意图。这就是攻破敌军方阵的办法。"

兵家问："两军相对扎营而准备交战时，如果敌军的兵将众多而且士兵的战斗力又很强盛，士卒强劲敏捷而意志坚韧，这样的状况下，如果敌军列成锐阵准备与我军交战，我军该如何抗击敌军呢？"孙膑说："抗击这样的敌军，就必须把我方的士兵分成三部分，以便调动和分散敌军的兵力，用我方一部分士兵延长战阵与敌军周旋抗衡，设法堵塞敌军的道路，用第二部分士兵……从而造成敌军的将领恐惧，致使敌军士兵恐慌疑惑，军心不稳而上下一片混乱，这个时候，敌军必然会因此而失败。这就是击破敌军锐阵的办法。"

【原文】

交和而舍，敌既众以强，延阵以衡，我阵而待之，人少不能，击之奈何？答曰：击此者，必将三分我兵，练我死士，二者延阵张翼，一者材士练兵①，期其中极②。此杀将击衡之道也。

问曰：交和而舍，我人兵则众，车骑则少，敌人十倍，击之奈何？答曰：击此者，当保险带隘③，慎避广易④。故易则利车，险则利徒。此击车之道也。

问曰：交和而舍，我车骑则众，人兵则少，敌人十倍，击之奈何？答曰：击此者，慎避险阻，决而导之，抵诸易⑤。敌虽十倍，便我车骑，三军可击。此击徒人⑥之道也。

问曰：交和而舍，粮食不属⑦，人兵不足恃⑧，绝根而攻，敌人十倍，击之奈何？曰：击此者，敌人气□而守阻，我……反而害其虚。此击争□之道也。

【注释】

①材士：材力之士。练兵：精选的士卒，即精兵。

②中极：要害。意谓务期攻敌要害。下文"期于中极"与此同义。

③当保险带隘：意谓凭据险阻隘塞之地，恃以为固。

④慎避广易：意思是谨慎地避开平敞开阔的地形。

⑤"抵诸易"句：意思是把敌人逼迫到平坦的地带，抵抗他们就比较容易了。

⑥徒人：步卒，步兵。

⑦属：连续。意为粮食接济不上。

⑧恃（zhì）：疑借为"恃"。

【译文】

兵家问："两军相对扎营而准备交战时，如果敌军的兵将众多而且士兵的战斗力又很强盛，此时敌军延长阵势摆成衡阵与我军交战，我军也列阵等待应战，但我军兵力太少，恐怕抵挡不住敌军的攻势，这样的状况下，我军该怎么办呢？"孙膑说："抗击这样兵力多于我方的敌军，务必要把我方的士兵分成三部分，并从中选出一部分精兵组成忘我杀敌不怕死的队伍，把另外两路士兵列成延展开的阵势，如同张开两翼向前进军，再派遣那一部分材力之士组成的精锐阵队，伺机攻击敌军的中枢要害部位，斩杀敌军将领，争取一击必中。这就是擒杀敌军将领，击破敌军衡阵的有效方法。"

兵家问："两军相对扎营而准备交战时，我军虽然兵力充足，但多数是步兵，而战车和骑兵的数量却很少，可是敌军战车和骑兵的数量却是我军的十倍，在这样的状况下，我军该怎样与敌军交战呢？"孙膑说："抗击这样的敌军，应当首先占据险要的地形，利用狭长的关隘，千万要谨慎而不能把战场设在开阔平坦的地带。因为开阔平坦的地带有利于战车冲击，而险要的关隘则有利于步兵作战。这就是抗击敌军战车多的作战办法。"

兵家问:"两军相对扎营而准备交战时,我军虽然战车和骑兵充足,但步兵却很少,而敌军步兵却是我军的十倍,这样的状况下,我军该如何与敌军作战呢?"孙膑说:"和这样的敌军交战,千万要谨慎地避开险阻地带,并且想方设法把敌军引诱到平坦开阔的地带去决战,那么抵抗他们就变得容易了。敌军步兵虽然是我军步兵的十倍,但开阔平坦地带便于我军战车和骑兵冲杀,这样就可将敌军全部击败了。这就是打败敌军步兵众多的有效办法。"

兵家问:"两军相对扎营而准备交战时,如果我方粮草不足,士卒和兵器残缺而不足以有所仗恃去威慑敌军,况且还是远离自己的根基营地去攻击敌营,然而此时敌军兵力又是我军的是十倍,在这样的状况下,我军该怎样与敌军作战呢?"孙膑说:"与这样的敌军作战,由于敌军的士气旺盛而率先把守在险阻要道,而我军……这时候就可以反过来攻击敌军阵势的薄弱之处,这就是抗击敌军抢占必争之地的作战方法"。

【原文】

问曰:交和而舍,敌将勇而难惧,兵强人众自固,三军之士皆勇而毋虑。其将则威,其兵则武,而理强粮倢①,诸侯莫之或待。击之奈何?曰:击此者,告之不敢,示之不能,坐拙而待之,以骄其意,以惰其志,使敌弗识。因击其不□,攻其不御,压其骀②,攻其疑。彼既贵既武,三军徙舍,前后不相睹,故中而击之,若有徒与。此击强众之道也。

问曰:交和而舍,敌人保山而带阻,我远则不接,近则无所③,击之奈何?击此者,彼敛阻移□□□□则危之,攻其所必救,使离其固,以揆④其虑,施伏设援,击其移庶⑤。此击保固之道也。

问曰:交和而舍,客主两阵,敌人形箕⑥,计敌所愿,欲我陷覆,击之奈何?答曰:击此者,渴者不饮,饥者不食⑦,三分用其二,期其中极,彼既□□,材士练兵,击其两翼,□彼□喜□□三军大北。此击箕之道也。

【注释】

①理强梁犍（jié）：理，假借为"吏"，指军吏；一说用作动词为"降服"。犍：同"健"，敏捷。一说疑当为"吏强粮接"。

②骀（dài）：疑借为"怠"。

③"近则无所"以上二句：意谓我离敌太远则打不到敌人，离敌过近则无立足之地。

④揆（kuí）：揣度。意谓揣度敌人的行动意图。

⑤移庶：移动中的敌军。

⑥敌人形篡：意思是敌人把军队布置成簸箕形的阵势。

⑦渴者不饮，饥者不食：口渴的人不喝水，饥饿的人不吃饭一样，形容军心稳定，不受敌军引诱，不中敌军圈套。一说是"口渴顾不上喝水，饿了顾不上吃饭而火速行军"。

【译文】

兵家问："两军相对扎营而准备交战时，如果敌军的将领十分勇猛而无所畏惧，敌军兵力众多而且士兵的战斗力极强，阵地也十分坚固，全军将士都很骁勇善战而没有顾虑重重不去拼死作战的。敌军将领威震四方，士兵则勇武无比，而后方负责行军衣食的官吏勤勉尽责，粮食供应充足，就算是强悍敏捷的诸侯也不敢轻易与之争锋。遇到这样强敌的情况下，应该怎样抗击呢？"孙膑说："抗击这样的敌军，可以公开宣告不敢与之抗争，并且显示出我方没有能力与之抗争，并以坐等挫败的态度显示出对其完全屈服的样子，因此令敌军将士产生骄傲情绪，也因此而使他们松懈斗志，但一定要注意掩饰而使敌军看不出我方的真实意图。然后出其不意，攻其不备，压制敌军懈怠薄弱的地方，趁着敌军疑虑之际发起猛烈攻击。敌军供给虽然雄厚富足而且作战勇武，但是全军一旦迁移营地继续行军，队伍就会见首不见尾而致使前后难以相互照应，这时，我军就可以趁机拦腰截击敌军，就像一下子徒然增加了大量兵力参与作战一样，很容易就将敌军击败了。这就是打败强敌之众的作战方法。"

兵家问："两军相对扎营而准备交战时，如果敌军占领了险要的山势据守，拦阻在狭长的必经之路，而此时，我军倘若离敌军太远就无法攻击敌军，倘若离敌军太近了又没有屏障作为可以依托之地，在这样的状况下，该采用什么方法攻击敌军呢？"孙膑说："攻击这样的敌军时，对方既然已经占据了险要的地势……就要设法威迫敌军，那么就要首先攻击敌军一经发现必然前去救援的地方，从而牵制敌军，使敌军离开其坚固的阵地，并预先揣度清晰敌军的作战计划，部署伏兵的同时布设援军，看准时机对移动中的敌军队伍发起猛烈的攻击。这就是攻击据险固守的敌军最有效的作战办法。"

兵家问："两军对垒而准备交战时，如果敌军和我军列阵对峙，敌人摆出簸箕形阵势，估计敌军的意图，是想让我军落入其包围而使我方全军覆没。这样的状况下，我军该怎样与敌军对抗呢？"孙膑说："对抗这样的敌军，要像口渴的人能忍住不喝水，饥饿的人忍住不吃饭一样，不受敌军引诱，不中敌军圈套。用我方军队三分之二的兵力，等待最佳时机去攻击敌军的中枢要害，等到敌军……之时，火速派出有材力之士组成的精兵战队，去猛烈攻击敌阵两翼……这样，敌军必定会全军大败。这就是攻破敌军簸箕阵的作战办法了。"

略甲

【题解】

本篇简文残缺，无法看出主要内容。除首简以外，各简次序不能确定，译文一律提行，不连写。本篇字体与《十阵》《十问》相近，不易区分，现将可能属于这三篇的残简一并附于本篇之后。

仅从这些残缺简文中，可以看出这篇文章是论述临阵战术的。主要讲述了在临敌用兵时，如何根据不同的敌我双方所占据的形势，恰当地运用相应战术克敌制胜的战略方法，提倡统兵将领要有谋略，要依靠战术才能获胜，更要借助因时、因地、因势用兵的军事思想布置作战策略。

【原文】

略甲之法①，敌之人方阵□□无□……

……欲击②之，其势不可，夫若此者，下之……

……以国章，欲战若狂，夫昔此者，少陈③……

……反，夫若此者，以众卒从之，篡卒因之，必将……

……篡卒因之，必……

（以下为散简）

……左右旁伐以相趋，此谓钩击。

……之气不臧④于心，三军之众□循之知不……

……将分□军以修□□□□寡而民……

……威□□其难将之□也。分其众，乱其……

……阵不厉，故死不……

……远揄⑤之，敌倦以远……

……治，孤其将，荡其心，击……

……其将勇，其卒众……

……彼大众将之……

……卒之道……

【注释】

①略甲之法：用兵的谋略阵法。略：谋略。

②击：攻击。

③少陈：疑指收拢阵型，谨慎作战。陈：通"阵"。

④臧：疑借为"藏"。

⑤揄（yú）：逗引，挑战，袭扰之意。

【译文】

（注：这篇简文残缺太多，无法译出完整的句段，只好译出几个片断的句子。）

用兵的谋略在于机智灵活，当敌军列出方阵时，没有……

……想要攻击敌军阵营，而敌军的兵势强大而不可战胜时，比如在这种形势下……

……为了保卫国家，急切想要开战的心情像是发疯一般，在这种情况下，收拢阵型，谨慎作战……

……返回，在这种情况下，让大队兵马尾随其后，选拔出精兵沿途袭扰，必然会将他们……

选拔出精兵沿途袭扰，必然会……

★★★　★★★

（以下为散简的部分译文）

……从左右两边快速相向攻击，这种阵法就叫作钩击。

……这种阵法的阵势迅速，大有迅疾不及掩耳之势，可使三军将士按照布阵要求……

……使敌军的将领孤立，军心动摇……

……　……

客主人分

【题解】

本篇论述了两军交战时,士卒充足、粮草充盈、武器精良都不足以惧怕,只有掌握战争规律,审明敌我双方战备人马的虚实情况,善于利用有利天时和良好地势,才是取得胜利的有力保证。

文中着重论述了作为军中将领如何从主、客两军布置兵力,到怎样善于利用地形地利;从主、客两军的兵力对比,讲到要善于分散敌军兵力、抑制敌军将领等用兵的规律。文风笔法上,作者采用了三个设问句:"众者胜乎?则投算而战耳。富者胜乎?则量粟而战耳。兵利甲坚者胜乎?则胜易知矣。"说明了作战胜利的要素,同时让人深谙他的用兵规律。

【原文】

兵有客之分,有主人之分①。客之分众,主人之分少。客负倍主人半,然可敌②也。负……定者也③,客者,后定者也。主人安地抚势以胥。夫客犯隘④逾险而至,夫犯隘……退敢刎颈,进不敢拒敌,其故何也?势不便,地不利也。势便地利则民自……自退。所谓善战者,便势利地者也。

带甲数十万,民有余粮弗得食也,有余……居兵多而用兵少也,居者有余而用者不足。带甲数十万,千千而出,千千而口之……万万以遗我。所谓善战者,善翦⑤断之,如口会掝⑥者也。能分人之兵,能按人之兵,则锱铢而有余⑦。不能分人之兵,不能按人之兵,则数倍而不足。

【注释】

①客:客军,这里指进攻的一方阵队。主:主军,这里指防御的一方阵队。

②敌：匹敌。意谓主人兵力只有客方的一半，然而可以与之匹敌。《汉书·陈汤传》："又兵法曰：客倍而主人半，然后敌。"

③此句残缺，原文疑当作："主人者，先定者也。"先定：指先作好部署。

④隘：关隘。

⑤翦：同"剪"。剪除，歼灭。

⑥挩（tuō）：古同"脱"。解脱。

⑦锱铢（zī zhū）而有余：引据《淮南子·兵略》："故能分人之兵，疑人之心，则锱铢有余；不能分人之兵，疑人之心，则数倍不足。"简文"锱"字残存"金"旁，"铢"字全缺，今据《淮南子》补。锱、铢都是古代两以下的重量单位，比喻份量极小，这里指兵力很少。

【译文】

两军交战，有主军与客军之分，客军就是进攻的那一方军队，主军为防守的那一方。处于进攻地位的客军兵力必须比对方多，而处于防守地位的主军兵力可以略少一些。即使客军兵力是主军兵力的一倍，主军兵力只有客军一半，然而可以与之匹敌对阵交战。……主军当然是出战前预先布置好的；客军是在主军之后布置完毕再进入阵地的。主军已经率先

占据有利地形，严阵以待了。而客军则需要先攻破关隘，越过险阻，才能到达交战地点。在进攻关隘……士卒们宁可冒着后退被杀的危险，也不敢前进抗拒敌军，那是什么原因呢？显然这是因为形势不利，地形也不利啊。当形势有利，占据的地形也有利时，士兵自然会……士兵自然就畏惧后退了。通常所说的善于用兵的人，就是会利用战场形势和有利地形指挥作战的人。

带领数十万大军，哪怕百姓有余粮也不可能保证食用供给不断，更不用说能有富余……供养的军兵很多而能为之所用的却很少，所供养的军兵绰绰有余而用兵作战时却又显得兵力不足。拥有军兵数十万，成千成千地看准时机出击，又成千成千地……而敌人万万之众的兵力也会被我军击溃而逃离。所以说，善于用兵作战的将领，必定善于切割截断敌军，就像……而会解脱的人一样。能分散敌军兵力，善于抑制敌军兵力的将领，哪怕自己的兵力非常少，而调动起来也会觉得绰绰有余。但是如果不会分散敌军兵力，不能抑制敌军兵力的将领，即使自己的兵力数倍于敌军，他仍然会觉得兵力不充足。

【原文】

众者胜乎？则投算①而战耳。富者胜乎？则量粟而战耳②。兵利甲坚者胜乎？则胜易知矣③。故富未居安也，贫未居危也；众未居胜也，少未居败也。以决胜败安危者，道也。敌人众，能使之分离而不相救也，受敌者不得相知也，故沟深垒高不得以为固④，甲坚兵利不得以为强，士有勇力不得以卫其将，则胜有道矣。故明主、知道之将必先口，可有功于未战之前，故不失；可有之⑤功于已战之后，故兵出而有功，入⑥而不伤，则明于兵者也。

（以下为散简）

……焉。为人客则先人作……

……兵曰：主人逆客于境，……

……客好事则……

……使劳，三军之士可使毕失其志，则胜可得而据也。是以按左抶右⑦，右败而左弗能救；按右抶左，左败而右弗能救。是以兵坐⑧而不起，避而不用，近者少而不足用，远者疏而不能……

【注释】

①算：古代计数用的算筹。"众者胜乎"二句意谓：如果人多就能取得胜利，那么只要数数算筹就可以知道胜负了。

②"富者胜乎"二句：意思是如果物资富足就能取得胜利，那么只要量一量粮食的多少就可以决定胜负了。

③"兵利甲坚者胜乎"二句：意谓如果武器装备精良就能取得胜利，那么胜负也就太容易知道了。

④"以为固"句：全句约缺八字，据《善者》篇的类似文字，以上两句可补足为："受敌者不得相知也，故沟深垒高不得以为固。"受敌：受攻击。

⑤之：此字疑是衍文。

⑥入：指撤兵，后退。

⑦抶（chì）：本意用鞭、杖或竹板之类的东西击打。这里用为攻击。按左抶右，意谓牵制敌人之左翼，而攻击其右翼。

⑧坐：同"挫"。

【译文】

兵多就能取胜吗？如果真是这样，那么投掷筹签算算双方的兵力多少就可以知道战争的胜负了。物资富足就能取胜吗？如果真是这样，那么称量双方的粮食数量就能知道战争的胜负了。兵器锐利而且铠甲坚固就能取胜吗？如果真是这样，那么胜负就太容易预先知道了。所以说，国家富足，不一定就安全，国家贫穷，不一定就有危险；兵多不一定就能取胜，兵少也不一定就会失败。而真正决定胜败与安危的关键因素，在于是否已经掌握战术以及善于用兵。如果在敌军兵多的情况下，可以用计谋使敌军分散而不能相互救援，使受到攻击的敌军不能相互通信而无法得知彼此的真实情况，因此，敌军虽然挖掘深沟修筑高垒却不能做到固守，铠甲虽然坚固而且兵器锐利，却不能发挥威力，领，这就是掌握了致胜的法则了。

军兵虽然勇猛有力却不能保护他们的将所以说，英明的君王和懂得用兵规律的将领必定事先进行周密细致的军事部署，可以在两军交战之前为己方创造有利作战条件以及颁布犒赏有功之人的法令，因此决战开始才能万无一失；也可以在交战胜利之后颁布犒赏法令，因此，军士们只要出兵就能建功立业，退兵之时也不会受到损伤，这样才可以称作是真正懂得用兵之道的人了。

***　***

（中间三行散简文字残缺严重，无法完整译出，故放弃）

……使敌军疲劳，就可以使敌方三军将士完全丧失斗志，那么，就有战胜敌军的把握了。这种情况下就可以运用牵制敌军左翼而攻击敌军右翼的策略，就是要使其右翼军队失败时，左翼军队不能前去救援；同样使用牵制右翼敌军阵队而攻击其左翼阵队的战法，也是要使敌军左翼军队失败时，右翼的敌军却不能前去相救。这样的作战策略，就是要使敌军士气受挫而无力反击，最终只能坐以待毙，不敢主动出击而只能远远逃避，这样一来，就会造成敌军近处兵力足而不够用，远处的兵力分散而不能……

善者

【题解】

本篇主要论述了善战者在作战时能使自己处于主动而陷敌手被动的战略战术。文中通过多方面的境况分析，阐明了无论何种形势下都能克敌制胜的将领才能称得上是善于用兵的将领。

文章不但指出了善于用兵的将领应该具备的作战谋略，而且还指出了达到一定水平的途径：善于审视和利用地形，能使全军进退自如，能使敌军兵力削弱，即使敌军军粮充足的时候能让他们挨饿受冻，敌军稳守不动的时候能使他们疲劳，能让敌军军心不稳，军中将主离心离德，原本同心协力的敌军变得不和睦等。进而又把用兵的临敌指挥概括为"四路五动"，从而准确地概括了军队在作战时遭遇的各种形势下的行动方案，更加肯定了孙膑用兵如神的称号，真不愧是名不虚传的军事家。

【原文】

善者，敌人军□人众，能使分离而不相救也，受敌而不相知[1]也。故沟深垒高不得以为固，车坚兵利不得以为威，士有勇力而不得以为强。故善者制险量阻，敦[2]三军，利屈伸，敌人众能使寡，积粮盈军能使饥，安处不动能使劳，得天下能使离，三军和能使柴[3]。

故兵有四路、五动：进，路也；退，路也；左，路也；右，路也。进，动也；退，动也；左，动也；右，动也；默然而处，亦动也。善者四路必彻[4]，五动必工[5]。故进不可迎于前，退不可绝于后，左右不可陷于阻，默然而处，□□于敌之人。故使敌四路必穷，五动必忧。进则傅[6]于前，退则绝于后，左右则陷于阻，默然而处，军不免于患。

279

善者能使敌卷甲趋远⑦，倍道兼行⑧，倦病而不得息，饥渴而不得食。以此薄敌，战必不胜矣。我饱食而侍⑨其饥也，安处以侍其劳也，正静以侍其动也。故民见进而不见退，蹈白刃而不还踵⑩。

【注释】

①受敌：遭受敌人攻击。不相知：互相不知道内情。指被控制而不能互通情报。

②敦：督促；管理。

③柴：古同"眥"，怨恨之意。一说认为通"猜"，猜忌，相互猜疑之意。

④彻：通达。

⑤工：精巧，精致，巧妙。

⑥傅：借为"薄"，迫近之意。

⑦卷甲：卷起铠甲，形容轻装急进。趋远：向远方急速前进。

⑧倍道兼行：一天走两天的路，形容日夜兼程。

⑨侍：一作"待"，等待。

⑩不还踵：犹言"不旋踵"。意思是迎着锋刃而不后退。

【译文】

善于用兵的将领，在面对敌军战备精良人多势众而又勇猛善战的时候，能使敌军兵力分散而不能相互支援营救，在遭到攻击时而不能互通消息了解实情。就这样，敌军虽然挖掘深沟修筑高垒却不能做到坚固易守，战车虽然坚固而且兵器锐利，却不能发挥战备精良的威力，军兵虽然勇猛有力却算不上强大。所以，善于用兵的将领，擅长审视周边地势并能合理利用地形的险阻进行布阵，能够督促本部的三军将士进退自如，当遇到敌军兵力多的时候能使他们的阵势变得单薄，在敌军囤积的军粮充足的时候能用计谋使他们挨饿受冻，在敌军稳守不动的情况下能使他们倦怠疲劳，就算是敌军已得天下民心，也能使其军中将士离心离德，在敌人三军将士原本同心协力的状态下，能使他们开始相互猜忌而变得不和睦。

所以说，用兵有"四路五动"：前进，是一条路；后退，是一条路；向左，是一条路；向右，也是一条路。前进，是动；后退，是动；向左，是动；向右，是动；在原地按兵不动，同样也是动。善于用兵的将领要做到"四路"务必通达，"五动"务必达到运用巧妙。因此，当自己的军队前进时，敌军不敢迎面阻挡，向后退兵之时，敌军不敢出兵绝断我军后路，不论向左或者向右进军都不会陷入险境而遭到敌军阻拦，按兵不动时，也不惧怕前来袭击的敌人。所以，反过来一定要使敌军"四路"全都受阻而无路可走，致使他们的"五动"必有忧患而不顺畅。前进时必有我军迫近阻挡在他们的前面，后退时则必定会被我军切断后路，不论向左还是向右进军都会陷入险境而遭到我军阻拦，即使按兵不动，敌军将士也避免不了被我军打击的祸患。

善于用兵的将领能使敌军偃旗息鼓卷起铠甲向远方急速前进，也能使敌军为了逃命而日夜兼程，甚至疲惫而病也得不到休息，又饥又渴而不能抽出时间吃饭喝水。用这样的方法逼迫故军，致使敌人以这样的状态进行交战，那么他们肯定是不能取胜了。而我军此时却是以饱腹等待饥饿的敌军，以安逸的状态等待敌军的疲劳无力，这也可以叫作以逸待劳，以整齐的阵队按兵不动而静观敌军行动，这也可以称之为以静制动。因而在这种情况下与敌军交战，我军将士一定会勇往直前而绝不后退，即使踩踏了敌人锋利的刀刃，也绝不会接二连三地转身败退而逃。

五名五恭

【题解】

《五名》《五恭》原为两段，在竹简上，标题分别写在段末，今据文例、字体合为一篇。

《五名》论述用不同方法对阵五种不同的敌军。具体讲述了两军对垒时，对待不同敌军的相应态度和有效方法。孙膑把敌军分为五种类型进行阐述：即威武强大、高傲骄横、刚愎自用、贪婪猜忌、优柔寡断。当然，文章的重点在于论述对付这五种敌军的具体策略，可以说，在那个战争不断的时代非常实用，以至于能够盛传持久。《五恭》在论述军队进入敌军境内时，强调了"恭""暴"两种手段要交替使用，才能达到势不可当的威力，文中对于战略观点述说的针对性很强，因而孙膑的战略曾得到一度推广。

【原文】

兵有五名：一曰威强，二曰轩骄①，三曰刚至②，四曰助忌③，五曰重柔④。夫威强之兵，则屈软而侍⑤之；轩骄之兵，则恭敬而久之；刚至之兵，则诱而取之；䀠忌之兵，则薄其前，䉬其旁，深沟高垒而难其粮；重柔之兵，则䉬而恐之，振而捅之，出则击之，不出则回⑥之。

兵有五恭、五暴。何谓五恭？入境而恭，军失其常。再举而恭，军无所粮。三举而恭，军失其事⑦。四举而恭，军无所食。五举而恭，军不及事。入境而暴，谓之客。再举而暴，谓之华。三举而暴，主人惧。四举而暴，卒士见诈⑧。五举而暴，兵必大耗。故五恭、五暴，必使相错⑨也。

二百五十六。

【注释】

①轩骄：高傲骄横之意。

②刚至："至"疑借为"恎"。刚愎自用之意。

③助忌：下文作䀠忌。䀠，助，皆从目声，疑当读为"冒"。冒：贪。忌：疑忌，猜忌。

④重柔：极其软弱。

⑤侍：同"待"，等待。

⑥回：围，回转，此指撤军。

⑦失其事：误事。

⑧见诈：遇见欺诈之人。此指受骗。

⑨相错：交替使用。

【译文】

根据军队的整体表现可划分为五种名称：第一种叫作威武强大，第二种叫作高傲骄横，第三种叫作刚愎自用，第四种叫作贪婪猜忌，第五种叫作优柔寡断。面对那种威武强大的军队要故意示弱，假装屈服的样子以便等待时机；面对那种高傲骄横的军队，可以装出恭敬的样子，以便能够长期麻痹他们然后就可以伺机而动；面对那种刚愎自用的军队，可以用诱敌之计而设法战胜他们；面对那种贪婪又相互猜忌的军队，可以直接迅速迫近其前锋，同时在其侧翼虚张声势加以骚扰，然后再挖掘深沟、砌筑高垒，从而使其难于运送粮草补给军需；面对那种极度软弱而优柔寡断的军队，就可以虚张声势地加以恐吓，

同时派遣小股军队进行试探性地攻击，如果敌军出战就加以猛烈攻击，如果敌军不出战就逼迫他们向后撤退。

军队有五种谦卑恭敬的表现，也有五种表现凶暴的情况。那么什么才是五种表示谦卑恭敬的情况呢？第一次在进入对方国境时，就立即表现出谦卑恭敬的样子，这样一来，军队就会失去其正常威严的状态；第二次表现出谦卑恭敬，军队就会无从得到粮食补给；第三次行动时依然向敌方表现出谦卑恭敬，军队就会因贻误战机而作战失利；第四次向敌方表现出谦卑恭敬，那么军队就会因为没有食物与草料而挨饿了；第五次向敌方表现出谦卑恭敬，军队就无法完成征讨之事了。那么，表现凶暴又会是哪五种情况呢？比如，刚一进入敌方国境就表现出凶暴的样子来，定会被该国人称作是可恶的入侵者；第二次行动表现出凶暴的样子来，就会被认为是残暴而喧哗的军队；第三次行动表现出凶暴的样子来，就会引起该国百姓的恐惧；第四次行动表现出凶暴的样子来，那么该国的人民就会用虚假的情报欺骗入境之人；第五次行动依旧表现出凶暴的样子，那么自家军队必然将会大受损耗。所以说，五谦恭和五凶暴，一定要视当时的情况而交替使用，二者相辅相成，缺一不可。

兵失

【题解】

本篇分析了作战失利的各种因素，提出军队要行"起道"的主张。文中通过列举一系列身为将领在用兵过程中容易出现的种种决策性错误导致用兵失败的反面例证，以此来说明统兵将领在指挥作战时，应该防止哪些错误。

正是因为列举了大量导致用兵失利的因素之后，才总结出治军不容忽视的要领——廉洁、恭谨、图强、刚强，这就能实现"行起道"。作者巧妙地使用这种反证法，能让人们从错误的教训中悟出正确的道理，这往往比单纯地正面论述更能让人理解，因而在决策时更具有实用性。

【原文】

欲以敌国之民之所不安，正俗所……难敌国兵之所长，耗兵也。欲强多国之所寡①，以应敌国之所多，速屈之兵也。备固，不能难敌之器用，陵兵②也。器用不利，敌之备固，挫兵也。兵不……□明者也。善陈③，知背向④，知地形，而兵数困，不明于国胜、兵胜者也。

民……兵不能昌大功，不知会者也。兵夫民，不知过者也。兵用力多功少，不知时者也。兵不能胜大患，不能合民心者也。兵多悔，信疑者也。兵不能见福祸于未形，不知备者也。兵见善而怠⑤，时至而疑⑥，去非⑦而弗能居，止道也。贪而廉，龙而敬⑧，弱而强，柔而刚，……起道也。行止道者，天地弗能兴也。行起道者，天地……

【注释】

①强：勉强。寡：少。

②陵兵：被欺凌的军队。

③陈：古同"阵"，排兵布阵。

④背向：指行军布阵时的所向或所背。如《孙子·军争》："故用兵之法，高陵勿向，背丘勿逆。"同书《行军》："平陆处易而右背高。"《司马法·用众》："凡战，背风，背高，右高左险。"

⑤见善而怠：见到有利条件而怠惰不前。

⑥时至而疑：良好战机到来反而犹豫不决。

⑦非：错误。

⑧《六韬·文韬·明传》有一段类似的话，"龙而敬"作"恭而敬"。由此可见，龙、恭二字古通用，但此处上下文为"贪而廉""弱而强"，"而"字前后二字义正相反，恭、敬二字义重复，疑有误。一说"龙"假借为"宠"，用为傲慢，自负之意。

【译文】

想利用敌国民众所不能接受的东西，去纠正这个国家的习俗……（勉强用自己军队的短处）去对付敌国军队的长处，只能是耗费兵力。要想勉强增加大量本国缺少的东西，去对付敌国所富有的东西，那只会使本国军队很快走向失败。如果自己军队的防御坚固，却抵挡不住敌军的武器装备，这就会使己方军队受到敌人的欺凌而士气衰颓。如果我方使用的武器装备不够锋利精良却要去攻击敌军，那么绝对不可能攻破敌军坚固的防御，而只会使本国军队因为进攻失败而士气受挫。军队不……是明智而熟知兵法的将帅了。身为将领的要善于排兵布阵，能够了解行军布阵时的所向或所背的原则，也懂得利用地形优势，但用兵却屡次陷入困境，这是因为不懂得只有国家昌盛，用兵才能取胜的道理。

军民……用兵作战不能立大功，是由于不懂得集中兵力作战。用兵的人失去民心，是由于不能认识到自己的错误。指挥用兵的人使用很多兵力，然而建立的战功却很少，这是由于不会把握作战的有利时机。所率领的军队不能战胜大祸患，是因为指挥作战的统帅不能顺应民心。将帅做出决定后常常后悔而造成军心不定，这是由于将帅轻信而多疑。指挥用兵的人在胜利和灾祸尚未出现之前不能有所预见，是因为他们不懂得要做好战前准备。统兵之人见到有利条件就松懈，而在有利时机到来之时却又迟疑不决，改正了错误却不能居于持之以恒，这样只能走向自取灭亡的道路了。使自身的贪心不足变得廉洁无私，使傲慢自负变得审慎恭谨，使薄弱的兵力变得强盛不衰，使临敌软弱怯懦变得刚强勇猛，（这都是走向）兴盛的途径。如果走上自取灭亡的道路，天和地都不能助他兴盛啊。如果善用智慧走兴盛道路的人，天和地（都不能阻止他走向成功）。

将义

【题解】

本篇提出了身为将帅必须具备仁、义等品质。这里所谓的"义"就是为了在军中树立威严威信,使士卒能够甘愿为国舍生效死;所谓的"仁"就是为了使士卒们能够奋勇克敌而立功。自古以来,军事家选将标准便是文武双全,德才兼备,而有勇无谋的将领充其量只是一介武夫,根本不能担起统兵作战的重任。

所谓的文武双全,就是于"文"要具渊博的军事理论以及与作战相关的政治、经济、地理、天文等方面的知识。而之于"武",不但要武艺超群,还要英勇善战,善于指挥军队英勇奋战,而且还能百战不殆,真正做到"运筹帷幄,决胜千里"。当然,只有这些才能还不足以成为杰出的将领,还必须有"德",德才兼备才能称之为贤才,也就符合了本文所论述的"义、仁、德、信、智"这些人文素质的层面了。

【原文】

将者不可以不义,不义则不严,不严则不威,不威则卒弗死①。故义者,兵之首②也。将者不可以不仁,不仁则军不克,军不克则军无动。故仁者,兵之腹也。

将者不可以无德,无德则无力,无力则三军之利不得。故德者,兵之手也。将者不可以不信,不信则令不行,令不行则军不槫③,军不槫则无名④。故信者,兵之足也。

将者不可以不智胜⑤,不智胜……则军无口,故决⑥者,兵之尾也。

【注释】

①卒弗死：士卒不肯拼死效命。

②首：首要，第一。

③槫（tuán）：同"团"，聚结，团结一致。一说指"正常运转"。

④名：功绩。

⑤将者不可以不智胜：简文"胜"字及其下重文号疑是抄书者多写的，原文当作："不可以不智，不智……"一说"不智胜"当读为"不知胜"，不知胜即不智。智胜：能够克敌制胜的智谋。一说"以智谋取胜"。

⑥决：果决，果断。此指统兵作战坚决果断。

【译文】

军队的将领绝不可以不坚持正义，如果不坚持正义的原则就不能严格治军，治军不严就没有威信，将领没有威信，那么士卒就不会拼死效命。所以说正义，就像是军队的头脑一样重要了。军队的将领不能不仁爱，如果将领不仁爱，那么军队就不会有克敌制胜的能力，军队没有克敌制胜的能力，那么士卒就没有动力争相建立功勋。所以说，仁爱就像是军队的心腹一样，也十分重要。

军队的将领不能没有高尚无私的德行，将领没有高尚无私的德行就没有感召力，没有感召力的将领就无法统率三军将士英勇奋战取得胜利。所以说，高尚无私的德行就像是军队的的双手一样。军队的将领不能不守信用，如果将领不守信用，那么他的命令就得不到贯彻执行，军令得不到贯彻执行，那么军中上下就不能团结一致，而军中上下不能团结一致就不能取得威名。所以说，信用就像是军队的双足一样。

军队的将领不能没有克敌制胜的智谋，将领没有克敌制胜的智谋就……那么军队就不能……所以说，处事果断就像是军队的尾巴了，不可或缺，但也绝不能拖拖拉拉。

将德

【题解】

此篇由于残缺严重，造成次序不能确定，所以原文中各简都提行，不连写。

这篇文章可以看作前一篇的继续和补充，讲的也是统兵将领的素养，文中提出了不轻敌、赏罚要及时等作战要素，当然，这都是历代兵法所强调的内容。孙膑在此基础上不但提出了身为统帅务必要爱兵，才能有"爱之若狡童"的公信力。为将帅者，只有"爱兵如子"才能树立威望，才能得到士卒们的悦服与积极行动。如果统兵将领能够真正做到这些，三军将士又怎能不舍生效命呢？由此可见，这的确是军队强大的源泉，也是将帅必不可少的高贵品德。

【原文】

……（视之若）赤子，爱之若狡童①，敬之若严师，用之若土芥②，将军……

……不失，将军之智也。不轻寡③，不劫于敌④，慎终若始，将军……

……而不御，君令不入军门，将军之恒也。入军……

……将不两生，军不两存，将军之……

……将军之惠也。赏不逾日⑤，罚不还面⑥，不维⑦其人，不何……

……外辰，此将军之德也。

【注释】

①狡童：年少而姣美的少年。

②芥：这里指草芥。本义指路边干枯的小草，枯草的一段。比喻不足

珍惜的无价值的东西。这里喻指在战争中将领使用士兵如草芥。

③不轻寡：不因敌人兵力少而轻视他们。

④不劫于敌：不为强大的敌人所吓倒。

⑤不逾日：不超过当日。

⑥还面：犹反脸；转脸。这里指不出尔反尔，必须当时执行。

⑦维：通"惟"，考虑，思考，计度。

【译文】

……对待士兵，要像对待年少而姣美的少年一样爱护他们，要像对严师一样尊敬他们，但在使用士兵作战之时，就要把他们当作草芥一样指挥他们英勇奋战，将军……

……不失，是将军的智慧。不要轻视兵力少的敌军，也不要被敌军强大的阵势所吓倒，指挥作战切记自始至终都要慎重对待，直到最后一刻，这是将军的……

……而不去抵御，所以说，将帅受君命出征，在战场之上国君的命令可以不纳入军营法令，就可以不听从，正所谓"将在外，君命有所不受"，因此，军队之中只以统帅的命令为准，这是军中将帅所坚持的恒久不变的原则……

……将军不能与敌军将领共生，自己的军队也不能与对战的敌军共存，这是将军的……

……这是将军赐予的恩惠。但是奖赏军士不能超过当天，惩罚军士也不能出尔反尔，必须当时执行，赏罚不能因人而异，不能考虑亲疏贵贱，而要一视同仁，不问何等……

……这是将军应有的品德。

将败

【题解】

本篇列举了将帅身上导致战争失败的各种缺点，而这些缺点正是统兵将领的一面明镜，足以正其身。

这篇文章仍然是论述统兵将领的品德修养和指挥素养的问题，不过，作者别出心裁地从反面逐条论述，把可能招致失败的种种缺点、错误依次列出。不难看出，所列出的缺点引来的后果严重，足以让将领们引以为戒。这二十种警示，可谓十分详尽具体，虽有残缺，但依旧可见孙膑对这些弊病的重视。

【原文】

将败：一曰不能而自能①。二曰骄。三曰贪于位。四曰贪于财。[五曰]□。六曰轻。七曰迟。八曰寡勇。九曰勇而弱②。十曰寡信。十一[曰]……十四曰寡决。十五曰缓。十六曰怠③。十七曰□。十八曰贼④。十九曰自私。廿曰自乱。多败者多失⑤。

【注释】

①自能：自认为很有能力，自以为是的样子。

②勇而弱：勇力十足但能力微弱。形容表面勇敢，但实际很懦弱。

③怠：懒惰懈怠。

④贼：残暴。

⑤多失：损失很大。一说指"失败的可能性极高"。

【译文】

造成统兵的将帅在军事战略失败的原因，可归纳为以下这些方面：第一种是自身没有什么能力却一直认为能力高强，喜欢自以为是；第二种是骄傲自大，目中无人；第三种是贪恋权位；第四种是贪图钱财，乐于享受；第五种是……；第六种是轻视敌人，作战容易轻举妄动；第七种是反应迟钝，因而错失良机；第八种是缺少作战的勇气；第九种是表面上看起来勇敢，事实上却很懦弱；第十种是为人处事不守信用；第十一种是……；……第十四种是优柔寡断；第十五种是军纪松弛，行动散漫迟缓；第十六种是懈怠懒惰；第十七种是……第十八种是残暴无度；第十九种是唯利是图，自私自利；第二十种是自己制定军令却朝令夕改，造成军队混乱不堪。以上的这些军营常见造成失败的弊病，身为将领之人占得越多，他作战失败的可能性就越大。

将失

【题解】

此篇分析了造成将帅作战失利的种种原因。同时，本篇内容与《将败》篇相关，文例、字体也相同，可能本为一篇。疑《将败》篇末"多败者多失"下即紧接本篇文字。

本篇主要论述统兵将领作战失败的原因，以及如何提高指挥才能和指挥素养。孙膑在文中把临敌指挥不当可能造成的错误逐条列出，足足有三十二条，如此细致的论述，可见他搜集了大量资料并加以细心研究，而且所列举的种种错误都是实战之中发生过的，也是一般将领容易触犯的，足以令统率者引以为戒。

【原文】

将失：一曰，失所以往来，可败也。二曰，收乱民而还用之，止北卒而还斗之，无资而有资①，可败也。三曰，是非争，谋事辩讼②，可败也。四曰，令不行，众不壹，可败也。五曰，下不服，众不为用，可败也。六曰，民苦其师，可败也。七曰，师老③，可败也。八曰，师怀④，可败也。九曰，兵遁，可败也。十曰，兵□不□，可败也。十一曰，军数惊，可败也。十二曰，兵道足陷，众苦，可败也。十三曰，军事险固，众劳，可败也。

十四〔曰〕，□□□备，可败也。十五曰，日暮途远，众有至气⑤，可败也。十六曰，……可败也。十七〔曰〕，……众恐，可败也。十八曰，令数变，众偷⑥，可败也。十九曰，军淮，众不能其将吏⑦，可败也。廿曰，多幸⑧，众怠，可败也。廿一曰，多疑，众疑，可败也。廿二曰，恶闻其过，可败也。廿三曰，与不能⑨，可败也。廿四曰，暴露伤志，可败也。廿五曰，期战心分，可败也。廿六曰，恃人之伤气⑩，可败也。廿七曰，事伤人，恃伏诈，可败也。廿八曰，军舆无□，〔可败也。廿九曰〕，□下卒，众之心恶，可败也。卅曰，不能以成阵，出于夹道，可败也。卅一曰，兵之前行后行之兵，不参齐于阵前，可败也。卅二曰，战而忧前者后虚，忧后者前虚，忧左者右虚，忧右者左虚，战而有忧，可败也。

【注释】

①无资而有资：资：资本，依靠。本身没有足够的军需物资供给却认为充足而一意孤行开战。

②"谋事辩讼"以上两句：意思是说，在是非问题上总是争执；在谋划大事时，总是辩论争吵，不能作出决定。

③师老：指士卒长期出征在外，过度疲劳而不得休息。

④师怀：士卒有所挂念。指士卒思念家乡。

⑤至气：指士卒们心有怨气，心灰意冷。至：疑借为"恎"，怨恨。

⑥偷：苟且偷生，行事敷衍。

⑦淮：疑借为"乖"，不和。众不能其将吏：意谓士卒与将吏的关系不好。

⑧幸：偏爱。一说指"侥幸心理"。

⑨与：亲近，交往。不能：无能之辈。一说与字借为"举"，意谓举用无能之人。

⑩恃：凭借。意谓所凭借的是敌人的斗志消沉。

【译文】

统兵的将领可能出现的过失有以下这些：第一种是军队调动失当，士卒漫无目的地行军，有可能导致失败。第二种是随意收留散乱叛逃的百姓，而且不加训练就用去作战，或是劝止从战场上败逃下来的士兵，让他们即刻返回而上阵去交战，再有就是没有足够的军需物资供给却认为充足而一意孤行，这些都可能导致失败。第三种是喜好争论是非，谋划战事的时候争论不休而不能果断作出决定，就有可能导致失败。第四种是颁布命令而不能得到执行，三军将士的行动不能和谐一致，就可能导致失败。第五种是部下不服从命令、士兵不听从指挥，不肯舍生忘死地效命，就可能导致失败。第六种是所统率的军队使百姓遭受痛苦，可能导致失败。第七种是军队长期作战，得不到休养而早已疲惫不堪，可能导致失败。第八种是军中将士都有思乡情绪而无心作战，就可能导致失败。第九种是出现士兵临阵逃跑的现象，就有可能导致失败。第十种是士兵不去……就有可能导致失败。第十一种是军队屡次受敌军突袭的惊吓而人心惶惶，就可能导致失败。第十二种是行军途经的道路泥泞陷脚，难以行走，造成士兵困苦不堪，这种情况下可能导致失败。第十三种是加强修筑险要坚固的军事设施，使士兵过度疲劳，这种情况下可能导致失败。第十四种是……没有积极防备，这种情况下可能导致失败。第十五种是日暮降临渐近天黑，可

是行军的路程还很遥远，所有士兵极其怨愤，这种情况下可能导致失败。第十六种……这种情况下可能导致失败。第十七种是……造成士兵极度恐惧，这种情况下可能导致失败。第十八种是军令屡次改变，甚至是朝令夕改，因而士兵苟且偷安敷衍了事，这种情况下就有可能导致失败。第十九种是三军将士乖戾不和致使军心涣散，士兵不信任他们的将领和吏官，这种情况下就有可能导致失败。第二十种是统兵将领多数存在侥幸心理，士兵也懈怠懒惰，这种情况下可能导致失败。第二十一种是将领和士兵之间普遍相互猜忌怀疑，众人在临阵出击时都是犹豫不决，这种情况下可能导致失败。第二十二种是身为将领心胸狭隘而厌恶听取别人指出自己的过错，这种情况下就有可能导致失败。第二十三种是将领所任用的下级官吏没有才能，不能提供可行性的战略建议，这种情况下就有可能导致失败。第二十四种是长期野外露宿，环境极度艰苦就容易挫伤士气，这种情况下就可能导致失败。第二十五种是将领等到临战之时出现意见不和而军心涣散，这种情况下可能导致失败。第二十六种是心存侥幸而幻想着凭借敌军士气低落之时而自然取胜，有这种思想作怪就有可能导致失败。第二十七种是暗地里做伤害人的事情，单纯凭借埋伏和施行欺诈而去打败敌军，这种情况下可能导致失败。第二十八种是军队里的战车没有……这种情况下可能导致失败。第二十九种是（身为将领却时常对）部下（使用暴虐手段），使士兵产生无比憎恶的心理，这种情况下就有可能导致失败。第三十种是不能用合适的阵势迅速有序地通过狭谷通道，这种情况下可能导致失败。第三十一种是先锋军队和后续接应的军队参差不齐而不能按时在阵前会合，这种情况下可能导致失败。第三十二种是作战时总是担心前锋阵队出师不利而致使后卫军队空虚，又担心后卫军队防御不当而造成前锋空虚，或者担心左翼阵队作战失利而致使右翼阵队空虚，又担心右翼阵队作战失利而致使左翼空虚，像这样在作战时总是生发种种担心，在这种心境的影响下都有可能导致失败。

雄牝城

【题解】

此篇把设防的城池分为两类：易守难攻的叫作雄城，易攻难守的叫作牝城，并相应地指出了在哪些地形条件下建的城叫雄城，在哪些地形条件下建的城叫牝城。具体运用到军事上则体现了两方面的作用：一是供用兵之人在筑城建垒时作为选择地形的参考，聪明的将领便会依照地形条件在适合的地方去筑垒雄城；二是在进攻时供用兵之人攻击突破时作为参考，知道如何选择那些易攻难守的地方作为突破口，而不能轻易去攻击易守难攻的雄城，以避免进攻受阻或消耗损失过大。

当然，这些也不是绝对的，在地形条件不利的地方有时也不是不能设防，而是要想办法避免不利条件带来的损失，改善建城条件，最终立于不败之地。

【原文】

城在淠泽①之中，无亢山名谷②，而有付丘③于其四方者，雄城也，不可攻也。军食流水，生水也，不可攻也。城前名谷，背亢山，雄城也，不可攻也。城中高外下者，雄城也，不可攻也。城中有付丘者，雄城也，不可攻也。

营军趣舍④，毋回名水⑤，伤气⑥弱志，可击也。城背名谷，无亢山其左右，虚城也，可击也。囗尽烧者，死壤⑦也，可击也。军食泛水⑧者，死水也，可击也。城在发泽⑨中，无名谷付丘者，牝⑩城也，可击也。城在亢山间，无名谷付丘者，牝城也，可击也。城前亢山，背名谷，前高后下者，牝城也，可击也。

【注释】

①淠（pài）泽：小泽。

②亢：高。名：大。

③付丘：疑为"负丘"，指两层的丘陵。

④营军：安营。趣舍：指仓促行军临时居住的地方。

⑤毋：无，没有。回：迂回，环绕。名水：指大江大河。

⑥伤气：损伤士气。以上几句之意，疑谓行军安营不要绕着大河走，否则会沮丧士气。

⑦烧：疑借为硗（qiāo）：坚硬贫瘠的土地。死壤：没有收成的死地，指军队在这里难以获得粮食而无法生存。

⑧泛水：积水，与流水相对。

⑨发：疑借为"沛"。沛泽，即大片沼泽。

⑩牝（pìn）：雌。牝城与雄城相对。

【译文】

城池建在小片沼泽地带，虽然城池周围没有高山和大峡谷，但是有连绵不断的丘陵环绕于城池的四周，这种布局的城池叫作雄城，是很难攻克的，不要贸然攻打。敌军饮用的是流动的水，那是生生不息的活水，水源充足，也不可以贸然进攻。城池前面有退可守的大峡谷，背靠高山，这也属于雄城，不可以贸然攻打。城中间地势较高，城外地势偏低的城池是雄城，也不要轻易攻打。城内有层叠起伏的丘陵作屏障，这是雄城，也不要轻易攻打。

军队仓促行军的情况下安歇驻扎的营地，如果四周没有大河环绕作为屏障，就容易使军队士气受挫而致使斗志薄弱低落，对于这种状态下的军队就可以立即攻击了。城池背临大峡谷，城的左右两面都没有高山可以退守，这是虚城，可以发兵攻打。（城池周围）都是极其坚硬贫瘠的土地，这是没有粮食收成的死地，军队在这里难以获得粮食而无法生存，这种情况下就可以发起攻击。军队人马饮用的是不流通的沟渠积水，这是死水之地，这时就可以发起攻击。城池建在大片的沼泽地带，又没有深谷和连绵不断的丘陵作屏障，这种城池叫作牝城，防守力量就会很薄弱，此时就可以发起攻击。城池前面有高山，背临深谷，前高后低，也是牝城，这种情况下也可以发起攻击。

五度九夺

【题解】

这篇文章论述的是临敌指挥决策的问题，篇中指出了作战时针对自己一方的不利条件应该避免什么，以及为了挫败敌军应当争夺什么。"五度"是说明在五种情况下易遭失败，不宜和敌军对战。这五种情况包括己方的军兵之间相距过远，不能互相支援；己方储备不足，不宜和敌军打持久战；己方的士兵训练不足，不足以与训练有素的敌军相抗争等。这些情况都是明显的敌强我弱、实力悬殊的情况，如果贸然交战，失败就会难以避免。而"九夺"则是说明可置敌军于死地的战术措施，诸如夺粮、夺水源、夺路、夺险关等，只要抓住敌军的这些要害，就能把敌军置于死地。

【原文】

……矣。救者至，又重败之。故兵之大数①，五十里不相救也。况近□□□□□数百里②，此程③兵之极也。故兵④曰：积弗如⑤，勿与持久。众弗如，勿与接和⑥。□弗如，勿与□□。□弗如，勿与□长。习⑦弗如，毋当其所长。五度既明，兵乃横行。

故兵……趋敌数。一曰取粮。二曰取水。三曰取津⑧。四曰取途。五曰取险。六曰取易。七曰取□。八曰取□。九曰取其所读贵。凡九夺，所以趋敌也。

【注释】

①大数：重要的原则。数：原则，方法。

②"况近"句：此句有缺文，根据文义，原文似当为："况近者数里，远者数百里。"

③程：衡量，考核。

④兵：指古兵法。

⑤积：委积，指粮草。弗如：不如。

⑥接和：与"交和"意思相同，指两军交锋。

⑦习：训练。

⑧津：渡口。

【译文】

……了。等待的救兵虽然到达，但又再度被敌军打败。所以，用兵作战还有一项重要原则就是，相距五十里就不能再相互救援了。况且是这么近的数十里之内，远的相距数百里都是应该慎重考虑是否发兵救援的距离，这样五十里以内的距离是衡量能不能发兵救援的最大极限了。因此兵法上说，当军需储备不如敌军时，不要和敌军打持久战。兵力不如敌军时，不要和敌军正面交锋。……不如敌军时，不要与（敌军交战）。……不如敌军时，不要与敌军……长。士兵训练的交战能力不如敌军时，不要用这样的士兵去与敌军的长处对抗。统军将领如能懂得这五项原则，并能恰当地灵活运用，那么他的军队就可以势不可当而横行于天下了。

所以兵法上……各种逼迫敌军败退的办法。第一是夺取敌军粮草。第二是夺取敌军水源。第三是夺取敌军必经的渡口。第四是夺取敌军必经的交通要道。第五是夺取敌军必经的险要地势。第六是夺取平坦开阔地带。第七是夺取（敌军必经的主要关隘）。第八是夺取（敌军必经之路的高地）。第九是夺取敌军最珍视的东西和贵重的要害部位。凡是以上九项夺取，都可以迅速逼迫敌军陷入困境或者败逃。

积疏

【题解】

积疏，就是聚积与分散之意。本篇主要阐述积疏、盈虚、径行、疾徐、众寡、佚劳六对矛盾的相互关系。此篇字体与《五度九夺》篇相同，疑为原本是一篇。

文中主要论述了在军事指挥方面存在的必然矛盾，对于这些矛盾应该如何客观准确地去分析，如何判定敌我双方的形势，如何审视敌我双方的力量对比，从而掌握战争的主动权，促使战场形势向有利于自己的一方转化。正如孙膑所说，"该集中就集中，该分散就分散"，"该快就快，该慢就慢，该多就多，该少就少"，根据临阵用兵需要，机动灵活地指挥作战才能克敌制胜。

【原文】

……［积］胜疏，盈胜虚，径胜行①，疾胜徐，众胜寡，佚②胜劳。积故积之③，疏故疏之，盈故盈之，虚［故虚之，径故径］之，行故行之，疾故疾之，［徐故徐之，众敌众］之，寡故寡之，佚故佚之，劳故劳之。

积疏相为变④，盈虚［相为变，径行相为］变，疾徐相为变，众寡相［为变，佚劳相］为变。

毋以积当积⑤，毋以疏当疏，毋以盈当盈，毋以虚当虚，毋以疾当疾，毋以徐当徐，毋以众当众，毋以寡当寡，毋以佚当佚，毋以劳当劳。积疏相当⑥，盈虚相［当，径行相当，疾徐相当，众寡］相当，佚劳相当。敌积故可疏，盈故可虚，径故可行，疾［故可徐，众故可寡，佚故可劳］……

【注释】

①径：小路，指捷径。行：大道。

②佚：通"逸"，安逸。

③积故积之：集聚的就使它集聚。积：聚积，集聚。

④积疏相为变：集聚与分散互相转变。疏：分散。

⑤毋以积当积：不要用集聚对集聚。

⑥积疏相当：集聚和分散相对。

【译文】

……兵力集中胜过兵力分散，实力雄厚胜过薄弱虚空，走捷径进军胜过走大道，行动迅速胜过行动迟缓，兵力众多胜过兵力少的，部队安逸状态下作战胜过疲劳作战。所以，兵力该集中就集中，该分散就分散，该雄厚就雄厚，该薄弱就薄弱，该走捷径就走捷径，该走大道就走大道，该迅速就迅速，该迟缓就迟缓，应该兵力多就增加兵员，应该兵力少就减少兵员，该安逸就安逸，该疲劳就以疲劳对战。

部署作战时，兵力集中与兵力分散可以相互转变，实力雄厚与实力薄弱可以相互转变，走捷径和走大道可以相互转变，行动迅速和行动迟缓可以相互转变，兵力众多和兵力微少可以相互转变，安逸和疲劳可以相互转变。

作战时千万不要以集中对战集中，不要以分散对战分散，不要以雄厚对战雄厚，不要以薄弱对战薄弱，不要以迅速对战迅速，不要以迟缓对战迟缓，不要以兵力众多对战兵力众多，不要以兵力微少对战兵力微少，不要以安逸之兵对战安逸之兵，不要以疲劳之师对战疲劳之师。正确的做法应当是：以集中对战分散，以雄厚对战薄弱，以走捷径对战走大道，以迅速出兵对战行动迟缓，以兵力众多对战兵力微少，以安逸之师对战疲劳之兵。因此，遇到敌军兵力集中时，就可以设法使其分散，遇到敌人实力雄厚，就可以设法使其薄弱，敌人想走捷径，就可以设法诱使其走大道，敌人行动迅速，就可以设法使其行动迟缓，敌人兵力众多，就可以设法使其兵力减少，敌人安逸，就可以用计设法使其疲劳……

奇正

【题解】

奇正是古代军事上常用的术语。奇和正相对。正是指一般的、正常的,奇是指特殊的、变化的。

本篇阐述了奇正之间具有相互转变的关系,以及如何运用奇正的原则来克敌制胜。但这篇文章并没有局限于作战策略的阐述,而是从自然界万物运行规律去论述用兵的规律,从事物发展变化的根本原理去探求用兵的规律。首先以"天地之理,至则反,盈则败""代兴代废,四时是也"的自然规律,准确而生动地说明了战术变化也像世间万物一样,有其运动变化的规律,说明了战争的结果就是矛盾转化的过程,所谓的用兵之道,就是研究、掌握矛盾转化的规律。而作为杰出的军事家,必须善于掌握这种运动变化规律,善于因势利导,扬长避短,才能取得胜利。

【原文】

天地之理，至则反，盈则败，□□是也。代①兴代废，四时②是也。有胜有不胜，五行是也③。有生有死，万物是也。有能有不能，万生④是也。有所有余，有所不足，形势是也。故有形之徒，莫不可名⑤。有名之徒，莫不可胜。故圣人以万物之胜胜万物，故其胜不屈⑥。

战者，以形相胜者也。形莫不可以胜，而莫知其所以胜之形。形胜之变，与天地相敝而不穷⑦。形胜，以楚、越之竹书之而不足。形者，皆以其胜胜者也⑧。以一形之胜胜万形，不可⑨。所以制形壹也，所以胜不可壹也。故善战者，见敌之所长，则知其所短；见敌之所不足，则知其所有余。见胜如见日月。其错胜⑩也，如以水胜火。形以应形，正也；无形而制形，奇也。奇正无穷，分也。

【注释】

①代：更替。

②四时：四季。

③五行：指金、木、水、火、土。胜：指五行相克，如水胜火。

④万生：各种生物。

⑤莫不可名：有形体的事物，没有不可命名的。名：命名，认知，识别。

⑥屈：穷尽。

⑦"形胜之变"句：意谓万事万物相生相克的现象和天地共始终而无穷无尽。敝：尽。

⑧皆以其胜胜者也：此句犹言"皆以其胜相胜者也"。

⑨"不可"二句：意思是以一种事物去制胜万物，是不可能的。

⑩错：同"措"，措置。错胜：犹言制胜。

【译文】

天地间万事万物变化的规律是：发展到极点就会向相反的方向转化，当达到了满盈之时就会亏缺，（月亮的盈亏）就是这个道理。事物的兴衰更替，不断变换，就如同一年四季的循环往复一般，是很自然的现象。一个国家、一支军队，有胜过别人的一面，也有不如别人的时候，五行中的金、木、水、火、土之间相生相克就是这样。有生就有死，世间生存的万物都是一样的。有能做到的，也有不能做到的，所有的生物都是这样。有条件具备而富余的时候，也有条件不足而欠缺的情形，形势发展变化就是这样的。因此，只要是有形的事物，就没有不能被识别的。而只要是能被识别的，就没有不可被制服的。所以，圣人会运用世间万物的长处去制服万物，因而他们制胜的方法是无穷无尽的。

善于用兵作战的人，是依靠阵形相互变换而取胜的。而所有阵形没有不可战胜的，只是人们不知道用什么方法去战胜而已。以阵形取胜的变化规律，就如同天和地永远相互遮蔽一样，是永无穷尽的。世间万物以形相互制胜的现象，就算是用尽楚、越两地的竹子也是写不完的。所有排布的阵形都是利用自身的长处去制胜对方的，而用一种阵形的长处去胜过万种阵形，这是不可能的。所以说，可以给阵形规定一定的式样，但是取胜的阵形却不可能是一成不变的。因此，善于用兵作战的人，了解敌军的长处，就能知道敌军的短处；了解敌军不足的方面，就能知道敌军优胜的方面。他们预见胜利，就如同预见日月升降一样准确容易。他们克敌制胜的措施，就如同用水灭火一样简单。以有形的常规阵法应战有形的常规阵法，叫作"正"；不运用有形的常规战法，而是利用出其不意的阵法制胜有形的常规战法，叫作"奇"。"奇"和"正"的变化是无穷无尽的，关键在于能够分辨实际情况而酌情运用，掌握好分寸。

【原文】

分之以奇数，制之以五行，斗之以□□。分定则有形矣，形定则有名矣。……同不足以相胜也，故以异为奇。是以静为动奇，佚为劳奇，饱为饥奇，治为乱奇，众为寡奇。发而为正，其未发者奇也。奇发而不报，则胜矣。有余奇者，过胜者也。

故一节痛，百节①不用，同体也。前败而后不用，同形也。故战势，大阵□断，小阵□解。后不得乘前，前不得然②后。进者有道出，退者有道入。

赏未行，罚未用，而民听令者，其令，民之所能行也。赏高罚下，而民不听其令者，其令，民之所不能行也。使民虽不利，进死而不旋踵③，孟贲之所难也，而责④之民，是使水逆流也。故战势，胜者益⑤之，败者代之⑥，劳者息之，饥者食之。故民见□人而未见死，蹈白刃而不旋踵。故行水得其理，漂石折舟⑦；用民得其性，则令行如流。

【注释】

①节：关节，骨节。本句意谓身上一处有病痛，全身就都不听使唤。

②然：借为"蹨（niǎn）"，践踏。

③旋踵：掉转脚跟向后，比喻时间极短。

④责：苛求。

⑤益：增，增加。一指对三军将士增加赏赐；一指增加兵力乘胜追击。

⑥代：代替。这里指将帅承担责任，代替士卒受过。

⑦漂石折舟：引自《孙子·势》："激水之疾，至于漂石者，势也。"

【译文】

要分别以出奇制胜的原理排兵布阵，运用五行相生相克的规律去制约敌军，就以……与敌军决斗。分析掌握敌情一定要清楚准确，然后布置相应的克敌制胜的阵形，阵形确定以后自然就会有阵名了。……使用与敌军相同的阵形是不足以取胜的，所以就要以不同的阵形出奇制胜。正因为如此，我们把以静制动称为出奇，以逸待劳称为出奇，以饱对饥称为出奇，以安定对动乱称为出奇，以多数对少数称为出奇。暴露公开的行动称为正，隐蔽的行动称为奇。像这样出其不意而又不被敌军发觉的情况下出击，就能一举制胜了。所以说，奇招层出不穷的人，就能超出常人不断取得胜利。

　　人们由于一个关节疼痛，其他所有关节就会跟着都不能正常发挥作用，这是因为所有的关节都属于同一个身体。因此，如果前锋军队失败了，那么后续军队也就不能有效发挥作用，因为那是属于同一阵形。所以说，作战的态势，要大阵……断，而小阵……解。有换阵的必要时，后卫阵队不能追逐而超越前锋，前锋阵队不能阻挡后卫部队向前冲击。前进时要有安全的道路可以冲出去，后退时要有顺畅的道路可以进入退守。

　　如果奖赏和惩罚制度都还没有施行，然而众军却能自觉听从命令，这是因为这些命令是众军都能够执行的。奖赏丰厚而惩罚低微，可是众军却不听从命令，这是因为这些命令是众军竭尽全力也无法完成的。要想使众军处在不利的形势下，仍然能够拼死向前冲杀也绝不转身后退，就像孟贲那样的勇士也是难以做到的，可是，如果因为众军不能做到而去苛责怪罪他们，那么就犹如让河水倒流一样了。所以说，善于用兵作战的人，要善于观察战场形势，如果军兵得胜，就要乘胜追击增加赏赐，如果军兵打了败仗，领兵将领要主动承担责任，代替军兵受过，如果看到军兵

作战过于疲劳,要让他们适当休息,如果军兵激战过久感到饥饿时,一定要让他们暂停下来休息吃饭。由于能够体恤军兵,所以就能使军兵即便遇上强敌也不怕死,就算踩上锋利的刀刃也不会转身后退。所以说,懂得流水奔腾的态势规律后,就能避免礁石的阻拦而摧毁船只;使用军兵时如果深知他们的心理,那么贯彻军令就如同流水一样畅通无阻了。

参考文献

［1］严锴.《尉缭子兵书》.北京：燕山出版社，2008.

［2］陈曦、陈铮铮.《司马法》.北京：中华书局出版，2017.

［3］邱崇丙.《吴子兵法》.北京：中国社会出版社，2005.

［4］颜兴林.《孙子兵法 孙膑兵法》.北京：二十一世纪出版社，2014.